资产评估

潘安娥 周盟农 主编

科学出版社
北京

版权所有，侵权必究

举报电话：010-64030229；010-64034315；13501151303

内 容 简 介

本书在归纳和总结国内外资产评估的最新理论研究成果及行业最新发展动态的基础上，系统介绍了资产评估的基础知识、基本理论和基本方法。全书共十章：第一章从概念、目的、标准、假设、价值类型、原则、程序等方面分别阐释了资产评估的基本理论；第二章介绍了市场法、成本法、收益法、清算价格法四种基本评估方法；第三章至第九章分别介绍了机器设备、不动产、资源资产、无形资产、长期投资性资产、流动资产等各类资产价值以及企业价值的评估；第十章介绍了资产评估报告制度、内容、编制要求和具体应用。

本书兼具系统性、理论性和实用性，反映了该领域的最新研究成果，有较强的可读性，适合作为高等院校财经管理专业本科生和研究生教材，也是从事资产评估实务工作和研究工作的必备参考书。

图书在版编目（CIP）数据

资产评估/潘安娥，周盟农主编. —北京：科学出版社，2008
ISBN 978-7-03-022779-9

Ⅰ.资… Ⅱ.①潘…②周… Ⅲ.资产评估 Ⅳ.F20

中国版本图书馆 CIP 数据核字（2008）第 123943 号

责任编辑：王雨舸／责任校对：曾 莉
责任印制：董艳辉／封面设计：苏 波

科 学 出 版 社 出版
北京东黄城根北街 16 号
邮政编码：100717
http://www.sciencep.com

武汉中科兴业印务有限公司印刷
科学出版社发行　各地新华书店经销

*

2008 年 8 月第 一 版　开本：B5（720×1000）
2008 年 8 月第一次印刷　印张：18 1/4
印数：1—3 000　　字数：358 000

定价：**28.80 元**
（如有印装质量问题，我社负责调换）

前　言

　　资产评估是为资产价值的确定提供科学依据的有效手段,在国外已有两百多年历史,我国虽然起步较晚,但发展迅猛,并已经渗透到市场经济的各个领域,对于保障各类产权主体合法权益,促进资产顺畅流转,维护市场秩序有着重要的作用。2007年12月,财政部颁布了包括8项新准则在内的15项资产评估准则,涵盖了评估职业程序的各个环节和评估业务的主要领域,标志着我国资产评估的理论和方法体系日臻成熟。

　　基于此,本书广泛吸收了近年来国内外资产评估理论研究的最新成果,借鉴了资产评估实践的成功经验,融合了作者多年来从事资产评估教学、研究和实践的点滴心得,在编写上具有以下特点:

　　系统性　全书共10章,内容涉及资产评估的基本理论、基本方法、机器设备评估、不动产评估、资源资产评估、无形资产评估、长期投资性资产评估、流动资产评估、企业价值评估、资产评估报告等各个方面,体系完整、科学。

　　实用性　本书在每一章都列出了学习目标、内容小结、中英文关键术语、多元化练习题等辅助学习材料,而且对于机器设备、不动产、资源资产、无形资产、企业价值等重要资产,都附有典型案例,以期帮助读者更容易地掌握资产评估的基本理论和方法。

　　坚持理论和方法的融合　本书不仅在第一、第二章全面系统论述了资产评估的基本理论和基本方法，而且还对各类具体评估业务进行了理论分析，使读者掌握处理具体评估实务的理论、原则和指导思想。在评估实务的理论分析过程中，本书列举了大量经典评估案例，供读者综合运用评估基础知识进行分析和讨论。因此，它既是一本教科书，适合高等学校财经管理类专业的本科生和研究生，又是一本融合了国内外最新资产评估动态的应用型操作指南，适合于从事财务管理、经济管理、资产评估的实际工作者。

本书由潘安娥、周盟农主编，潘安娥负责设计起草大纲和组织正文内容的编写。参加各章编写的人员（以撰写章次为序）：第一、六、八、九、十章由潘安娥编写；第二、三、五章由周盟农编写；第四章由吴艳华编写；第七章由李相国编写。

本书由潘安娥负责总撰，在定稿前对全书进行了全面修订和校改，对部分章节内容做了增补与更新，并负责目录的整理。

本书借鉴和参考了许多著作、教材和文献资料的研究成果，在此向所有作者表示感谢和敬意；同时一并感谢在本书编写过程中给予我们帮助的所有老师、亲人和朋友们。由于编写人员水平和时间有限，书中的不足之处敬请各位专家和读者指正。

编 者

2008年2月

目 录

第一章　导论 ··· 1
　第一节　资产评估的概念和特点 ·· 1
　第二节　资产评估的基本要素 ··· 4
　第三节　资产评估与会计和审计的区别 ····································· 16
　习题 ··· 17

第二章　资产评估的基本方法 ·· 19
　第一节　市场法 ·· 19
　第二节　成本法 ·· 22
　第三节　收益法 ·· 32
　第四节　清算价格法 ··· 39
　第五节　资产评估方法的比较和选择 ·· 42
　习题 ··· 45

第三章　机器设备评估 ··· 48
　第一节　机器设备评估概述 ·· 48
　第二节　机器设备评估的成本法 ·· 53
　第三节　机器设备评估的市场法 ·· 67
　第四节　机器设备评估的其他方法 ··· 73
　案例 ··· 76
　习题 ··· 79

第四章　不动产评估 … 81
 第一节　不动产评估概述 … 81
 第二节　不动产评估的市场法 … 93
 第三节　不动产评估的收益法 … 97
 第四节　不动产评估的成本法 … 101
 第五节　不动产评估的假设开发法 … 109
 第六节　不动产评估的基准地价修正法 … 113
 第七节　企业价值评估中的不动产评估 … 116
 案例 … 117
 习题 … 125

第五章　资源性资产评估 … 128
 第一节　资源性资产概述 … 128
 第二节　矿产资源性资产的评估 … 133
 第三节　森林资源性资产评估 … 143
 案例 … 145
 习题 … 147

第六章　无形资产评估 … 148
 第一节　无形资产评估概述 … 148
 第二节　无形资产评估的基本方法 … 156
 第三节　专利权和专有技术的评估 … 167
 第四节　商标权评估 … 179
 第五节　商誉评估 … 187
 第六节　其他无形资产评估 … 192
 案例 … 202
 习题 … 208

第七章　长期投资性资产评估 … 210
 第一节　长期投资性资产评估概述 … 210

第二节　债券评估 ·· 211
　　第三节　长期股权投资评估 ···································· 214
　　第四节　其他长期性资产的评估 ······························ 220
　　习题 ·· 222

第八章　流动资产和其他资产评估 ······························ 223
　　第一节　流动资产评估概述 ······································ 223
　　第二节　实物类流动资产的评估 ······························ 226
　　第三节　债权类及货币类流动资产和其他资产的评估 ··· 232
　　习题 ·· 236

第九章　企业价值评估 ·· 238
　　第一节　企业价值评估概述 ······································ 238
　　第二节　企业价值评估的基本方法 ·························· 242
　　第三节　企业价值评估的新方法 ······························ 249
　　案例 ·· 253
　　习题 ·· 258

第十章　资产评估报告 ·· 260
　　第一节　资产评估报告的概念和作用 ······················ 260
　　第二节　资产评估报告的基本制度 ·························· 262
　　第三节　资产评估报告的基本内容与编制 ·············· 264
　　习题 ·· 275

参考文献 ·· 276
附录 ·· 277

第一章

导　论

学习目标　理解资产评估的基本含义,掌握资产评估的主体、客体、评估目的、原则、假设、价值类型、估价程序、评估基准日等基本概念,明确资产评估与会计资产计量和审计的区别。

第一节　资产评估的概念和特点

一、资产评估是市场经济的产物

商品交易是市场经济的核心。市场经济条件下,社会分工不断细化,生产要素流动、组合的市场化程度日益提高,大大发展了资产业务。土地、资本、设备、技术等生产的必要条件需要通过市场机制来进行配置,这时就产生了对进入市场的生产要素进行定价的客观需求。例如,一个拥有资本而不拥有土地的投资者想投资农业,需要向土地所有者租借土地,产生了对土地租赁价格进行估价的需要;一个既不拥有土地,也不拥有资本,仅拥有技术的投资者试图投资农业,就需要同时租借土地与资金,这时不仅需要对土地的租金进行估价,还需要对资金的时间价值进行估价。

从资产所有权的组合、变动来看,不同所有者的合资、合作和联营,企业兼并、合并和分设,企业租赁、出售以及实行股份制等,使资产流动日趋社会化;从资金流动的角度看,融资租赁、抵押贷款、发行债券等普遍发展,使资产业务与信用紧密结合;从生产要素的再生产角度看,不仅仅是生产要素的购置和按历史成本收回的过程,而且需要考虑由物价变动与无形损耗所导致的重置成本的变化,同时还需考虑财产保险的问题。此外,不动产的买卖、租赁,企业的破产、清算等也进一步拓宽了资产业务。

其次,随着现代产权理论的发展,生产要素与产权在市场上的流动、组合,不仅仅局限于所有者之间,或所有者与使用者之间,而且存在于不同占有者与使用者之间。例如,我国的土地使用权的买卖,国有企业之间的购并、联营等扩大了对资产评估业务的需求。资产业务的社会化、多样化、普遍化对资产评估的技术与法规提出了较高的要求,从而使资产评估得到了相对独立的发展,成为在现代市场经济中发挥基础性作用的专业服务行业之一。

市场经济条件下,资产评估通过对资产的现时价值进行评定估算,为各项资产业务提供公正的价值尺度,有效维护各产权主体的合法权益,保证资产市场、产权市场的有序运行;而且可以为资产和产权的配置提供正确的信号,有利于资产的优化配置和流动。例如,评估市中心的一块土地,这块土地按有关规定,可以用于建造商住楼,也可用于建造一般居民住宅,显然按前者用途的估价高于后者。这说明好的资产评估可以在不影响其他人权益的前提下,运用最大最佳效用原则为委托人提供符合职业标准的咨询,从而优化资产业务。

二、资产评估的概念

资产评估是对资产某一时点的价值进行估算的行为或过程。具体是指由专业机构和人员,按照国家法律、法规和资产评估准则,根据特定目的,遵循评估原则,依照相关程序,选择适当的价值类型,运用科学方法,对资产价值进行分析、估算并发表专业意见的行为和过程。

该定义包含以下要点:

(1) 资产评估必须由专业的评估机构和人员操作。在市场经济条件下,资产评估人员必须具有一定的资产评估专业知识,取得相应的资产评估资格证书后方可从事资产评估业务,没有取得资产评估资格证书的人员不得进行资产评估。

(2) 资产评估的目的必须十分明确,即必须清楚为什么进行资产评估。只有明确了资产评估的目的,才能采用相应科学的评估方法来进行评估。例如,企业破产时的资产评估所采用的方法就不同于正常情况下的资产评估方法。

(3) 资产评估必须执行统一的标准,这些标准主要是价格标准和时间标准。价格标准要求资产评估自始至终采用统一时点的市场价格,价格水平、汇率水平都要以特定时点的水平为标准,不能随时变化。时间标准要求资产评估应该以特定的时点为标准,资产评估只是对特定时点时的资产情况进行评估,时点以后的资产状况变化不包括在评估范围以内。换句话说,评估时点以前的资产状况变化应被考虑在内,而评估时点以后的资产状况变化则不应被考虑在内。

(4) 资产评估必须按照法定程序进行。法定程序是由资产评估管理机构制定的有关资产评估进行的程序,资产评估必须遵从这样的程序进行。一般而言,不同类型的资产评估具有不同的评估程序,例如,有形资产的评估程序不同于无形资产的评估程序。

(5) 资产评估必须采用科学的评估方法。目前采用的主要方法是市场法、成本法和收益法,这些方法是在理论和实践经验总结的基础上形成的,具有一定的科学性。同时,这些方法分别适应于不同的评估目的。

(6)资产评估的结果是被评估资产的现时价格。这也就是说,虽然评估结果既不是被评估资产的过去价格,也不是将来价格,但在评估时必须充分考虑资产的过去状况和未来的获利能力,因为这些都是决定资产价格的重要因素。

(7)资产评估是对被评估资产的评定和估算的统一,评定意味着客观精确,估算意味着主观粗略。因此,任何资产评估的结果与资产的客观价值总是存在一定的误差,而不可能完全准确。而且对于被评估资产而言,客观价值总是未知的,否则,资产评估就会变得毫无意义。从这个角度来看,资产评估就是探求被评估资产实际价值的过程,是主观评价和客观计算的统一。

三、资产评估的特点

1. 市场性

资产评估是适应市场经济要求的专业中介服务活动,其基本目标就是根据资产业务的不同性质,通过模拟市场条件对资产价值做出经得起市场检验的评定估算和报告。

2. 公正性

公正性是指资产评估行为服务于资产业务的需要,而不是服务于资产业务当事人的任何一方的需要。公正性主要表现为两方面:资产评估按公允、法定的准则和规程进行,公允的行为规范和业务规范是公正性的技术基础;评估人员是与资产业务没有利害关系的第三者,这是公正性的组织基础。

3. 专业性

资产评估是一种专业人员的活动,从事资产评估业务的机构应由一定数量和不同类型的专家及专业人士组成。一方面,这些资产评估机构形成专业化分工,使得评估活动专业化;另一方面,评估机构及其评估人员对资产价值的估计判断也都建立在专业技术知识和经验的基础之上。

4. 咨询性

咨询性是指资产评估结论是为资产业务提供专业化评估意见,该意见本身并无强制执行的效力,评估师只对结论本身合乎职业规范要求负责,而不对资产业务定价决策负责。资产评估为资产交易提供的估价只是作为当事人要价和出价的参考,最终的成交价取决于当事人的决策动机、谈判地位和谈判技巧等综合因素。

第二节 资产评估的基本要素

一、评估主体

评估主体是进行资产评估的评估公司(法人)或具备评估资格的注册资产评估师(自然人),他们是资产评估工作的主导者。

二、评估客体

评估客体即被评估的资产,它是特定权利主体拥有或控制的并能给特定权利主体带来未来经济利益的经济资源。国家、企业、事业或其他单位所拥有的或长期控制的各种财产、债权及其他权利统称为资产,都可作为资产评估的客体。资产评估客体的常见分类如下:

(1) 按照资产存在形态分类,可以分为有形资产和无形资产。有形资产是指那些具有实物形态的资产,包括机器设备、房屋建筑物、流动资产等。由于这类资产具有不同的功能和特性,在评估时应分别进行。无形资产是指那些没有实物形态,但在很大程度上制约着企业物质产品生产能力和生产质量,直接影响企业经济效益的资产,主要包括专利权、商标权、非专利技术、土地使用权、版权、商誉等。

(2) 按资产的构成和是否具有综合获利能力分类,可以分为单项资产和整体资产。单项资产是指单台、单件的资产;整体资产是指由一组单项资产组成的具有整体获利能力的资产综合体。

(3) 按资产能否独立存在分类,可以分为可确指的资产和不可确指的资产。可确指的资产是指能独立存在的资产,前面所列示的有形资产和无形资产,除商誉以外都是可确指的资产;不可确指的资产是指不能脱离企业有形资产而单独存在的资产,如商誉。商誉是企业基于地理位置优越、信誉卓著、生产经营出色、劳动效率高、历史悠久、经验丰富、技术先进等原因,所获得的投资收益率高于一般正常投资收益率所形成的超额收益资本化的结果。

(4) 按现行企业会计制度及其资产的流动性分类,可以分为流动资产、长期投资、固定资产和无形资产等。

三、评估目的

资产评估的目的可分为一般目的和特定目的。一般目的即资产评估的基本目标,它是由资产评估的性质和基本功能决定的。资产评估作为一种专业人士在特定时点及特定条件约束下对资产价值进行估计和判断的社会中介活动,具有为委托人和资产交易当事人提供合理的资产价值咨询意见的内在功能。因此,资产评估的一般目的是确定资产在评估时点的公允价值。资产评估中的公允价值是评估人员根据被评估资产自身条件及其所面临的市场条件，对被评估资产客观价值的合理估计值。它与相关当事人的地位、资产状况及资产所面临的市场条件相吻合，且不损害各当事人的合法权益及其他人的利益。

资产评估作为一种资产价值的判断活动，总是为满足特定资产业务的需要而进行的，这里的资产业务是指引起资产评估的经济行为。通常把资产业务对评估结果用途的具体要求称为资产评估特定目的。资产评估的特定目的主要有以下几种。

（一）以资产交易为目的的评估

以资产交易为目的的评估具体包括单项资产交易和企业产权变动两种。在现代市场经济中，产生单项资产交易的原因，主要是为了优化资产存量配置和满足投资需要。单项资产交易主要包括单台机器设备的交易、房地产交易以及专利技术、商标权等可确指的无形资产交易。

企业产权包括企业所有权、经营权、使用权、占有权等。企业产权变动的主要形式有：

1) 企业合资经营、合作经营、企业联营

在合资经营、合作经营以及企业联营过程中，有关各方的权益，无论是按投资比例确定，还是在投资的基础上通过协商确定，只要投资各方投入非现金资产，如房地产、设备、技术、商标等，就需要通过资产评估来确定投入资产的价格。

2) 企业合并、分设和兼并

企业合并是指两个以上企业法人均取消法人资格，合并成一个新的独立法人。在合并前需要对拟合并的企业法人的资产进行评估，以便确定他们在新企业中的权益。企业分设是指一个法人企业分设为两个法人企业，或者在原来一个一级法人的基础上增加一个或多个二级法人企业。在分设前需对分设企业的资产与分设后对原企业（原一级企业）的影响进行评估。企业兼并是指占有优势地位的企业兼并了另一个或多个企业，组成一个实力更强的企业或集团。兼并后，被兼并企业的法人资格消失。无论采用何种形式（货币购买、调换股票、承担债务）进行兼并，都需要对被兼并企业进行资产评估，有时还需对兼并企业进行评估，以便了解其承担债务的能力或计算兼并后股票的价值。

3) 发行股票

企业发行股票是将企业资产所有权采用分割式交易方式进行出售。无论创设募股，还是增资募股，只要不是由发起人或原股东按比例认购，都需要对股份公司的资产进行评估，以确定原始股的价格，同时也可以使投资者根据评估报告和招股说明，对该公司股票的获利能力和投资风险作出判断。

4）企业出售

企业出售是企业产权整体一次性出售。要求对企业资产、负债和所有者权益进行评估，以便合理确定转让价格。

5）企业租赁

企业租赁指企业的所有者或占有者在一定期限内，以收取租金的形式，将企业全部或部分资产的经营使用权转让给其他经营使用者的行为。企业租赁在一定意义上是一种企业产权分期交易。

（二）以融通资金为目的的评估

企业在经营过程中，由于资金短缺需要借入资金，在融资过程中，作为资金拥有者的债权方为了减少风险，常要求资产评估机构对债务人的资产或抵押物进行评估，以判断其还本付息的能力。这类评估一般包括以下情况：

1）抵押贷款

银行为确保贷款安全，要求企业以一定的财产，主要是不动产作为贷款的抵押物，从而给予企业与抵押物相适应的贷款。因此要求资产评估机构对抵押物进行评估。在这种情况下，银行贷款的安全性在很大程度上取决于评估的准确性。

2）发行债券

发行债券是企业融资的另一种方式。债券认购者作为债权人需要了解企业的偿债能力。我国企业发行债券需要监管部门审批，因此监管部门也需要了解债券发行企业的资产现状与预期收益，正确判断企业的偿债能力。依靠资信评估和企业资产评估可以获取相关信息。此外，资信稍低的企业为了能顺利筹资，往往发行抵押债券，这也需要评估机构对抵押物进行评估。

3）融资租赁

融资租赁又称财务租赁，通常是一种长期租赁，可解决企业对资产的长期需求，故也称为资本租赁。融资租赁是现代租赁的主要形式，也是企业的一种筹资方式。在租赁过程中，租金的确定既要考虑资产重置成本的保全，又要考虑合理的利润（利息），为此，需要对出租资产的价值进行评估。

（三）以资产保全为目的的评估

在社会再生产中，资产保全有企业内部和社会两个系统。前者是指企业在商品和劳务收入中通过计提固定资产折旧和计算其他资产损耗来实现资产保全；后者是指社会保险系统在核收保险费用的前提下，对投保资产的损失通过理赔给予补偿。这两大系统的资产保全在实施过程中均需通过资产评估。

1）企业资产保全

企业固定资产的补偿是通过计提折旧来实现的。由于会计上都采用历史成本对固定资产进行计价,因此在存在通货膨胀的情况下,按历史成本计提的折旧总额会发生贬值,使计提的折旧总额与更新重置成本需要量之间存在着缺口,从而不能实现资产保全的目的。但如果此时废除会计核算上的历史成本基础,又会失去会计核算的客观性与可控性。解决这一矛盾的办法是采用"阶段历史成本"作为会计基础,即仍以历史成本作为会计基础,当遇到历史成本严重背离资产保全需要时,通过资产评估来重建会计基础,以重建的会计基础作为下一阶段的历史成本,从而使所提折旧能够满足资产保全的需要。

2) 财产保险

财产保险是指以被保险人的物质财产及其有关权益,以及所产生的赔偿责任作为保险标的,以集中保险费建立保险基金,用以补偿因自然灾害或意外事故所造成的经济损失的资产业务。在财产保险中,被保财产的价值,即保险价值,既是确定投保人所应支付保费的依据,又是在保险危险实际发生后取得赔偿的依据。保险价值按法律规定一般应同市价一致。倘若保险价值确定得不合理,就可能导致被保险人或者支付过多的保费,或者当保险危险发生时,得不到足额的补偿。因此,在保险合同签署前,保险人与被保险人都应对保险标的进行查勘,评估资产价格,据以承保和支付保费。当发生保险危险后,要对财产损失原因和损失程度进行分析评估,以确定理赔价值。这些评估工作,从规范的角度讲,应由专门的评估机构来进行。

(四) 以资产清算为目的的评估

当企业进行结业清算或破产清算时,有关权益人有权要求以货币形式得到补偿,从而需要对资产进行变现或拍卖。这时就要求资产评估机构评估企业资产的变现价格,以作为资产变现的依据。

(五) 以财务报告为目的的评估

按照《以财务报告为目的的评估指南(试行)》(2007),以财务报告为目的的评估,是指注册资产评估师基于企业会计准则或相关会计核算、披露要求,运用评估技术,对财务报告中各类资产和负债的公允价值或特定价值进行分析、估算,并发表专业意见的行为和过程。

(六) 其他目的的评估

1) 资产开发

以资产开发为评估目的的资产评估,主要是评估不动产的开发前途。具有潜在开发前途的不动产往往需要考虑其开发后的价值是否高于其目前用途的价值。这是一项非常专业化的评估,需做多方面的调查,包括:法律、市政规划、建筑成本以及市场供求因素等。例如,对旧城区的改造、房地产的置换等。

2) 为考核经营业绩服务

在资产所有权与经营权相分离的情况下,通过资产评估来反映企业资产的保值、增值状态,即可为落实有关责任合同和奖惩经营者、承包者提供依据。

3) 诉讼

当事人涉及资产诉讼案件时,往往需要委托资产评估机构对案件所涉及的资产进行评估,例如企业侵权,特别是无形资产产权。在这种情况下,专业评估师的评估结果既有助于当事人把握事实真相,又是法院判决的依据。

4) 税收

据西方历史记载,第一次资产评估是由古埃及的教士为征税而进行的资产评估。因此以税收为目的的资产评估具有悠久的历史。从世界各国的税种来看,与资产有关从而需要资产评估的税种有:以土地价值为课税对象的土地税;以房产价值为课税对象的房产税;以资产出售后所获利润为课税对象的资本利得税,如我国的土地增值税。

5) 以国家征用土地和房产为目的的评估

当国家出于经济建设或军事等其他需要时,国家可以依法征用土地和房地产。但同时应对原受益人的损失进行补偿。例如,国家因修建铁路、修建公路、成片开发等,导致耕地被占、居民动迁、企业迁移或其他侵扰。有关国家补偿的具体范围各国不完全相同。一般需考虑以下方面:被占用的土地或房地产的价值;由于部分占用后,对原使用者或所有者造成的有害性影响;动迁到其他地方后给被动迁者造成的成本上升和商业损失等问题。

四、价值类型

资产评估价值类型是指资产评估结果的价值属性及其表现形式。不同的价值类型从不同的角度反映资产评估价值的属性和特征。不同属性的价值类型所代表的资产评估价值不仅在性质上是不同的,在数量上往往也存在着较大差异。《国际评估准则》和 2007 年财政部颁布的《资产评估价值类型指导意见》根据资产评估时所依据的市场条件,以及被评估资产的使用状态,将资产评估结果的价值类型分为市场价值和非市场价值。市场价值是指自愿买方和自愿卖方在各自理性行事且未受任何强迫的情况下,评估对象在评估基准日进行正常公平交易的价值估计额。非市场价值即市场价值以外的价值,是指不满足市场价值定义的价值类型,主要包括投资价值、在用价值、清算价值、残余价值等。其中,投资价值也称特定投资者价值,是指评估对象对于具有明确投资目标的特定投资者或某一类投资者所具有的价值估计数额;在用价值是指将评估对象作为企业组成部分或要素资产按其正在使用方式和程度及其对所属企业的贡献的价值估计数额;清算价值是指评估对象处于被迫出售、快速变现等非正常市场下的价值估计数额;残余价值是指机器设备、房屋建筑物或其他有形资产等的拆零变现价值估计数额。在满足各自定义和相应使用条件的前提下,市场价值和市场价值以外的价值类型的评估结论都是合理的。

评估师在执行评估业务,选择和使用价值类型时,首先应充分考虑评估目的、市场条件、评估对象自身条件等因素。评估对象自身的功能、使用方式和利用状态,是资产自身的条件,是影响资产评估价值的内因;评估时所面临的市场条件及交易条件,是资产评估的外部环境,是影响资产评估结果的外部因素;评估特定目的决定了评估结果的具体用途,影响评估对象面临的市场环境和对象资产本身的状态,从而对于资产评估价值类型选择具有约束作用。评估师在选择价值类型时,还应考虑价值类型与评估假设的相关性。评估假设本质上是对评估条件(如评估特定目的、评估对象自身状况及所处市场环境、宏观政策环境等)的某种抽象,它是价值类型选择时的直接约束条件。评估师在选择和使用价值类型时,一般应遵循以下原则:

(1)当评估师所执行的评估业务对市场条件和评估对象的使用等无特别限制和要求时,通常应选择市场价值作为评估结论的价值类型。

(2)当评估业务针对的是特定投资者或某一类投资者,并在评估业务执行过程中充分考虑并使用了仅适用于特定投资者或某一类投资者的特定评估资料和经济技术参数时,通常应选择投资价值作为评估结论的价值类型。

(3)当评估对象是被作为企业或整体资产中的要素资产,并在评估业务执行过程中只考虑了该要素资产正在使用的方式和贡献程度,没有考虑该资产作为独立资产所具有的效用及在公开市场上交易等对评估结论的影响,通常应选择在用价值作为评估结论的价值类型。

(4)当评估对象面临被迫出售、快速变现或评估对象具有潜在被迫出售、快速变现等情况时,通常应选择清算价值作为评估结论的价值类型;当评估对象无法或不宜整体使用时,通常应考虑评估对象的拆零变现,并选择残余价值作为评估结论的价值类型。

(5)当执行以抵(质)押为目的的评估业务时,应当根据担保法等相关法律、法规及金融监管机关的规定选择评估结论的价值类型;相关法律、法规及金融监管机关没有规定的,可以根据实际情况选择市场价值或者市场价值以外的价值类型作为抵(质)押物评估结论的价值类型。

(6)当执行以税收为目的的评估业务,应当根据税法等相关法律、法规的规定选择评估结论的价值类型;相关法律、法规没有规定的,可以根据实际情况选择市场价值或者市场价值以外的价值类型作为课税对象评估结论的价值类型。

(7)当执行以保险为目的的评估业务,应当根据保险法等相关法律、法规和契约的规定选择评估结论的价值类型;相关法律、法规或者契约没有规定的,可以根据实际情况选择市场价值或者市场价值以外的价值类型作为保险标的物评估结论的价值类型。

(8) 当执行以财务报告为目的的评估业务,应当根据会计准则等相关规范关于会计计量的基本概念和要求,恰当选择市场价值或者市场价值以外的价值类型作为评估结论的价值类型。会计准则等相关规范涉及的主要计量属性及价值定义包括公允价值、现值、可变现净值、重置成本等。在符合会计准则计量属性规定的条件时,会计准则下的公允价值等同于资产评估中的市场价值;会计准则涉及的现值、可变现净值、重置成本等可以理解为资产评估中的市场价值或者市场价值以外的价值类型。

五、评估假设

资产评估是在交易发生之前对准备交易的资产在某一时点的价格进行估算。由于同一资产在不同用途和不同经营环境下的现行市价会有所不同,因此在评估时,评估人员必须对资产的未来用途和经营环境做出合理的判断。基于此,资产评估的假设主要有交易假设、继续使用假设、公开市场假设和破产清算假设。

1) 交易假设

资产评估不能脱离市场条件而孤立进行。交易假设假定所有待评估资产已经处于交易过程中,评估师根据待评估资产的交易条件等模拟市场进行估价。由于资产评估是在资产实施交易之前进行的一项专业服务活动,而资产评估的最终结果又属于资产的交换价值范畴。因此,交易假设明确限定了资产评估的外部环境,将被评估资产置于市场交易环境中,为资产评估得以进行创造了条件。

2) 继续使用假设

即假定被评估资产可以继续遵循原来的设计与用途使用,但在必要时,也可代之以能带来更高收益的用途使用,从而考察它在以后时间能为其持有人带来的经济收益。这一假设要求把资产看成是一种获利能力而不是物的堆积,即不能按把资产拆零出售所得收益之和来评估资产价值。比如企业的专用设备,按照继续使用假设,则其带来的收益很可能会远远大于拆零出售该设备所得的收入。

继续使用的方式包括:

(1) 在用续用,即处于使用中的被评估资产在产权发生变动或资产业务发生后,按照其现行正在使用的用途及方式继续使用下去。

(2) 转用续用,即被评估资产在产权发生变动或资产业务发生后,改变资产现在用途,按照新的用途继续使用下去。

(3) 移地续用,即被评估资产在产权发生变动或资产业务发生后,改变资产现在的空间位置,转移到其他空间位置上继续使用。

3) 公开市场假设

公开市场是一个充分发达和完善的竞争性市场,买卖双方在市场上地位平等,彼此都有足够的时间和机会收集信息,买卖双方的交易行为都是在自愿、理智的,而非强制或受限制的条件下进行。公开市场假设是资产评估中的一个重要假设,是其他假设的基本参照。它旨在说明一种充分竞争的市场条件,在这种市场条件下,资产的交换价值受市场机制的制约并由市场行情决定,而并非由个别交易决定。凡是能在公开市场交易、用途较广泛或通用性资产,都可以考虑按照公开市场价值假设前提进行评估。

4) 清算假设

这一假设是对资产在非公开市场条件下被迫出售或快速变现条件的假定说明。在这种假定条件下,资产交易双方的地位不平等,交易时间短,资产的评估值通常要低于其他假设条件下的同种资产的评估值。因此,清算假设适用范围非常有限,主要针对面临清算或具有潜在被清算可能性的资产。

六、评估方法

评估方法是估计和判断市场价值和市场价值以外的价值类型评估结论的技术手段。不同的资产业务因其评估目的、评估的具体条件、价值类型等应该选择不同的评估方法。某一种价值类型下的评估结论可以通过一种或多种评估方法实现,某一种评估方法可以作为评估各种资产价值类型的手段或工具。常用的资产评估方法主要有市场法、成本法、收益法和清算法。第二章将会详细介绍这几种基本评估方法。

七、评估程序

按照《资产评估准则——评估程序》(2007),评估程序是指注册资产评估师执行资产评估业务所履行的系统性工作步骤。由于资产评估业务的共性,各种资产类型、各种评估目的资产评估业务的基本程序是相同或相通的。基本评估程序是评估师执行一项完整评估业务时应该做的主要重点工作步骤及要求,针对每一基本程序还应有具体的实施安排或步骤,评估师应根据评估对象、评估范围、业务规模的不同,在制定评估计划时落实现场调查、收集评估资料、确定估算方法等具体实施步骤。

资产评估开始于承接资产评估业务前的明确资产评估基本事项环节,终止于资产评估报告书提交后的资产评估文件归档管理。资产评估程序通常包括以下主要环节:

1) 明确资产评估业务基本事项

这是资产评估程序的第一个环节,它是在签订资产评估业务约定书以前所进行的一系列基础性工作,包括：①委托方、产权持有者和委托方以外的其他评估报告使用者基本状况;②评估目的;③评估对象、评估范围;④价值类型;⑤评估基准日;⑥评估报告使用限制;⑦委托协议书相关内容;⑧评估报告提交时间及方式;⑨评估服务费总额、支付时间和方式;⑩委托方与注册资产评估师工作配合和协助等其他需要明确的重要事项等。

明确上述基本事项后,注册资产评估师应当根据评估业务具体情况,对专业胜任能力、独立性和业务风险进行综合分析和评价,并由评估机构决定是否承接评估业务。

2) 签订业务约定书

评估机构在决定承接评估业务后,应与委托方签订业务约定书。资产评估业务约定书是评估机构与委托人共同签订的,确认资产评估业务的委托与受托关系,明确委托目的、被评估资产范围及双方权利义务等相关重要事项的合同。

资产评估业务约定书应包括以下基本内容：①评估机构和委托方名称;②评估目的;③评估对象;④评估基准日;⑤出具资产评估报告的时间要求;⑥评估报告使用范围;⑦评估收费;⑧双方的权利、义务及违约责任;⑨签约时间;⑩双方认为应当约定的其他重要事项。

3) 编制资产评估计划

评估计划是资产评估机构和人员为执行资产评估业务拟订的资产评估工作思路和实施方案,对合理安排工作量、工作进度、专业人员调配、按时完成资产评估业务有重要意义。评估计划应当涵盖现场调查、收集评估资料、评定估算、编制和提交评估报告等评估业务实施的全过程。评估计划通常包括履行的具体步骤、时间进度、人员安排和技术方案等内容。评估人员在资产评估计划编制过程中应当同委托人等就相关问题进行洽谈以便于资产评估计划的实施,并报经资产评估机构负责人审核批准。

一般评估计划审核的内容有：①评估目的、评估对象及范围的确定是否恰当;②评估基准日的选取是否恰当;③评估价值类型是否与评估目的相匹配;④重点评估范围的确定是否恰当;⑤重要评估程序的确定是否恰当;⑥主要评估方法的选取是否恰当;⑦评估人员（包括专家和其他评估人员）的选派与分工是否恰当;⑧时间进度和人员安排是否合理;⑨时间、费用预算是否合理;⑩对评估分析的评价是否恰当,控制手段是否合理等。

4) 现场调查

注册资产评估师执行评估业务,应当根据评估业务具体情况对评估对象进行必要的现场调查。《资产评估准则——评估程序》(2007)要求,注册资产评估师应当根据评估项目具体情况,通过询问、函证、核对、勘察、检查等各种方式进行调查,获取评估业务需要的基础资料,了解评估对象现状,关注评估对象法律权属。在执行现场调查时无法或不宜对评估范围内所有资产进行逐项调查的,可以根据重要程度采用抽样等方式进行调查。根据评估业务需要和评估业务实施过程中的情况变化,注册资产评估师应当补充或调整现场调查工作。

5) 收集整理评估资料

资料收集工作是评估业务质量的重要保证,也是进行分析、判断进而形成评估结论的基础。注册资产评估师收集的评估资料包括直接从市场等渠道独立获取的资料,从委托方、产权持有者等相关当事方获取的资料,及从政府部门、各类专业机构和其他相关部门获取的资料。评估资料有查询记录、询价结果、检查记录、行业资讯、分析资料、鉴定报告、专业报告及支付文件等形式。根据资产评估项目的进展情况,注册资产评估师应当及时补充收集所需要的资料,并根据评估业务具体情况对收集的评估资料进行必要的分析、归纳和整理,形成评定估算的依据。

6) 评定估算,得出评估结论

评估师应根据评估对象、价值类型、评估资料收集情况等相关条件,分析市场法、收益法和成本法等各种评估基本方法的适用性,恰当选择评估方法,并选取相应的公式和参数进行分析、计算和判断,形成初步评估结论。对于同一评估对象采用多种评估方法的,应当对各种方法得出的初步评估结论进行分析比较,确定最终评估结论。

7) 编制和提交资产评估报告

评估师在完成上述必要程序后,由其所在机构出具评估报告并按业务约定书的要求向委托方提交评估报告。评估报告提交前,注册资产评估师应当根据相关法律法规、评估准则和评估机构内部质量控制制度,对评估报告及评估程序执行情况进行必要的内部审核。内部审核主要复核以下方面:①各类资产评估方法选择是否适当;②是否存在漏评或重复评估现象;③检查评估明细表及进行增减值分析;④同类资产多人介入的评估取值是否一致;⑤关注敏感问题和风险控制等。在不影响对最终评估结论进行独立判断的前提下,注册资产评估师在提交正式评估报告前,可以与委托方或委托方许可的相关当事方就评估报告的有关内容进行必要沟通。

8) 评估工作底稿归档

工作底稿是指注册资产评估师执行评估业务形成的,反映评估程序实施情况、支持评估结论的工作记录和相关资料。通常分为管理类工作底稿和操作类工作底稿。

管理类工作底稿是指注册资产评估师在执行评估业务过程中,为承接、计划、控制和管理评估业务所形成的工作记录及相关资料。通常包括以下内容:①评估业务基本事项的记录;②业务约定书;③评估计划;④评估业务执行过程中重大问题处理记录;⑤评估报告的审核记录。

操作类工作底稿是指注册资产评估师在履行现场调查、收集评估资料和评定估算程序时所形成的工作记录及相关资料。操作类工作底稿因评估目的、评估对象和评估方法等不同而有所差异,通常包括以下内容:

(1) 现场调查记录与相关资料,包括:委托方提供的资产评估申报资料,现场勘察记录,函证记录,主要或者重要资产的权属证明材料,与评估业务相关的财务、审计等资料,其他相关资料。

(2) 收集的评估资料,包括:市场调查及数据分析资料,相关的历史和预测资料,询价记录,其他专家鉴定及专业人士报告,委托方及相关当事方提供的说明、证明和承诺,其他相关资料。

(3) 评定估算过程记录,包括:重要参数的选取和形成过程记录,价值分析、计算、判断过程记录,评估结论形成过程记录,其他相关资料。

评估师应当根据评估业务特点和工作底稿类别,编制工作底稿目录和索引号,反映工作底稿间的钩稽关系。评估师在提交评估报告日后90日内,应及时将工作底稿与评估报告等一起归入评估业务档案,并由所在评估机构按照国家有关档案管理的法律、法规及资产评估准则的规定妥善管理。评估业务档案自评估报告日起至少保存10年。

八、评估基准日

评估基准日是确定资产评估价值的基准时间。由于市场是变化的,资产的数量、结构、状态和价值也处于不断运动和变化之中,资产评估只能是评估某一时点的资产的价值,不能完全反映评估基准期以前时期的资产状况。为了科学实施资产评估,使评估结果具有可解释性,便于客户和公众对其合理利用,必须假定市场条件固定在某一时点,这一时点即为评估基准日,或称估价期日。它为资产评估提供了一个时间基准。通常选择与资产业务或评估作业时间较接近的时间作为评估基准日。

九、评估原则

资产评估原则是调节评估主体与资产业务有关权益各方在资产评估中的相互关系,规范评估行为和业务的准则。它包括两个层次的内容,即资产评估的工作原则和资产评估的经济原则。

1. 资产评估工作原则

工作原则是评估机构和人员在评估工作中应遵循的基本原则,主要有独立性原则、客观公正性原则、科学性原则和专业性原则。

1) 独立性原则

独立性原则要求评估机构本身应是一个独立的、不依附于他人的社会公正性中介组织(法人),在利益与利害关系上与资产业务各当事人没有任何联系;独立性原则还要求评估机构和人员在执业过程中应始终坚持独立的第三者立场,评估工作不受委托人及外界的意图及压力的影响,进行独立公正的评估。

2) 客观公正性原则

客观公正性原则要求评估机构及其人员在评估工作中以实际材料为基础,以确凿的事实和事物发展内在规律为依据,以求实的态度为指针,实事求是地得出评估结果。该评估结果是评估人员认真调查研究,通过合乎逻辑的分析、推理得出的、具有客观公正性的评估结论。

3) 科学性原则

科学性原则要求评估机构和人员在评估过程中,必须根据特定目的,选择适用的标准和科学的方法,制定科学的评估方案,使评估结果准确合理。科学性原则主要体现在三方面:

首先,要求评估标准的选择以特定评估目的为依据;

其次,要求评估方法科学,将主观评价与客观测算,静态分析与动态分析,定性分析与定量分析有机结合;

第三,要求根据评估的自身规律和国家的有关规定,结合具体资产的实际情况,确定科学的评估程序。

4) 专业性原则

专业性原则指评估机构必须是提供评估服务的专业技术机构。评估机构必须拥有一支由工程、技术、营销、财会、法律、经济管理等多学科的专家组成的资产评估专业队伍;专业队伍的成员必须具有良好的教育背景、专业知识、实践经验和职业道德。专业性是确保评估方法准确、评估结果公正的技术基础,也是各评估机构进行专业技术竞争的前提条件。各评估机构之间的专业技术竞争为委托方提供了广阔的选择余地,从而也确保了资产评估公正性的市场条件。

2. 资产评估经济原则

资产评估经济原则是注册资产评估师在执业过程中遵循的技术规范和业务准则,是注册资产评估师进行专业判断的技术依据和保证。主要包括预期原则、替代原则、贡献原则、供求原则。

1) 预期原则

预期原则是指资产评估中,资产的价值可以不按照其过去形成的成本或购买价格决定,而主要取决于资产能为其所有者或控制者带来的预期收益量的多少。这是以技术原则的形式概括出资产及其价值的最基本的决定因素,是评估师判断资产价值的基本依据。

2) 替代原则

在同一市场上,具有相同使用价值和质量的商品,应有大致相同的交换价值。

如果具有相同使用价值和质量的商品具有不同的交换价值或价格,买者会选择价格较低者。资产评估的替代原则是指在评估中面对几种相同或相似资产的不同价格时,应取较低者为评估值。即从购买者角度进行评估,因为评估值应是资产潜在购买者愿意支付的价格。

3) 贡献原则

贡献原则要求资产价值的高低由该资产的贡献决定,即单项资产或资产的某一构成部分的价值,取决于它对其他相关资产或资产整体价值的贡献,或者根据当缺少它时,对相关资产或资产整体价值下降的影响程度来确定其评估值。

4) 供求原则

供求原则是经济学中对供求关系影响商品架构原理的概括。即在其他条件不变的前提下,商品的价格随着需求的增长而上升,随着供给的增加而下降。供求原则要求注册资产评估师在判断资产价值时应充分考虑市场供求规律对资产价值的影响。

第三节 资产评估与会计和审计的区别

资产评估与会计和审计都是现代市场经济中的基础性服务行业。但是由于工作性质、专业知识和执业标准的不同又具有明显差异。

一、资产评估与会计的区别

(1) 会计是以记账、算账和报账为基本手段,连续地、系统地反映和监督企业生产经营、财务收支及其成果的一种社会活动。反映和监督是会计的基本职能。资产评估是一种价值判断活动,评估和咨询是资产评估的基本职能。

(2) 会计记账和算账中的资产确认和计价主要以可靠计量的历史成本为依据。资产评估中的资产确认和评价主要是以其具有效用和市场价值为依据。

(3) 会计中的资产计价方法大量采用核算方法,资产评估中的资产价值评估除了可以利用核算方法外,还广泛应用预期收益折现、市场售价类比等多种技术方法。

(4) 会计工作是由企业内部的会计人员完成,其总体目标是为企业管理服务。资产评估是由独立于企业之外的具有资产评估资格的社会中介机构完成,其总体目标是为资产交易服务。

二、资产评估与审计的区别

(1) 审计是在现代企业两权分离背景下产生的旨在对企业财务报表所反

映的企业财务状况和经营成果的真实性和公允性做出事实判断,具有明显的公证性特征。资产评估是在市场经济充分发展,适应资产交易及产权变动的需要,旨在为委托人与有关当事人的被评估资产做出价值判断,具有明显的咨询性特征。

(2) 审计人员在执业过程中,要自始至终地贯彻公正、防护和建设三大专业原则,而资产评估人员在执业过程中则必须遵循替代、贡献、预期等基本经济原则。

(3) 审计工作是以会计学、税法及其他经济法规等知识为专业知识基础,而资产评估的专业知识基础,除了由经济学、法律、会计学等知识组成外,工程技术方面的知识,也是其重要的组成部分。

(4) 审计主要是对会计报告的审计,审计对业务的处理标准与会计是同一的,即主要按历史成本进行处理;而资产评估的价值标准则主要是市场价值标准。

小结

本章系统介绍了资产评估的概念和特点,资产评估的九个基本要素,比较了资产评估与会计和审计的区别,是学习其他章节的基础。

中英文关键术语

资产评估	asset appraisal	市场价值	market value
估价程序	valuation procedure	价值标准	value standard
估价方法	valuation approach	评估基准日	appraisal date
评估目的	valuation purpose	评估假设	valuation assumption
评估原则	appraisal principle		

习 题

一、选择题

1. 不可确指的资产是指( )。
   A. 那些没有物质实体的某种特权
   B. 有获利能力的资产综合体
   C. 不能独立于有形资产之外而独立存在的资产
   D. 除有形资产以外的所有资产

2. 评估资产市场价值所适用的最直接的市场条件假设前提是( )。
   A. 在用续用假设   B. 公开市场假设
   C. 清算假设   D. 会计主体假设

3. 下列原则中,属于资产评估工作原则的是(　　)。
   A. 独立公正性原则　　　　　B. 科学性原则
   C. 替代性原则　　　　　　　D. 客观性原则
   E. 供求原则
4. 资产评估的经济技术原则是(　　)。
   A. 贡献原则　　　　　　　　B. 预期原则
   C. 替代原则　　　　　　　　D. 独立性原则
5. 以产权变动为评估目的的有(　　)。
   A. 企业出售　　　　　　　　B. 股权重组
   C. 经营业绩评价　　　　　　D. 合资合作
   E. 企业合并
6. 按资产能否独立存在分类,资产可以分为(　　)。
   A. 经营性资产　　　　　　　B. 非经营性资产
   C. 可确指的资产　　　　　　D. 不可确指的资产
   E. 无形资产

二、判断题

1. 资产评估结论是专家的专业判断和专家意见,因此具有强制执行的效力,资产评估结论应该直接成为资产交易的价格。（　　）
2. 资产评估是指对资产一定时期内的价值进行的评定估算。（　　）
3. 资产评估的主体是资产的拥有者或占有者。（　　）
4. 同一资产在不同的评估目的下,评估值可能是不同的。（　　）
5. 评估基准日实际上就是资产评估机构对资产开始进行评估的日期。（　　）

三、简答题

1. 资产评估包括哪些基本要素?
2. 作为资产计价的方法,资产评估与会计中资产的计量有何区别?

第二章 资产评估的基本方法

学习目标 掌握成本法、收益法、市场法以及清算价格法的基本原理和方法;掌握复原重置成本、更新重置成本、实体性贬值、功能性贬值、经济性贬值、实际已使用年限、资产利用率、收益额、收益期限等基本概念;掌握评估方法中的各项基本参数如重置成本、实体性贬值、功能性贬值、经济性贬值等的估算方法;掌握收益法的常用计算公式;熟悉四种基本方法的评估程序。

第一节 市 场 法

一、市场法的基本原理

1. 市场法的基本思路

市场法,也叫市价法或销售比价法,指按市场现行价格作为价格标准,据以确定被评估资产价值的方法。其基本思路是:构成资产的生产要素如同一般商品一样,可以在市场上交换,而且资产的绝大多数种类也能够在市场上流通。市场法和成本法一样,都是以替代性原则为基础。即任何精明的购买者(或投资者)都不会付出多于购买可比较资产的价格而购买一项资产。因此按照替代原则,市场可比较价格就可作为被评估资产价值的依据。

2. 市场法的应用前提

通过市场途径进行资产评估需要满足两个最基本的前提条件:一是要有一个活跃的公开市场;二是公开市场上要有可比资产进行广泛的交易活动。

公开市场是一个充分的市场,市场上有众多的买者和卖者,他们平等交易,因而排除了个别交易的偶然性,市场成交价格基本上可以反映市场行情。按市场行情或参照市场行情来估测被评估资产价值,评估结果会更贴近市场,更容易被资产交易各方接受。

资产及其交易的可比性是指在近期公开市场上已经发生过,且与被评估资产及资产业务相同或相似的资产及资产业务交易活动。这些已经完成交易的资产及其业务就成为被评估资产的参照物,已经完成交易的资产及其业务的交易数据就成为被评估资产价值的基本参数。资产及其交易的可比性体现在以下几个方面:

第一,参照物与评估对象在功能上具有可比性,包括用途、性能上的相同或相似;

第二,参照物与被评估对象面临的市场条件具有可比性,包括市场供求关系、竞争状况和交易条件等;

第三,参照物成交时间与评估基准日间隔时间不能过长,要在一个适度的相隔时间内。

二、市场法的基本程序及应考虑的相关因素

1. 基本程序

1) 选择参照物

对参照物的要求首先是具有可比性,包括功能、市场条件及成交时间等。另外是参照物的数量要求。不论参照物与评估对象如何相似,通常参照物应选择三个以上。因为运用市场途径评估资产价值,被评估资产的评估值高低在很大程度上取决于参照物成交价格水平,而参照物成交价又不仅仅是参照物功能自身的市场体现,它还受买卖双方交易地位、交易动机、交易时限等因素的影响。为了避免某个参照物个别交易中的特殊因素和偶然因素对成交价及评估值的影响,运用市场途径评估资产时应尽可能选择多个参照物。

2) 在评估对象与参照物之间选择比较因素

从大的方面讲,不论何种资产,影响其价值的因素基本相同,像资产的性质、市场条件等。但具体到每一种资产时,影响资产价值的因素又各有侧重。像房地产主要是地理位置因素起决定作用,而机器设备则是技术水平起主导作用。根据不同种类资产价值形成的特点,选择对资产价值形成影响较大的因素作为对比指标,在参照物与评估对象之间进行比较。

3) 指标对比、量化差异

根据前面所选定的对比指标,在参照物及评估对象之间进行比较,并将两者的差异进行量化。例如,资产功能指标,参照物与评估对象尽管用途功能是相同或相似的,但是在生产能力上、在生产产品的质量方面以及在资产运营过程中的能耗、料耗和人工消耗等方面都可能有不同程度的差异。将参照物与评估对象对比指标之间的差异数量化、货币化是运用市场途径的一个重要环节。

4) 在参照物成交价格的基础上调整已经量化的对比指标差异

市场途径是以参照物的成交价格作为评定估算评估对象价值的基础。在此基

础上将已经量化的参照物与评估对象对比指标差异进行调增调减,得到以每个参照物为基础的评估对象的初步评估结果。初步评估结果的数量取决于所选择的参照物个数。

5) 综合分析确定评估结果

按照一般要求,运用市场途径通常应选择三个以上参照物,因此运用市场途径评估的初步结果也在三个以上。根据资产评估的一般惯例,正式的评估结果只能是一个,这就需要评估人员对若干评估初步结果进行综合分析,以确定最终的评估值。这个环节主要取决于评估师对参照物的把握和对评估对象的认识,再加上评估经验。当然,如果参照物与评估对象可比性都很好,评估过程中没有明显的遗漏或疏忽,采用加权平均的办法将初步结果转换成最终评估结果也是可行的。

2. 运用市场法评估单项资产应考虑的可比因素

1) 资产的功能

资产的功能是资产使用价值的主体,是影响资产价值的重要因素之一。资产评估中强调资产的使用价值或功能,是从资产功能与社会需求相结合的角度,即资产实际发挥效用的角度来考虑。在社会需要的前提下,资产的功能越好,其价值越高,反之亦然。

2) 资产的实体特征和质量

资产的实体特征主要指资产的外观、结构、已使用寿命、规格型号等。资产的质量主要指资产本身的建造或制造工艺水平。

3) 市场条件

市场条件主要考虑参照物成交时与评估时的市场条件及供求关系的变化情况。一般情况下,供不应求时,价格偏高;供过于求时,价格偏低。

4) 交易条件

交易条件主要包括交易批量、交易动机、交易时间等。交易批量不同,交易对象的价格就可能不同。交易动机也对资产交易价格有影响。在不同交易时间交易,资产的交易价格也会有差别。

三、市场法的具体评估方法

1. 直接比较法

直接比较法指在市场上能找到与被评估资产完全相同的资产的现行市场价格,可将这一价格作为被评估资产的现行价格。其基本计算公式为:

$$对象资产评估值 = 参照物成交价格 \times \frac{评估对象特征}{参照物特征} \qquad (2-1)$$

或

$$\text{对象资产评估值} = \text{参照物合理成交价格} \qquad (2-2)$$

这种方法直观简洁,便于操作,但是对参照物与评估对象之间的可比性要求较高。参照物与评估对象要达到相同或基本相同的程度,或参照物与评估对象的差异主要体现在某一明显的因素上,如新旧程度或交易时间先后等。直接比较法主要包括市价法、市价折扣法、功能价值类比法、价格指数法和成新率价格调整法等。

2. 类比调整法

类比调整法是市场法中最基本的评估方法。该法并不要求参照物与评估对象必须一样或者基本一样,只要参照物与评估对象在大的方面基本相同或相似。该方法通过对比分析调整参照物与评估对象之间的差异,在参照物成交价格的基础上调整估算评估对象的价值。类比调整法主要包括市场售价类比调整法、成本市价法和价值比率法等。

类比调整法具有适用性强、应用广泛的特点。但该方法对信息资料的数量和质量要求较高,因此要求评估人员要有较丰富的评估经验、市场阅历和评估技巧。因为,类比调整法可能要对参照物与评估对象的若干可比因素进行对比分析和差异调整。没有足够的数据资料,以及对资产功能、市场行情的充分了解和把握,很难准确地评定估算出评估对象的价值。

四、市场法的优缺点

优点　市场法通过销售价格比较来评估资产的价值,充分考虑了市场变化的因素,可以比较真实地反映评估对象的市场价值。

缺点　资料的收集和积累困难,特别是在资产市场不成熟的情况下,很难找到适当的参照物;同时在寻找参照物时,主观判断的成分较高。

第二节　成　本　法

一、成本法的基本原理

成本法是指按照被评估资产的现时重置成本扣减其各项损耗价值来确定被评估资产价值的方法。即在条件允许的情况下,任何潜在的投资者在决定投资某项资产时,所愿意支付的价款不会超过构建该项资产的现行构建成本。如果投资对象并非全新,投资者所愿意支付的价格会在投资对象全新构建成本的基础上扣除各种贬值因素。上述的评估思路可以概括为:

资产评估价值＝资产的重置成本－资产实体性贬值－资产功能性贬值

－资产经济性贬值 (2-3)

采用成本法评估资产的理论依据：

1）资产权利的价值取决于资产的成本

资产的原始成本越高,资产的原始价值越大,反之则小,两者在质和量的内涵上是一致的。根据这一原理,采用成本法对资产进行评估,必须首先确定资产的重置成本。重置成本是按现行市场条件下重新购置一项全新的同等功能资产所支付的全部货币总额。重置成本与原始成本的内容构成相同,两者反映的物价水平是不相同的,重置成本反映的是资产评估基准日的市场物价水平,原始成本反映的是当初构建时的物价水平。在其他条件既定时,资产的重置成本越高,其重置价值越大。

2）资产的价值是一个变量

资产的价值随资产本身的运动和其他因素的变化而相应变化。影响资产价值量变化的因素主要有市场价格的波动、利率水平变化,还有资产在存放和使用过程中,由于自然力作用,造成资产在物理实体方面的损耗而引起的价值降低；也可能是由于技术进步,造成资产制造成本下降或功能相对落后而引起资产价值的降低；或者是由于外部经济环境因素的变化,影响到资产的正常使用或者获取收益减少,从而引起资产价值降低。

成本法主要适用于持续使用前提条件下的资产,对于非持续使用前提条件下的资产,如果运用成本法进行评估,需要对成本法的基本要素作必要的调整。从相对准确合理、减少风险和提高评估效率的角度看,把持续使用作为运用成本法的前提条件是有积极意义的。

二、成本法的基本要素及其测算

成本法的运用一般涉及四个基本要素,即资产的重置成本、资产的实体性贬值、资产的功能性贬值和资产的经济性贬值。

(一) 资产的重置成本及其测算

简单地说,资产的重置成本就是资产的现行再取得成本。具体来说,重置成本又分为复原重置成本和更新重置成本两种。复原重置成本是采用与评估对象相同的材料、建筑或制造标准、设计、规格技术等,以现时价格水平重新构建与评估对象相同的全新资产所发生的费用。更新重置成本指采用新型材料,先进建筑和制造标准,新型设计、规格和技术等,以现行价格水平构建与评估对象具有同等功能的全新资产所需要的费用。复原重置成本和更新重置成本的相同之处在于都是按照功能重置资产,采用的都是资产的现时价格,不同之处在于技术、设计、标准方面的差异。

在同时可以获得复原重置成本和更新重置成本的情况下,应选择更新重置成本。在无更新重置成本时可采用复原重置成本。之所以优先选择更新重置成本,一方面是因为随着科学技术的进步,劳动生产率的提高,新工艺、新设计的采用被社会所普遍接受;另一方面,新型设计和工艺制造的资产无论从其使用性能,还是成本耗费方面都会优于过去的资产。

重置成本的测算通常采用以下方法:

1. 重置核算法

重置核算法是利用成本核算的原理,根据重新取得资产所需的费用项目,逐项计算,然后累加得到资产的重置成本。在实际测算过程中又具体划分为两种类型:购买型和自建型。购买型是以购买资产的方式作为资产的重置过程。购买型资产的重置成本由资产的现行购买价格、运杂费、安装调试费以及其他必要费用构成。自建型是把自建资产作为资产重置方式,它根据重新建造资产所需的料、工、费及必要的资金成本和开发者的合理收益等因素分析和计算出资产的重置成本。

[例2-1] 重置购建设备一台,现行市场价格每台5万元,运杂费1000元,直接安装成本800元,其中原材料300元,人工成本500元。根据统计分析,计算求得安装成本中的间接成本为每台人工成本400元,请估算这台机器设备的重置成本。

该机器设备直接成本为:

$$直接成本 = 50000 + 1000 + 800$$

其中,买价:50 000元;运杂费:1000元;直接安装成本:800元(其中原材料300元,人工500元);间接成本(间接安装成本):400元。

重置成本合计:

$$51800 + 400 = 52200(元)$$

2. 价格指数法

即物价指数法,它是通过对资产的原始(历史)成本进行物价指数调整而得到其重置成本的方法。计算公式为:

$$重置成本 = 资产历史成本 \times (资产评估时物价指数/资产购建时物价指数)$$

(2-4)

或

$$重置成本 = 资产历史成本 \times (1 + 物价变动指数)$$

(2-5)

公式中,资产历史成本应当真实准确并符合社会平均的合理成本的要求;资产评估时物价指数是指评估基准日或能代表评估基准日的物价指数,而且应是资产的类别或个别物价指数。

[例2-2] 某项待评估资产购建于2000年10月,账面原始价值为15万元,现评估其2004年10月3日的重置成本。调查得知该类资产在2000年和2004年的资产定基物价指数分别为120%、160%,2000~2004年的环比价格指数分别为110%、105%、120%、96%,物价变动(上涨)指数约为33%。则该资产的重置成本为:

$$15 \times (160\%/120\%) = 20(万元)$$

或

$$15 \times 110\% \times 105\% \times 120\% \times 96\% = 20(万元)$$

或

$$15 \times (1+33\%) = 20(万元)$$

价格指数法与重置核算法是估算重置成本较常用的方法,但两者具有明显的区别:

(1) 价格指数法估算的重置成本,仅考虑了价格变动因素,因而确定的是复原重置成本;而重置核算法既考虑了价格因素,也考虑了生产技术进步和劳动生产率的变化因素,因而可以估算复原重置成本和更新重置成本。

(2) 价格指数法建立在不同时期的某一种或某类甚至全部资产的物价变动水平上;而重置核算法建立在现行价格水平与购建成本费用核算的基础上。

明确价格指数法和重置核算法的区别,有助于判断和选择重置成本估算方法。一项科学技术进步较快的资产,采用价格指数法估算的重置成本往往会偏高。当然,价格指数法和重置核算法也有其相同点,即都是建立在利用历史资料的基础上。因此,注意分析、判断资产评估时重置成本口径与委托方提供历史资料(如财务资料)的口径差异,是上述两种方法应用时需注意的共同问题。

3. 功能价值法

功能价值法是利用某些资产的功能(生产能力)的变化与其价格或重置成本的变化成某种指数关系或线性关系,通过参照物的价格或重置成本,以及功能价值关系估测评估对象价格或重置成本的技术方法。当资产的功能变化与其价格或重置成本的变化成线性关系时,常称为生产能力比例法,而非线性关系条件下的功能价值法常称为规模经济效益指数法。

1) 生产能力比例法

寻找与被评估资产相同或相似的资产为参照物,根据参照物资产重置成本及

参照物与被评估资产生产能力的比例,估算被评估资产重置成本。计算公式为:

$$被评估资产重置成本 = \frac{被评估资产年产量}{参照物资产年产量} \times 参照物重置成本 \quad (2-6)$$

功能价值法运用的前提条件和假设是资产的成本与其生产能力成线性关系,生产能力越大,成本越高,而且是成正比例关系,否则该方法就不可以采用。

2) 规模经济效益指数法

通过不同资产的生产能力与其成本之间关系的分析发现,许多资产的成本与其生产能力之间不存在线性关系,当资产 A 的生产能力是资产 B 的生产能力的一倍时,其成本却不一定为一倍。即资产生产能力和成本之间只成同方向变化,而不是等比例变化,这是由于规模经济效益作用的结果。两项资产的重置成本和生产能力相比较,其关系可用下列公式表示:

$$\frac{被评估资产重置成本}{参照物资产重置成本} = \left(\frac{被评估资产产量}{参照物资产产量}\right)^x$$

推导可得:

$$被评估资产重置成本 = 参照物资产重置成本 \times \left(\frac{被评估资产产量}{参照物资产产量}\right)^x$$

$$(2-7)$$

式中,x 为功能价值指数或称规模经济效益指数,它是用来反映资产成本与其功能之间指数关系的具体指标。x 取经验值,在不同行业有不同的取值范围,一般在 0.6~0.8 之间。

[例 2-3] 被评估资产甲生产能力为 600 000 件/年,参照资产乙的重置成本为 5000 元,生产能力为 300 000 件/年,设 x 取值 0.7,求被评估资产的重置价值。

解 被评估资产重置全价 $= 5000 \times (600000/300000)^{0.7} = 8122(元)$

[例 2-4] 某企业 2005 年购建一套年产 6 万台家电产品的机器设备组合,账面原值 1000 万元,该机器设备组合划分为主体设备、辅助设备、管道、仪表、安装费和管理费 6 大项,它们在机器设备组合原始成本中的比重分别为:60%、10%、5%、5%、10% 和 5%。2006 年进行评估,评估时选择了一套与被评估机器设备组合相似的机器设备组合,该机器设备组合 2005 年建成,年产同类产品 7.5 万吨,造价为 2000 万元,经查询,该类机器设备组合的规模效益指数为 0.7。2005 年至 2006 年上述 6 项价格及费用变动率为:主体设备 5%,辅助设备 3%,管道 5%,仪表 3%,安装费 6%,管理费 8%。根据被评估机器设备组合与参照物生产能力方面的差异调整计算出 2006 年被评估机器设备组合的重置成本。

解 (1) 先计算 2005 年被评估机器设备组合的重置成本为:

$$2000 \times (6/7.5)^{0.7} = 1711(万元)$$

(2) 差异调整。由于无法获得评估基准日该机器设备组合的价格指数,不能直接将该机器设备组合的 2005 年重置成本调整为 2006 年的评估基准日的重置成本。利用被评估机器设备组合原始成本中上述 6 项各占比重做权数,求取机器设备组合价格调整系数。故 2006 年的重置成本为:

$$1711 \times (1 + 60\% \times 5\% + 10\% \times 3\% + 5\% \times 5\% + 5\% \times 3\%$$
$$+ 10\% \times 6\% + 5\% \times 8\%)$$
$$= 1711 \times (1 + 4.7\%) = 1791(万元)$$

(二) 资产的实体性贬值及其测算

资产的实体性贬值亦称有形损耗,是指资产由于使用及自然力的作用导致其物理性能损耗或下降而引起资产价值的损失。确定实体性贬值时,应综合分析资产的设计、制造、使用、磨损、维护、修理、大修理、改造情况和物理寿命等因素,将评估对象与全新状态相比较,考察由于使用磨损和自然损耗对资产的功能、使用效率带来的影响,从而确定实体性贬值额。资产的实体性贬值通常采用相对数计量,即实体性贬值率,用公式表示为:

$$实体性贬值率 = (资产实体性贬值额 / 资产重置成本) \times 100\% \quad (2-8)$$

具体计算方法可用观察法、直接价值法及使用年限法等。

1. 观察法

也叫成新率法,是由具有专业知识和丰富经验的工程技术人员对被评估资产的主要实体部分进行技术鉴定,或通过向资历较深、有经验的工程技术人员或操作人员咨询来确定其损耗程度,再与同类或相似全新资产进行比较,判断被评估资产的成新率,从而估算其有形损耗。计算公式为:

$$实体性贬值 = 重置成本 \times (1 - 成新率) \quad (2-9)$$

其中,

$$成新率 = 1 - 贬值率 \quad (2-10)$$

这种方法主要有两种形式:

(1) 总体观察法,即对资产总体进行观察后,确定资产总体的有形损耗,一般适用于简单的单项资产。

(2) 加权平均法,即将资产总体分解为若干部分,分别对它们进行观察,确定各自的有形损耗,然后再以各部分成本占总成本的比重为权重,用加权平均法计算出总体资产的有形损耗率。

[例2-5] 某工业企业有三条机器设备组合,各机器设备组合占总成本的比例分别为10%、40%和50%。经对各条机器设备组合分别观察,有形损耗率分别为30%、10%和20%。则三条机器设备组合的总体损耗率为:

$$10\% \times 30\% + 40\% \times 10\% + 50\% \times 20\% = 17\%$$

2. 使用年限法

使用年限法是根据被评估资产实际已使用年限和尚可使用年限之比,估算资产实体性贬值的一种方法。计算公式为:

实体性贬值 = (重置成本 − 预计残值) × (实际已使用年限 / 总使用年限)

(2-11)

其中,残值是指待评估资产在清理报废时可以回收的净值,在资产评估中,通常只考虑数额较大的残值,如残值数额较小可以忽略不计;总使用年限是指资产实际已使用年限和尚可使用年限之和;实际已使用年限是资产自开始使用到评估基准日为止,按照正常使用强度(负荷程度)标准确定的已经使用的年数,它与资产的实际使用强度和名义已使用年限有关。名义已使用年限是指资产在会计管理上已提取折旧的年限,可以通过会计记录、资产登记簿等资料来查询确定。资产的实际使用强度用资产利用率来表示。计算公式如下:

总使用年限 = 实际已使用年限 + 尚可使用年限 (2-12)

实际已使用年限 = 名义已使用年限 × 资产利用率 (2-13)

$$资产利用率 = \frac{截至评估基准日资产的累计实际利用时间}{截至评估基准日资产的累计法定利用时间} \quad (2-14)$$

当资产的利用率大于1时,表明资产超负荷使用,资产实际已使用年限比名义已使用年限要长;当资产的利用率等于1时,表明资产的使用符合正常使用强度标准,实际已使用年限等于名义已使用年限;当资产的利用率小于1时,表明资产没有被满负荷利用,实际已使用年限小于名义已使用年限。实际评估过程中,资产利用率指标往往较难确定,需要评估人员对资产的使用状况诸如资产开工情况、大修间隔期、原材料供应情况、电力供应情况、是否季节性生产等各方面因素进行综合分析。

[例2-6] 某资产购建于1994年10月,根据其技术经济指标,规定正常使用强度下每天的运转时间为8小时,由于其生产的产品自1994年初至1998年末期间在市场上供不应求,企业主在此期间一直超负荷使用该资产,每天实际运转时间为10小时,自1999年初恢复正常使用,现以2000年10月5日为评估基准日,则

该设备的名义已使用年限为 6 年,资产利用率计算如下:

$$\frac{50 月 \times 30 天 / 月 \times 10 小时 + 22 月 \times 30 天 / 月 \times 8 小时}{6 年 \times 360 天 / 年 \times 8 小时} = 117\%$$

3. 修复费用法

即通过估算将待评估资产恢复到全新功能状态下所需要的修复费用占资产重置成本的比率来确定损耗率,再据此求出成新率的方法。其计算公式如下:

$$成新率 = 1 - 损耗率 = 1 - (修复费用 / 重置成本) \qquad (2-15)$$

采用修复费用法应注意资产的有些损耗是不可修复的,即修复成本超过修复所添加的价值,如过时的建筑设计、商业建筑物无足够的临街面、无可开发停车场空间的商业建筑物或高级公寓住宅区。对于可补偿部分的有形损耗以直接支出的金额来估算,对于不可补偿的有形损耗,则运用前述的观察法或比率法来确定。

(三) 资产的功能性贬值及其测算

资产的功能性贬值,是指由于技术进步引起资产功能相对落后而造成的资产价值损失。它包括由于新工艺、新材料和新技术的采用,而使原有资产的建造成本超过现行建造成本的超支额,以及原有资产超过体现技术进步的同类资产的运营成本的超支额。估算功能性贬值,主要根据资产的效用、生产加工能力、工耗、料耗、能耗水平等功能方面的差异造成的成本增加和效益降低,相应确定功能性贬值额;同时,还要重视技术进步因素,注意替代设备、替代技术、替代产品的影响,以及行业技术装备水平现状和资产更新换代速度。常用的测算方法有:

1. 超额运营成本法

超额运营成本是由于新技术的发展,使得新设备在运营费用上低于老设备。超额运营成本引起的功能型贬值也就是设备超额运营成本的折现值。采用超额运营成本法计算功能型贬值的步骤如下:

(1) 将被评估资产的年运营成本与功能相同但性能更好的新资产的年运营成本进行比较。

(2) 计算两者的差异,确定净超额运营成本。由于企业支付的运营成本是在税前扣除的,企业支付的超额运营成本会引起税前利润额下降,所得税额降低,使得企业负担的运营成本远远低于其实际支付额。因此,净超额运营成本是超额运营成本扣除所得税以后的余额。

(3) 估计被评估资产的剩余寿命。

(4) 以适当的折现率将被评估资产在剩余寿命内每年的超额运营成本折现,

这些折现值之和就是被评估资产功能性损耗(贬值),计算公式为:

被评估资产功能性贬值额 = $\sum$(被评估资产年净超额运营成本 × 折现系数)

(2-16)

[例 2-7] 被评估资产为某类机器设备,据调查,市场上已有性能更好的设备出售。由于技术先进,新设备可以使操作人员减少,每月节约工资费用 4000 元。新设备和被评估的设备年产量相同,被评估设备尚可使用 5 年,折现率为 10%,所得税率为 33%,则年金现值系数为$(P/A,10\%,5)$,该设备功能性贬值为:

该设备功能性贬值 = $4000 \times 12 \times (P/A,10\%,5)(1-33\%)$

$= 4000 \times 12 \times 3.7908 \times 0.67$

$= 121912.13(元)$

2. 超额投资成本法

超额投资成本是由于技术进步,新技术、新材料、新工艺不断出现,使得相同功能的新资产的制造成本比过去降低,它主要反映为更新重置成本低于复原重置成本。用公式表示为:

功能性贬值 = 复原重置成本 − 更新重置成本   (2-17)

(四) 资产的经济性贬值及其测算

资产的经济性贬值,是指由于外部条件的变化引起的资产闲置、收益下降等造成的资产价值损失。如竞争加剧,社会总需求减少,导致资产开工不足;原材料供应不畅,导致开工不足;原材料成本增加,导致企业费用直线上升;在通货膨胀情况下,国家实行高利率政策,导致企业负担加重;国家产业政策的变动;环境保护;其他原因等情况,限制了资产的充分有效利用,使得资产价值下降。当有确实证据表明资产存在经济性贬值时,可以参考以下方法测算经济性贬值率或经济性贬值额。

1. 间接计算法

$$经济性贬值率 = \left[1 - \left(\frac{资产预计可被利用的生产能力}{资产原设计生产能力}\right)^x\right] \times 100\%$$

(2-18)

式中,x 为功能价值指数,经验值为 0.6~0.8 之间。

经济性贬值额的计算应以评估对象的重置成本为基数,按照确定的经济性贬值率估测。

2. 直接计算法

经济性贬值额 = 资产年收益损失额 × (1 − 所得税税率) × $(P/A, r, n)$

(2 − 19)

式中,$(P/A, r, n)$ 为年金现值系数。

[例 2 − 8] 某被估机器设备组合设计生产能力为年产 2 万台产品,因市场需求结构变化,在未来可使用年限内,每年产量估计要减少 6000 台左右,根据上述条件,该机器设备组合的经济性贬值率为:

$$\text{经济性贬值率} = [1 − (14000/20000)^{0.6}] × 100\%$$
$$= [1 − 0.81] × 100\%$$
$$= 19\%$$

[例 2 − 9] 承上例,假定每年减少 6000 台产品,每台产品损失利润 100 元,该机器设备组合尚可使用 3 年,企业所在行业的投资回报率为 10%,所得税税率为 33%,则该资产的经济性贬值额为:

$$\text{经济性贬值额} = 6000 × 100 × (1 − 33\%) × (P/A, 10\%, 3)$$
$$= 402000 × 2.4869$$
$$= 999734(\text{元})$$

三、成本法的评估程序

运用成本法评估资产一般按照下列程序进行:

(1) 确定待评估资产的范围,根据资产实体特征等基本情况,估算复原重置成本或更新重置成本。

(2) 确定被评估资产的实际已使用年限、尚可使用年限及总使用年限。

(3) 应用年限法或其他方法估算待评估资产的损耗或贬值额。

(4) 从复原重置成本或更新重置成本中扣减损耗,得出资产的评估价值。

四、成本法的优缺点

成本法运用简便,且具有一定的真实性,在资产评估中运用较广。尤其在无法利用收益法或市场法时,成本法更有优势。例如,有些资产很少交易,如企业生产用的厂房、仓库;社会福利设施,如学校教室、图书馆、运动场;独立区域中的特殊资产,如农贸市场的房地产等。这类资产交易很少,缺乏必要的比较资料,往往很难利用收益法和市场法来评价其价值。此时,可以采用成本法。此外,成本法比较充分考虑了有形损耗和无形损耗,评估结果较为公平;在物价波动幅度较大、币值不稳定的情况下,具有较强的真实性和实用性。

　　成本法也存在一定缺陷,成本的增加,并不意味着价值的增加,也就说明,利用成本法评估资产的价值,不一定能真实地反映资产的市场价值。资产的价格是受多种因素影响的,成本仅仅是其中的一个重要方面。因此,成本法一般可以反映出被评估资产的成本,但不一定准确地反映其价值。此外,成本法工作量大、费时、费力;资产的估价没有与资产使用效益相联系,经济性损耗不易全面计算,且很容易将无形资产漏掉,因而评估结果往往较低。

第三节 收益法

一、收益法的基本原理

　　收益法是资产评估的常用方法之一。它是把被评估资产的预期收益流通过适当的折现率进行折现,从而转换为被评估资产价值的一种资产评估方法。收益法的基本思路就是将收益视为资产价值,对资产未来能产生的收益流进行折算。评估人员应站在资产购买者的立场上去分析,从而判断被评估资产的价值。在这一过程中,应将资产的售价(价值)视为买主的投资,投资应该得到相应回报,并且希望能尽快收回投资。因为任何一个理智的投资者在购置或投资一项资产时,他所愿意支付或投资的货币数额不会高于他所购置或投资的资产在未来能给他带来的回报,即收益额。收益途径利用投资回报和收益折现等技术手段,把评估对象的预期产出能力和获利能力作为评估标的来估测评估对象的价值。根据评估对象的预期收益来评估其价值,显然这个评估结果容易被交易双方所接受,所以,从理论上讲,收益途径是资产评估中最为科学合理的评估选择之一。

(一) 收益法应用的基本条件

1) 具有独立的能够连续获得预期收益的能力

　　被评估资产必须是能够独立创收的,不断获得预期收益的资产,否则就不能应用收益法。例如,一辆旅客列车虽然能够创收,但不具有独立创收能力,就不宜用收益法。又如,坦克对军火商来说能够独立创收,但不具有不断获得预期收益的能力,因此也不宜应用收益法。

2) 未来收益能够用金额计算

　　被评估资产的未来收益,必须能够用金额计算。例如,兴建一条普通公路,肯定能够为投资者带来不断的收益,但这种收益无法用金额来计算,因此也不宜应用收益法。

3) 被评估资产在继续经营中的收益能够而且必须用货币金额来表示

　　在未来收益中将包含多少风险收益,应该是可以计算的。这里所谈的收益都是一个期望值,是买者认为到期就能够实现的数值,至于能否真正实现,则是另外一回事,因为毕竟存在风险,当然同时又伴有安全因素。假如不存在安全因素,买到手就折本,任何人也就不去购买了。假如不存在风险因素,预期收益值则必定和把钱存到银行或购买国家债券所能得到的预期利息是等额的。谁都知道,把钱存到银行或用来购买国家债券,是最省心、最省力而又能够预期得到一笔稳妥收入的事,如果未来收益不比利息收入额高,或者虽然高一些但仍未达到具有吸引力的程度,也就没有人投资办企业了。既然有人肯投资办企业,说明预期能够获得比利息收入更高的超额利润。超额利润是冒风险才得到的,因此也叫风险收益。相对于风险收益的,则是安全收益。在这里,所要求的是能够计算预期收益中的风险收益有多少。风险收益额越大,对于买主的吸引力就越大,应用收益法的理由或条件也就越充分。反之,风险收益额越小,对买主没有吸引力,即使使用收益法得出的评估值很准确,也毫无用处,因为不可能达到成交的目的。既然不可能达到成交的目的,又何必进行资产评估。可见,能否事前确定风险收益额,是应用收益法的一个十分重要的前提条件。

(二) 收益法的适用范围

除了上述三个基本前提条件之外,在运用收益法进行资产评估时,还应强调评估对象是处在商品经济条件下的资产。只有处在商品经济环境下,其预期收益、风险收益才是真实的。否则,现金流入、流出必然因受计划价格的控制与制约,使得预期收益及收益能力被扭曲。从总体上讲,收益法评估的适用范围应该是具备持续经营条件的经营性资产,具体地说,可以包括以下几个部分:

1. 整体资产(包括有形资产和无形资产)评估

由于收益法是将被评估对象作为一种获利能力而确定其现行价格的一种方法,因而,它较适用于独立企业法人或其他具有独立经营获利能力的经济实体的全部资产和负债所进行的评估。企业整体参加以下经营活动,如企业经营评价、股份经营、联营、中外合资、中外合作、投资、股权转让等涉及企业产权主体变动而进行的整体资产评估,应采用收益法评估。

2. 单项资产评估

单项资产可以单独计算预期收益与风险时,可采用收益法评估。尤其是单项房地产,如果其未来的收益(如租金等)与风险都可以量化,也可以运用收益法评估。

3. 无形资产评估

财政部发布的《资产评估准则——无形资产》(2007)确认注册资产评估师可以使用收益法对无形资产进行评估。

二、收益法的基本要素

运用收益法来估算被评估资产的价值,关键是要确定被估资产的收益额,近期收益的折现率和永续收益的资本化率以及收益期限。

1. 预期收益额

预期收益额是适用收益途径评估资产价值的基本参数之一。在资产评估中,资产的收益额是指根据投资回报的原理,资产在正常情况下所能得到的归其产权主体的所得额。资产评估中的收益额有两个比较明确的特点:①收益额是资产未来预期收益额,而不是资产的历史收益额或现实收益额;②用于资产评估的收益额是资产的客观收益,而不是资产的实际收益。收益额的上述两个特点是非常重要的,评估人员在执业过程中应切实注意收益额的特点,以便合理、准确、有效地运用收益途径来估测资产的价值。由于资产种类较多,收益额也有不同的表现形式,如企业的收益额通常表现为净利润或净现金流量,而房地产则通常表现为纯收益等。收益额的预测将在以后各章结合资产的具体情况分别介绍。

2. 折现率

折现率是将未来预期收益折算成现值的比率,是换算资产现值与预期收益的有效工具。从本质上讲,折现率是一种期望投资报酬率,是投资者在对投资风险基本了解的情况下,对投资所期望的回报率。一般来说,折现率应包含无风险报酬率、风险报酬率和通货膨胀率。其中,无风险报酬率一般是指资金的时间价值;风险报酬率一般是指风险带来的报酬与投资额(占用资产)的比率。每一项资产投资,由于其投资对象不同、使用条件不同、具体用途不同、所处行业不同,其面临的风险也不一样,折现率也不相同。资本化率(或本金化率)与折现率在本质上是相同的。习惯上人们把未来有限期预期收益折算成现值的比率称为折现率,而把未来永续性预期收益折算成现值的比率称为资本化率或本金化率。

折现率的确定也是整体资产评估的一个关键,它对评估结果的影响较大。折现率细微的变动都会导致评估结果大幅度变化。因此,评估人员应持"审慎"态度确定折现率,根据社会、行业、企业和评估对象的资产收益水平综合分析折现率。折现率的选取应遵循以下原则:

1) 折现率必须高于无风险利率

我们知道无风险报酬率也称为安全利率,是指投资者在不冒风险的情况下就可以长期而稳定地获得的投资收益率。显而易见,投资者在选择投资方式时,只有资产的期望收益率高于无风险利率时他才有可能实施投资行为,也即只有在体现了投资收益率的折现率高于无风险报酬率时,投资者才会实施其投资计划,要不然将资金存入银行或购入国债会更安全和有效。这一原则反映了金融市场的一个简单道理："利率是金融市场的入场券。"

2) 折现率应体现投资回报率

折现率就是经验丰富的投资者为待评估资产进行投资所需要的回报率。在存在正常的资本市场和产权市场的条件下，任何一项投资的回报率不应低于该投资的机会成本，同时资产评估中的折现率反映的是资产的期望收益率。任何资产都会产生一定的收益，因此折现率就是某一价值的资产充当投资时的收益率。由于收益率是与投资风险成正比的，风险大者，收益率也高；反之，收益率则低。当把资金存入国家银行时，或购买国库券时，风险很低，利率也就低；而将资金投向房地产、股票等资产时，收益率高，风险也大。因此，在用收益法评估资产价值时，折现率反映的是对应于某一风险状态下的该资产的期望投资回报率，或称期望报酬率。

3) 折现率要能够体现资产的收益风险

一定的资产收益是与一定的资产风险相伴随的，资产未来收益额的不确定性就是资产的收益风险。而且，这种不确定性往往会给投资者带来难以估计的后果。如果两项资产未来能创造等量的收益，但它们可能承担的风险会不一样，这与资产的使用者、使用条件、使用用途密切相关，对这两项资产的评估当然应采用不同的折现率，才能得到切合实际的评估结果。这也体现了资本市场高风险、高回报的市场法则。因此，折现率的选取应体现资产的收益风险。

4) 折现率应与收益口径相匹配

在采用收益法评估资产时，由于评估目的不同，收益额可以有不同的口径，如评估企业价值时，收益额可以采用净利润、净现金流量、无负债净利润、无负债净现金流量等。而折现率则既有按不同口径收益额为分子计算的折现率，也有按同一口径收益额为分子，而以不同口径资金占用额或投资额计算的折现率。如企业总资产收益率、投资资本收益率、净资产收益率等。所以，针对不同的收益额进行评估时，应该注意收益额与折现率之间结构与口径上的匹配和协调，才能保证评估结果的合理。

3. 收益期限

收益年限就是资产的收益期间，简称收益期。通常以年为时间单位。它由评估人员根据被评估资产自身效能及相关条件，以及有关法律、法规、契约、合同等加以测定。

资产收益年限一般可分为有限期和无限期两种。考虑到企业持续经营的特殊性，在有充分证据证明资产的正常收益可以无限期地获得时（如资产对应的产品能有长期的市场等），可以采用无限期的收益评估法来评定估算资产的价值。

当资产收益有期限时，应以资产收益的有效年限为预测的依据。通常应注意以下三种情况：

(1) 法律效力的合同、协议等契约(如经营合同期)中对资产收益期的约定。

(2) 资产本身的寿命期，主要是指资产的经济寿命，需要考虑科学技术进步等因素对资产获利能力的影响。

(3) 资产所对应的产品的生命周期。

采用收益法以资产收益年限进行预测时，如果不考虑资产的回收，也可以认为资产的收益是无限期。反之，如果已知资产收益年限受到法律或合同等的限制，在评估中就应该考虑期末资产回收的价值。

三、收益法的评估程序

采用收益途径进行评估，其基本程序如下：

(1) 搜集并验证评估对象未来预期收益有关的数据资料，包括经营前景、财务状况、市场形势以及经营风险等。

(2) 分析测算被评估对象未来预期收益。

(3) 确定折现率或本金化率。

(4) 用折现率或本金化率将评估对象未来预期收益折算成现值。

(5) 分析确定评估结果。

四、收益法中的主要技术方法

1. 预期纯收益不变

(1) 收益永续。各因素不变条件下，计算公式为：

$$P = A/r \tag{2-20}$$

式中，P 为评估值，即收益现值；A 为被评估资产的年均收益额；r 为适用本金化率或资本化率。

其成立条件是：①纯收益每年不变；②本金化率或资本化率不变；③收益年期无限。

[例 2-10] 被评估资产为一块土地，每年可稳定获得 7 万元租金收益。评估人员分析，本金化率可定为 10%，则该块土地的评估值：

$$P = 7/0.10 = 70(万元)$$

(2) 收益年期有限。资本化率大于零的条件下，有下列计算式：

$$P = \frac{A}{r}\left[1 - \frac{1}{(1+r)^n}\right] \tag{2-21}$$

式中，P、A、r 意义同前；n 表示资产收益年限。

其成立条件是：①纯收益每年不变；②本金化率或资本化率不变且大于零；③收益年期有限。

2. 预期纯收益在若干年后保持不变

(1) 收益永续。基本公式为：

$$P = \sum_{t=1}^{m} \frac{R_t}{(1+r)^t} + \frac{A}{r(1+r)^m} \qquad (2-22)$$

其成立条件是：①纯收益在 m 年（含第 m 年）以前有变化；②纯收益在 m 年（不含第 m 年）以后保持不变；③收益年期无限；④r 大于零。

[例 2-11] 对某企业未来收益进行预测，得如下数据：第 1~5 年每年的收益分别为 30 万元、40 万元、60 万元、30 万元、20 万元；第 6 年后以第 5 年的收益额作为永续年金收益，假定折现率和资本化率均为 10%，计算其收益现值。

第一段	预期收益额(万元)	折现系数	折现值(万元)
第 1 年	30	0.9091	27.27
第 2 年	40	0.8264	33.06
第 3 年	60	0.7513	45.08
第 4 年	30	0.6830	20.49
第 5 年	20	0.6209	12.42
合　计	180		138.32

第二段收益现值为（以第 5 年收益额作为第 6 年后的永续年金收益）：

　　$20/0.1 = 200$(万元)　　　　（第二段在第 6 年初本金化值）

　　$200 \times 0.6209 = 124.18$(万元)　（第二段本金现值）

预期收益现值 $= 138.32 + 124.18 = 262.5$(万元)　（该企业的评估价值）

(2) 预期收益年期有限。其计算公式为：

$$P = \sum_{t=1}^{m} \frac{R_t}{(1+r)^t} + \frac{A}{r(1+r)^m}\left[1 - \frac{1}{(1+r)^{n-m}}\right] \qquad (2-23)$$

其成立条件是：①纯收益在 m 年（含第 m 年）以前有变化；②纯收益在 m 年（不含第 m 年）以后保持不变；③收益年期有限为 n；④r 大于零。

3. 预期纯收益按等差级数变化

(1) 纯收益按等差级数由 A 逐年递增为 B。收益年期无限时，有以下公式：

$$P = \frac{A}{r} + \frac{B}{r^2} \qquad (2-24)$$

其成立条件为：①纯收益按等差级数递增；②纯收益逐年递增额为 B；③收益年期无限；④r 大于零。

(2) 纯收益按等差级数逐年递增。收益年期有限时，有以下公式：

$$P = \left(\frac{A}{r} + \frac{B}{r^2}\right)\left[1 - \frac{1}{(1+r)^n}\right] - \frac{B}{r} \times \frac{n}{(1+r)^n} \qquad (2-25)$$

其成立条件为：①纯收益按等差级数递增；②纯收益逐年递增额为 B；③收益年期有限为 n；④r 大于零。

(3) 纯收益按等差级数逐年递减。收益年期无限时，有以下公式：

$$P = \frac{A}{r} - \frac{B}{r^2} \qquad (2-26)$$

其成立条件为：①纯收益按等差级数递减；②纯收益逐年递减额为 B，且 B 不小于零；③收益年期无限；④r 大于零。

(4) 纯收益按等差级数逐年递减。收益年期有限时，有以下公式：

$$P = \left(\frac{A}{r} + \frac{B}{r^2}\right)\left[1 - \frac{1}{(1+r)^n}\right] - \frac{B}{r} \times \frac{n}{(1+r)^n} \qquad (2-27)$$

其成立条件为：①纯收益按等差级数递减；②纯收益逐年递减额为 B，且 B 不小于零；③收益年期有限为 n；④r 大于零。

4. 预期收益按等比级数变化

(1) 纯收益按等比级数递增。收益期无限时，有以下公式：

$$P = \frac{A}{r-s} \qquad (2-28)$$

其成立条件为：①纯收益按等比级数递增；②纯收益逐年递增率为 s；③收益年期无限；④r 大于零；⑤$r > s > 0$。

(2) 纯收益按等比级数递增。收益期有限时，有以下公式：

$$P = \frac{A}{r-s}\left[1 - \left(\frac{1+s}{1+r}\right)^n\right] \qquad (2-29)$$

其成立条件为：①纯收益按等比级数递增；②纯收益逐年递增率为 s；③收益年期有限为 n；④r 大于零；⑤$r > s > 0$。

(3) 纯收益按等比级数递减。收益期无限时,有以下公式:

$$P = \frac{A}{r+s} \quad (2-30)$$

其成立条件为:①纯收益按等比级数递减;②纯收益逐年递减率为 s;③收益年期无限;④r 大于零;⑤$r > s > 0$。

(4) 纯收益按等比级数递减。收益期有限时,有以下公式:

$$P = \frac{A}{r+s}\left[1-\left(\frac{1+s}{1+r}\right)^n\right] \quad (2-31)$$

其成立条件为:①纯收益按等比级数递减;②纯收益逐年递减率为 s;③收益年期有限为 n;④r 大于零;⑤$0 < s \leqslant 1$。

五、收益法的优缺点

收益法考虑了资产的未来收益和货币的时间价值,可以真实准确地反映资产的资本化价格;能够与投资决策相结合,评估结果易于被买卖双方接受;能够解决重置成本和市场法所不能解决的问题;较简单易行,也符合国际惯例,易为国外投资者接受。但是收益法在应用的过程中需要对未来收益额、折现率、长期增长率作假定,在一定程度上带有主观性,预测难度较大;评估应用范围较小,一般适用企业整体资产和可预测未来收益的单项资产的评估。

第四节 清算价格法

一、清算价格法的基本原理

清算价格法是以清算价格为标准,对被评估的资产进行评估的一种方法。企业由于破产或其他原因,要求在一定期限内将企业或资产变现,这种在企业清算期出卖资产可收回的快速变现价格称为清算价格。资产出售的方式,可以是一项完整的资产(整体企业或单项资产)出售也可以拆零出售,采用何种方式一般以变现速度快、收入高为原则。

二、清算价格法适用的前提条件

(1) 应具备具有法律效力的破产处理文件或抵押合同及其他有效文件。
(2) 资产以整体或拆零方式在市场上可以快速出售变现。
(3) 所卖收入足以补偿因出售资产的附加支出金额。

三、清算价格的适用范围

1. 企业破产

企业破产是指当债务人企业不能按时清偿到期债务时,法院按照债权人的请求以其全部财产按照一定的顺序清偿其所欠的各种债务,企业法人因而不复存在。我国《破产法》第 3 条规定:"企业因经营不善造成严重亏损,不能清偿到期债务的,依照本法规定宣告破产。"

2. 抵押

这是以其所有资产作抵押物进行融资的一种经济行为,合同当事人一方用自己特定的财产向对方保证履行合同义务的担保形式。提供财产的一方为抵押人,接受财产的一方为抵押权人,抵押人不履行合同时,抵押权人有权利将抵押财产在法律允许的范围内变卖,并从变卖的抵押物价款中优先受偿。

3. 清理

指企业由于经营不善导致严重亏损,已临近破产的边缘,或者因其他原因无法继续经营下去,为弄清企业财物现状,对企业全部财产进行清点、整理和查核,为经营决策(破产清算或继续经营)提供依据,以及因资产损毁、报废而进行清理。

四、决定清算价格的主要因素

在资产评估时决定清算价格的有以下几项主要因素:

(1) 破产形式。破产形式主要有:当丧失资产处置权时,出售资产一方无讨价还价的可能,即以买方出价决定售价;当未丧失资产处置权时,出售资产的一方有讨价还价余地,即以双方议价决定售价。

(2) 债权人处置资产的方式。按抵押时的合同契约规定执行,如公开拍卖或收归己有。

(3) 清理费用。在评估破产资产价格时应对清理费用及其他费用给予充分的考虑。

(4) 拍卖时限。一般而言,时限长,售价高;时限短,售价低。这是快速变现原则的作用所决定的。

(5) 公平市价。指资产成交价格双方都满意的价格。在清算价格中卖方满意的价格一般不易求得。

(6) 参照物价格。在市场上出售相同或类似资产的价格。一般地,市场参照物价格高,出售资产价格就高,反之则低。

五、清算价格法的具体方法

1. 整体资产评价法

整体资产评价法是指对一项资产或一个企业整体进行估价。应用这种方法,首先应评估该资产或企业能否继续经营使用;再视具体情况进行估价。能继续经营使用的,可以应用市场法、重量成本法进行评估;不能继续经营使用的,只能估算其残值,一般按资产本身重量、体积、材质等计量单位的总量价值估价。

[例2-12] 评估一台机器设备,该设备自身重量为10吨,又知道该设备的构造材料基本上是钢铁,已知钢铁现行市场废料价格为每吨130元,则该机器设备的清算价格为:

$$10 \times 130 = 1300(元)$$

如果对一个企业,可以评估其基准日实有资产数量及资产净值,那么根据影响清算价格的主要因素,采用统计分析方法可以估算确定企业资产的清算价格。

2. 现行市价折扣法

现行市价折扣法指对清理资产,首先应在市场上寻找相适应的参照物,然后根据参照物与评估对象间的差异,包括实物差异、实物条件差异、时间差异和地区差异等,按照快速变现原则估定一个折扣率,用参照物的现行市价乘以折扣率来确定被评估对象的清算价格。

[例2-13] 评估一条机器设备组合,同类型全新机器设备组合现行市价为85万元,假若清算资产是全新的,根据市场销售情况调查,折价20%可当即出售,评估其清算价格。

该全新机器设备组合清算价格为:

$$85 \times (1 - 0.2) = 68(万元)$$

若该机器设备组合是已使用过的,经技术鉴定其成新率为30%。则其清算价格为:

$$85 \times 30\% \times (1 - 0.2) = 20.4(万元)$$

3. 模拟拍卖法

也叫意向询价法,是根据向被评估资产的潜在购买者询价的办法取得市场信息,最后经评估人员分析确定其清算价格的一种方法。用这种方法确定的清算价格,受供需关系影响很大,要充分考虑其影响的程度。对被清算资产的处理往往不具备完全市场竞争条件。因而,资产的清算价格一般都低于现行市场交易价格。

第五节　资产评估方法的比较和选择

一、资产评估方法的关系

(一) 评估方法之间的联系

从实现评估目的和目标的角度来看,各种评估途径以及它们所包括的资产评估方法都只是一种手段。由于在特定经济行为中,在相同的市场条件下,对处在相同状态下的同一资产进行评估,其评估值应该是客观的。这个客观的评估值不会因评估人员所选用的评估途径的不同而出现截然不同的结果。从资产评估理论方法体系的角度看,各种资产评估途径及方法共同构成了一个完整的评估方法体系,这是资产评估理论体系的重要组成部分。每条评估途径作为评估方法体系的组成部分,它们之间是内在相关的和相互联系的,它们之间的有机组合才构成了一个较为科学严谨的评估方法体系。评估人员运用这个方法体系中的任一途径及方法都可以获得令人信服的评估结果。

评估途径及方法的内在联系为评估人员运用多种评估途径及方法评估同一条件下的同一资产并相互验证提供了理论根据。但需要指出的是,运用不同的评估途径及方法评估同一资产,必须保证评估目的、评估前提、被评估对象的状态一致,以及运用不同评估途径和方法所选择的经济技术参数合理。

(二) 评估方法之间的区别

1. 市场法与成本法的区别

资产评估过程中,市场法和成本法往往容易混淆。区别市场法和成本法具有重要的理论和实践意义。两种方法的区别表现为:

(1) 成本法是按现行市场价格确定重新购买该项资产的价值,而市场法则是按市场上该项资产的交易价格确定的。前者主要从买者角度,即以购建某项资产的耗费来确定;后者则是从卖者角度,即以市场上销售价格来确定。

(2) 市场法中的现行市价指的是资产的独立价格,是交易过程中采用的。而重置成本不仅包括该项资产的自身价格(购建价格),还包括该项资产的运杂费、安装调试费等。

(3) 市场法与原始成本没有直接联系,而成本法中的某项计算,则要利用被评估资产的原始成本和原始资料。

(4)成本法是按全新资产的购建成本扣除被评估资产的各项损耗(或贬值)后确定评估价值;市场法则是按参照物价格,并考虑被评估资产与参照物的各项差异因素并进行调整来确定评估值。两种方法具有不同的操作程序,资料的获得和指标的确定有着不同的思路。

2. 收益法与成本法的区别

(1)两种方法的本质不同。成本法是从资产重置成本角度评估资产价值的一种方法,评估出的价格是资产的"投入"价格。而收益法是从资产收益折现的角度来评估资产的价值,评估出的价格是资产获利能力的量化与现值化,是资产的"产出"价格。

(2)两种方法的本质性差异决定了两种方法在评估原理与计算模型上存在着明显差异。这一点可从前面几节中看出。

(3)两者的目的有所不同。成本法主要适用于以资产保值为目的的资产业务,以及资产补偿等业务。如企业专利权的抵押。收益法主要适用于以投资为目的的资产业务。

(4)两者的影响因素不同。成本法主要受重置成本全价、多种损耗与成新率的影响;收益法主要受未来年收益和本金化率等影响。

二、资产评估方法的选择

前述的成本法、市场法、收益法等多种基本方法,为评估人员提供了适当选择评估途径,有效完成评估任务的现实可能。选择合适的资产评估方法有利于简捷、合理地确定被评估资产价值。

1. 合理选择评估方法要考虑的一般性问题

(1)资产评估方法与评估对象的适应性。评估对象的复杂性,包括被评估资产在不同的经济行为中表现出来的不同质量特征和数量特征。这些不同的特征需要从不同角度、不同途径的评估方法去评价它们。有的资产的价值已经衰退,有的资产未来价值远远超出现有的价值,有的单个价值小而集合体价值大等,这就要求对不同的评估对象考虑使用不同的评估方法。

(2)评估方法的选择受可搜集数据和信息资料的制约。各种方法的运用都要根据一系列数据、资料进行分析、处理和转换,没有相应的数据和资料,方法就成为数学公式。

(3)选择评估方法要考虑不同的评估途径。在同一评估价值类型约束下,由于方法的替代性,可能会有几种方法都可以使用。所以,要充分考虑资产评估工作的效率,选择简便易行的方法,并根据资产评估人员的特长进行选择。一般来说,方法的选择应在评估开始之前予以确定。当然,也可以分别采取几种方法进行评估,最后通过分析、判断、比较评估结果之后确定最终评估结果。

(4) 评估方法自身的限制。由于每一种方法都有自己的功能和缺陷,而对特定的一种方法,不一定是所有评估对象、评估环境下的合理、有效的评估方法。所以,选择评估方法时当然要考虑评估方法自身的最佳使用原则,以提高评估工作效率和质量。

(5) 资产评估方法与资产评估价值类型的适应性。估价标准说明"评估什么",决定了应该评估的价值类型,具有排他性,对评估方法具有约束性。每一种价值类型都有特定的基础数据来源,有着特定的影响价格的因素,从而对获取信息资料的处理、分析、利用都有一定的要求。并要求采用与之相适应的评估方法。所以,评估方法是解决"怎么评"的问题,并具有多样性和替代性,服务于估价标准。不同的估价标准,有着不同的基础数据来源,不同的影响因素,因而要求采用不同的评估方法。

2. 评估方法与评估目的的适用性

正确理解和认识评估特定目的与评估方法之间的适用关系,是正确使用评估方法的基本前提。资产评估的目的在实际操作中通常是指评估的特定目的。就其本意而言,它是指特定的经济行为要求特定的资产价格类型,把特定的经济行为对资产价格类型的要求概括成为资产评估的特定目的。其实不论是特定的资产价格类型,还是资产评估的特定目的都要通过评估方法来实现。由于评估目标的设定,要求运用评估方法去实现评估目的时,评估过程将所涉及的各种要素,都要与实现目的的总体要求相适应。因此,评估方法可以视为能满足实现评估目标的各种经济技术参数组成的评估报告过程。

3. 评估方法的选择顺序和合理替代

尽管资产评估方法本身具有中性的特点,每一种评估方法都可以实现不同的评估目的,或者说不同的评估方法可以实现同一评估目的,但是,多种评估方法同时并存本身也说明了不同的评估方法之间是有差别的。资产评估方法的中性特点,是从评估方法本身作为实现评估目的的手段和工具的角度来归纳的。各种评估方法并存的事实是因每种评估方法都是从某一特定角度,按照某一特定的途径来实现评估目的的,这就是它们自身存在的价值所在。评估方法之间的差别主要是评估角度和实现评估目标的评估途径上的差别。如果评估目标是一致的,各种评估方法就会"殊途同归"。这种"殊途同归"不仅仅是一个实现评估目的及方向问题,而且还包括了实现程度的问题。它是建立在各种经济技术参数都能完全满足评估方法所需的假设之上的。这个假设在理论上是成立的,因此,在理论上各种评估方法"殊途同归"也是成立的。资产评估方法的中性特点和各种评估方法的内在联系构成了一个完整的资产评估方法体系,同时,它也是各种评估方法之间的可相互替代的理论基础。

总之,在评估途径及方法的选择过程中,应注意因地制宜和因事制宜,不可机械地按某种模式或某顺序进行选择。但是,不论选择什么样的评估途径和方法进行评估,都要保证评估目的、评估时所依据的各种假设和条件与评估所使用的各种参数数据,及评估结果在性质上和逻辑上一致,尤其是在运用多种途径及方法评估同一评估对象时,更要保证每种评估途径及方法运用中所依据的各种假设、前提条件、数据参数的对比性,以便能够确保运用不同评估途径所得到的评估结果的可比性和相互可验证性。

小结

本章从原理上介绍了资产评估的基本方法,即成本法、市场法、收益法、清算价格法的内涵、应用前提及操作程序,阐释了成本法、市场法、收益法之间的关系,列举了资产评估方法的选择原则。

中英文关键术语

成本法	cost approach	市场法	market approach
收益法	income approach	清算价格法	solvency approach
实体性贬值	physical devalue	功能性贬值	functional devalue
经济性贬值	economic devalue	复原重置成本	reproduction cost new
更新重置成本	replacement cost new	收益期	useful life
折现率	discounted rate	本金化率	capitalized rate

习　　题

一、单项选择题

1. 被评估宾馆因市场原因,在未来3年内每年收益净损失额约为5万元,假定折现率为10%,该宾馆的经济性贬值最接近于(　　)万元。
   A. 15　　　　B. 12.6　　　　C. 10　　　　D. 50
2. 用物价指数法估算的资产成本是资产的(　　)。
   A. 复原重置成本
   B. 既可以是复原重置成本,也可以是更新重置成本
   C. 更新重置成本

D. 既不是复原重置成本，也不是更新重置成本

3. 某项资产2003年购建，账面原值100 000元，2006年进行评估，若以构建时物价指数为100%，三年间同类资产物价环比价格指数分别为110%、120%、115%，则该项资产的重置成本应为(　　)元。

　　A. 145 000　　　B. 115 000　　　C. 152 000　　　D. 151 800

4. 某被评估资产1995年购建，账面价值为50万元，2004年进行评估，1995年、2004年该类资产的定基物价指数分别为120%、170%，则被评估资产的重置成本为(　　)万元。

　　A. 50　　　　　B. 70.8　　　　　C. 35.3　　　　　D. 85

5. 某资产的年收益额为50万元，适用本金化率为20%，则该资产的收益现值为(　　)万元。

　　A. 200　　　　　B. 250　　　　　C. 300　　　　　D. 350

6. 教堂、学校、专用机器设备、大部分无形资产等资产的价值评估，一般不适宜选用(　　)。

　　A. 成本法　　　　　　　　　　B. 收益法
　　C. 市场比较法　　　　　　　　D. 清算价格法

7. 复原重置成本与更新重置成本的相同之处在于运用(　　)。

　　A. 相同的原材料　　　　　　　B. 相同的建造技术标准
　　C. 资产的现时价格　　　　　　D. 相同的设计

8. 运用成本法评估一项资产时，若分别选用复原重置成本与更新重置成本，则应当考虑不同重置成本情况下，具有不同的(　　)。

　　A. 实体性贬值　　　　　　　　B. 经济性贬值
　　C. 功能性贬值　　　　　　　　D. 资产利用率

9. 估算资产的实体性贬值时所用的总使用年限是资产的(　　)。

　　A. 总经济使用年限　　　　　　B. 总技术使用年限
　　C. 总物理寿命　　　　　　　　D. 以上三个都可以

10. 某资产购建于1999年10月，根据其技术经济指标，规定正常使用强度下每天的运转时间为8小时，由于其生产的产品自1999年初至2003年末期间在市场上供不应求，企业主在此期间一直超负荷使用该资产，每天实际运转时间为10小时，自2004年初恢复正常使用，现以2004年10月5日为评估基准日，则该资产的实际已使用年限为(　　)年。

　　A. 6　　　　　　B. 7　　　　　　C. 8　　　　　　D. 7.5

11. 待评估资产为一栋层高为4米、面积100建筑平方米的住宅，其复原重置成本为1600元/建筑平方米，而在评估基准日建造具有相同效用的层高为3米的住宅，更新重置成本为1500元/建筑平方米，则其超额投资功能性贬值为

( )元。

  A. 160 000　　B. 150 000　　C. 10 000　　D. 40 000

12. 预计某企业未来5年的税后资产净现金流分别为15万元、13万元、12万元、14万元、15万元,假定该企业资产可以永续经营下去,且从第6年起以后各年收益均为15万元,折现率为10%,确定该企业继续使用假设下的价值为( )万元。

  A. 136　　B. 219　　C. 127　　D. 145

13. 某类设备的价值和生产能力之间成非线性关系,市场上年加工1600件产品的该类全新设备价值为10万元,现已八成新的年加工900件产品的被评估设备的价值为( )万元。规模效益指数为0.5。

  A. 5.6　　B. 4.5　　C. 7.5　　D. 6

14. 某评估参照物价格为10万元,成新率为0.5,被评估资产的成新率为0.75,两者在新旧程度方面的差异为( )万元。

  A. 2.5　　B. 5　　C. 7.5　　D. 10

二、问答题

1. 什么是实体性贬值?估算实体性贬值的方法有哪些?
2. 试述市场法与成本法的区别与联系。
3. 收益法与成本法有何区别?
4. 收益法的基本要素包括哪些内容?
5. 资产评估方法选择遵循什么原则?

三、计算题

1. 某待评估的生产控制装置正常运行需要6名技术操作员,而目前的新式同类控制装置仅需要4名操作员。假定待评估装置与新装置的运营成本在其他方面相同,操作人员的人均年工资福利费为16 000元,待评估资产还可以使用3年,所得税税率为33%,适用折现率为10%。根据上述调查资料,求待评估资产相对于同类新装置的功能性贬值。

2. 某企业将某项资产与国外企业合资,要求对该资产进行评估。具体资料如下:该资产账面原值270万元,净值108万元,按财务制度规定,该资产折旧年限为30年,已提折旧年限20年。经调查分析确定,按现行市场材料价格和工资费用水平,新建造相同功能资产的全部费用支出为480万元。经查询原始资料和企业记录,该资产截至评估基准日的法定利用时间为57 600小时,实际累计利用时间为50 400小时。经专业人员勘察估算,该资产还能使用8年。又知该资产因设计不合理,造成耗电量大、维修费用高,与现在同类标准资产比较,每年多支出营运成本3万元(假定该企业所得税率33%,折现率10%)。根据上述资料,采用成本法对该资产进行评估。

第三章 机器设备评估

学习目标 能够阐释机器设备的特点、类型,了解机器设备评估的特点和程序,掌握机器设备重置成本的测算方法,理解机器设备评估中各类贬值的内涵、形成原因及其估测方法。

第一节 机器设备评估概述

一、机器的组成

机器是一定历史时期的产物,并随生产、科学技术的发展而发展。随着科学技术的进步和社会需求的变化,机器逐渐向高效率、高节能、高精度方向发展。各种机器的构造不同,工作对象也不同,但是从它们的组成、功能和运动等方面看,有如下共性:机器是一种人为的实物组合;各个组成部分之间具有确定的相对运动;能够实现其他形式能量与机械能的转换并完成有用功,从而减轻或代替人们的劳动。

为了便于识别机器的组成,可从机器各组成部分的功能进行分析。一台完整的机器其组成部分应有外界输入能量的动力部分,履行机器功能的执行部分(即工作部分),介于动力部分和工作部分之间的传动部分及控制部分。《资产评估准则——机器设备》(2007)从自然属性和资产属性两个方面将机器设备定义为:人类利用机械原理以及其他科学原理制造的、特定主体拥有或者控制的有形资产,包括机器、仪器、器械、装置、附属的特殊建筑物等资产。

二、机器设备的分类

机器设备种类极其繁多,分类方法也十分复杂。由于企业性质的不同及设备自身用途的不同,在其形状、大小、性能等方面差别很大。资产评估中主要是按照资产属性对机器设备进行分类。如《资产评估准则——机器设备》(2007)将机器设备的评估对象分为单台机器设备和机器设备组合。单台机器设备是指以独立形态存在、可以单独发挥作用或者以单台的形式进行销售的机器设备。机器设备组合是指为了实现特定功能,由若干机器设备组成的有机整体。

目前我国固定资产管理使用的是国家技术监督局1994年发布的《固定资产分类与代码》国家标准(GB/T14885—94)。该标准是按资产的属性分类,并兼顾了行业管理的需要。包括10个门类,其中7类为机器设备,包括通用设备,专有设备,交通运输设备,电气设备,电子产品及通信设备,仪器仪表、计量标准器具及量具、衡器。该标准采用等长度6位数字层次代码结构,共分四层,结构见图3-1。

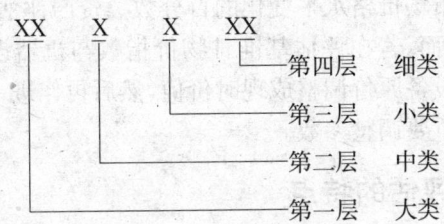

图3-1 标准代码结构图

由于目前我国大部分企业的固定资产管理都已经采用了上述分类方法,为了满足被评估企业建账和资产管理的需要,评估机构提供机器设备明细清单也必须符合上述分类方法,因此,这种分类方法是资产评估中使用的最基本的分类方法。此外,国内为资产评估或清产核资中的价值重估提供的价格指数也大都采用这种分类方法。

三、影响机器设备评估价值的基本因素

1) 原始成本

即原始价值,简称原价,是机器设备购建时的全部费用,包括购置价款、运杂费、安装调试费等。这是评估机器设备价值的基本依据。

2) 重置全价

重置全价是现时完全重置成本的简称,分为复原重置成本和更新重置成本两种,它们是按现行价格计算的、购置与被评估机器设备完全相同或者以新型材料、先进技术标准购置类似机器设备的全部费用。全新设备的重置全价,是以重置成本为计价标准,采用成本法评估机器设备价值的直接依据。

3) 成新率

表示机器设备的新旧程度,一般用机器设备剩余使用年限与计划使用年限的比率来表示,或者以机器设备现时价值与全新状态下的重置成本的比率来表示。由于机器设备的寿命和磨损程度直接影响着成新率的高低,因而它们也是影响机器设备评估价值的因素。

4) 功能成本系数和功能性贬值

功能成本系数是指机器设备的功能变化引起其购建成本变化的函数关系。在

被评估机器设备的生产能力已经不同于其原核定生产能力或不同于参照机器设备的生产能力时,功能成本系数便可作为该机器设备价值量的调整参数。功能性贬值是机器设备因技术进步使其功能相对陈旧而带来的无形损耗,在评估其价值时应将它扣除。因而,若机器设备发生了功能性贬值,就会使机器设备的评估价值降低。

5) 物价指数

物价指数是表示市场价格水平变化的百分数。资产评估是要按现时价格评定出资产的实际价值,因而,若在评估基准日物价指数与机器设备购建时不同,就需按照物价指数将机器设备原价调整成现时价值,然后再作进一步评估,所以物价指数也是评估中的一个重要调整参数。

四、机器设备评估的特点

1) 以工程技术检测为基础

由于机器设备的使用周期较长,加之因使用状况、维修保养及经济环境因素等引起的差异,其磨损的程度和实际价值都可能发生较大变化,因而必须通过工程技术检测手段来保证评估的科学性。工程技术检测手段的应用往往增加了机器设备评估的成本支出。

2) 一般采用单项独立评估方法

企业的机器设备品种多,其功能作用各不相同,所以不能简单汇总相加;同时,机器设备使用时间长,各类机器设备新旧不一,也不能笼统地加以评估。而且,即使同一类别的机器设备,其购建情况和购建价值也可能不同。因此,机器设备评估必须在合理分类的基础上逐项进行,即以单台、单件为评估对象。

3) 一般要考虑无形损耗

无形损耗主要包括经济性贬值和功能性贬值。前者主要指由于经济环境的变化可能导致机器设备生产的产品市场低迷,从而引起机器设备开工不足甚至停产,这会使机器设备发生经济性贬值。后者主要指由于社会科学技术水平的提高导致的机器设备在功能方面的落后,这也会使机器设备的价值降低。

4) 机器设备的评估工作量较大

由于机器设备价值在企业的全部资产中占有较大的比重,因此机器设备评估是企业资产评估中的重点和难点,必须加以认真对待。

五、机器设备的评估程序

1. 评估准备阶段

1) 明确评估基本事项

(1) 评估机构与委托方签订了资产评估委托协议后,首先应当了解评估结论的用途，明确评估目的。

（2）根据机器设备的预期用途，明确相应的评估假设。机器设备评估的假设主要有继续使用或者变现假设，原地使用或者移地使用假设，现行用途使用或者改变用途使用假设。评估师对需要改变使用地点，按原来的用途继续使用，或者改变用途继续使用的机器设备进行评估时，应当考虑机器设备移位或者改变用途对其价值产生的影响。

（3）根据评估目的、评估假设等条件，明确评估范围是否包括设备的安装、基础、附属设施，是否包括软件、技术服务、技术资料等无形资产。对于附属于不动产的机器设备，注册资产评估师应当合理划分不动产与机器设备的评估范围，避免重复或者遗漏。

2）指导委托方做好机器设备评估的基础工作

如待评机器设备清册及分类明细表的填写，被评机器设备的自查和盘盈盘亏事项的调整，机器设备产权资料及有关经济技术资料的准备等。

3）确定重点

分析研究委托方提供的被评资产清册及相关表格，明确评估重点和清查重点，制定评估方案，落实人员安排，设计主要设备的评估技术路线。

4）搜集资料

广泛搜集与本次评估有关的数据资料，为机器设备价值的评定估算做好准备。

2. 现场工作阶段

现场调查是机器设备评估的一个非常重要的工作步骤。在机器设备评估的现场调查中要了解工艺过程，核实设备数量，明确设备权属，观察询问设备状况。

1）核实评估对象

对机器设备进行现场逐项调查或者抽样调查，确定机器设备是否存在，明确机器设备存在状态并关注其权属。如果采用抽样的方法进行现场调查，评估师应当充分考虑抽样风险。因客观原因等因素限制，无法实施现场调查的，评估师应当采取适当措施加以判断，并予以恰当披露。

2）设备分类

按评估重点或人员安排，对设备进行分类。当被评估设备种类数量较多时，为了突出重点，以及发挥具有专长的评估师的作用，可对设备进行必要的分类。一种分类方法是按设备的重要性划分，如 ABC 分类法，把单位价值大的重要设备作为 A 类，把单位价值小且数量较多的设备作为 C 类，把介于 A 类与 C 类之间的设备作为 B 类，根据委托方对评估的时间要求，对 A、B、C 三类设备投入不同的精力进行评估。另一种分类方法是按设备的性质分为通用设备和专用设备，以便有效地搜集数据资料，合理地配备评估师。

3) 设备鉴定

评估师通常可以通过现场观察,利用机器设备使用单位所提供的技术档案、检测报告、运行记录等历史资料,利用专业机构的检测结果,对机器设备的技术状态做出判断。必要时,注册资产评估师可以聘请专业机构对机器设备进行技术鉴定。对设备进行鉴定包括对设备的技术鉴定、使用情况鉴定、质量鉴定以及磨损鉴定等。设备的生产厂家、出厂日期、设备负荷和维修情况等是进行鉴定的基本素材。

(1) 对设备技术状况的鉴定主要是对设备满足生产工艺的程度、生产精度和废品率,以及各种消耗和污染情况的鉴定。必要时,评估师可以聘请专业机构对机器设备进行技术鉴定。判断设备是否有技术性过时和功能落后情况存在。

(2) 对设备使用情况鉴定主要了解设备是在用还是闲置状态、使用中的设备运行参数、故障率、零配件保证率、设备闲置的原因和维护情况等。

(3) 对设备质量进行鉴定主要应了解设备的制造质量、设备所处环境、条件对设备质量的影响、设备现时的完整性、外观和内部结构情况等。

(4) 对设备的磨损程度鉴定主要是了解和掌握设备的物质性损耗,如锈蚀、损伤、精度下降、疲劳损伤、材料老化等。评估机构应根据评估对象的具体情况,并根据评估作业分析的要求,对计算过程中需要采用的各种技术参数和经济参数,如尚可使用年限、成新率、磨损系数、价格指数等进行搜集、检验和测定。现场工作要有完整的工作记录,特别是设备的鉴定工作更要有详细的鉴定记录。这些记录将是评估机器设备价值的重要数据,也是工作底稿的重要组成内容。

3. 评定估算阶段

(1) 选择评估方法。根据评估目的、评估价值类型的要求,以及评估时的各种条件,选择适宜的评估方法。如果可能,可选择多种方法互相进行对照。

(2) 阅读被评估设备资料。阅读有关的可行性分析报告、设计报告、概预算报告、竣工报告、技术改造报告、重大设备运行和检验记录等,以扩大和深化对被评估设备的了解。估算中遇到问题和困难应继续与委托方有关人员沟通。收集资料和调查分析要贯穿于整个评估过程。

(3) 查阅有关法律法规。查阅有关法律法规,如税法、环境保护法、车辆报废等,以便在评估涉及这些规定的设备中考虑法律法规的影响。

(4) 确定相关资产界限。根据评估目的、评估假设等条件,明确评估范围是否包括设备的安装、基础、附属设施,是否包括软件、技术服务、技术资料等无形资产。对于附属于不动产的机器设备,注册资产评估师应当合理划分不动产与机器设备的评估范围,避免重复或者遗漏。

(5) 选择评估值,调整评估结果。必须要选择合适方法估算评估值。评估结果应与评估目的和用途相适应。

4. 撰写评估报告及评估说明阶段

评估师执行机器设备评估业务,应当在履行必要的评估程序后,根据《资产评估准则——评估报告》(2007)编制评估报告,并进行恰当披露。无论单独出具机器设备评估报告,还是将机器设备评估作为评估报告的组成部分,评估师都应当在评估报告中披露必要信息,使评估报告使用者能够合理理解评估结论。

资产评估师在编制机器设备评估报告时,应当反映机器设备的相关特点。

(1) 对机器设备的描述一般包括物理特征、技术特征和经济特征,注册资产评估师应当根据具体情况确定需要描述的内容。

(2) 除了机器设备评估明细表,在评估报告中应当包括对评估对象的文字描述,使评估报告使用者了解机器设备的概况,包括机器设备的数量、类型、安装、存放地点、使用情况等;了解评估对象是否包括了安装、基础、管线及软件、技术服务、资料、备品备件等。

(3) 对评估程序实施过程的描述,应当反映对设备的现场及市场调查、评定估算过程;说明设备的使用情况、维护保养情况、贬值情况等。

(4) 在评估假设中明确机器设备是否改变用途、改变使用地点等。

(5) 应当明确机器设备是否存在抵押及其他限制情况。

5. 评估报告的审核和报出阶段

评估报告完成以后,要有必要的审核,包括复核人的审核,项目负责人的审核和评估机构负责人的审核。在三级审核确认识评估报告无重大纰漏后,再将评估报告送达委托方及有关部门。

第二节 机器设备评估的成本法

机器设备的评估有多种方法,不同情况应采取不同的评估方法。当存在同类设备的二手设备交易市场,或有较多的交易实例时,可采用市场法评估;对于某些能够用于独立经营,并获利的机器设备,可采用收益法进行评估。机器设备的评估方法虽多,但使用最广泛的方法仍然是成本法。机器设备评估的成本法要求首先确定被评估机器设备的重置成本,然后再扣减实体性贬值、功能性贬值和经济性贬值,以此来估测被评估机器设备价值。其数学表达式为:

机器设备评估值 = 重置成本 - 实体性贬值 - 功能性贬值 - 经济性贬值

$$(3-1)$$

一、机器设备重置成本的构成及其测算

由于设备取得的方式和渠道不同,其重置成本构成也不完全一样。按照设备取得的方式分类,设备分为外购和自制设备;按照设备外购的来源分类,设备分为外购国产设备和进口设备;按照设备工作的方式分类,设备分为单台(件)设备和机器设备组合。国产单台(件)设备重置成本的估测一般分为下述几种情况:

(1) 不需要安装的一般设备。对于小型、单价不高的一般设备,可按评估基准日市场购置价作为其重置成本。对于体积大、重量大的不需要安装设备应适当考虑一定的运杂费。

(2) 需要安装的一般设备。对于需要安装的一般设备应在购置价或建造成本的基础上,再加上运杂费和安装调试费。对于一般小型需安装的设备,如设备安装周期较短,设备购置或建造成本与安装费用等所占用资金的资金成本可以忽略不计。但是,如果设备安装调试周期较长,则需要考虑设备购置、建造及安装调试占用资金的资金成本。

1. 外购国产设备重置成本的构成及其测算

外购国产设备是指企业购置的由国内厂家生产的各种通用设备及专用设备。该类设备在企业的机器设备中占的比重最大,是机器设备评估中最主要的内容。对该类设备重置成本的估测应根据不同的情况采取相应的方法。其重置成本构成项目包括:

(1) 设备的购置价格。设备的购置价格是重置成本最核心的构成部分。当市场上存在与被评估对象相同设备的可采用直接询价法获得;如果市场上没有与被评估对象完全相同的设备,但有同类的或类似的设备,可以采用比较调整法估测其购置价格;上述两条都不具备者,可采用价格指数调整法等其他方法估测设备的重置成本,但这种方法通常只适用于技术进步速度不快,技术进步因素对设备价格影响不大的设备的重置成本估测。

(2) 设备运杂费。运杂费包括运费及装卸费、保险费用等。这部分费用通常按设备价值的一定比率计算。运杂费率与距离(从货物销售地点至安装地点距离)有关,也与货物的尺寸、重量及其他因素有关。现将常用运杂费率列表,如表3-1所示,作为计算时参考。对于设备体积小,重量轻而价值高的取表中运杂费率下限;设备体积大,价值一般或地处偏僻或运输困难者可取表中运杂费率上限。

表3-1 运杂费率表

生 产 地	费 率/%
当地生产	1~2.5
运输距离 100~1000 km	1.5~3.5
运输距离 1000~2000 km	2.0~5.5
运输距离 2000~2800 km	2.5~6.5
运输距离大于 2800 km	3.0~7.5

(3) 设备安装调试费。安装调试费通常包括调试费用、基础费用、距设备 1.5 米管路以及由设备至配电箱之间的电气线路的费用等。成套专业化机器设备组合的安装调试费可查阅初装时的财务结算报告。这部分费用应根据不同设备、安装调试费支出大小,确定其安装调试费率,如表3-2所示。

表3-2 机器设备安装调试费率参考指标(占设备基价的%)

序号	设备类别	费率/%	序号	设备类别	费率/%
1	轻型通用设备	0.5~1.0	14	电梯	10~16
2	一般机加工设备	0.5~2.0	15	变、配电设备	8~15
3	大型机加工设备	1~4	16	电气设备	6~12
4	数控机床和精密加工机床	2~4	17	气体压缩机	8~14
5	铸造设备	3~6	18	电话总机	10~15
6	锻造、冲压设备	4~8	19	检测、试验设备	1~4
7	起重设备	4~10	20	快装锅炉(以锅炉主体机价计算)	15~20
8	焊接、切割设备	0.5~2.0	21	蒸汽锅炉(10吨/时及以下)(以锅炉主体机价计算)	35~45
9	泵站设备	8~15	22	蒸汽锅炉(20吨/时及以上)(以锅炉主体机价计算)	30~40
10	制冷、通风设备	8~12	23	热水锅炉	25~30
11	集中空调设备	5~8	24	电镀、镀装设备	5~12
12	冷却塔	8~12	25	热处理设备	2~5
13	工业炉窑及冶炼设备	10~20	26	化工工业专用设备	6~15

注:(1) 专用机器设备组合或机器设备组合试生产过程费用未包括在内;(2) 设备基础费用另行计算;(3) 锅炉安装包括砌炉、炉体保温等工程;(4) 特殊情况安装或某些专用设备的安装可按实估算。

以上安装调试费率中有的设备上、下限差距较大,应在评估时了解安装调试费中所包括的项目内容,以确定其准确费率。

(4) 大型设备一定期限内的资金成本。根据财会制度,因购建固定资产所需资金成本,费用在资产交付使用之前发生的应计入资产价值;而资产交付使用后的资金成本应列入财务费用。资金成本的计算公式为:

$$I = P \times n \times i/30 \qquad (3-2)$$

式中,I 为月资金成本;P 为所借资金数额;n 为设备所借资金日至设备交付使用日期的天数;i 为月资金成本率。

(5) 其他必要的合理费用。如手续费、验车费、牌照费等,应根据具体情况及有关规定确定。

2. 自制设备重置成本构成及其测算

自制设备通常是根据企业自身的特定需要,自行设计并建造或委托加工建造的非标准设备。由于自制设备是非通用设备,很难采用市场询价的方法测算其重置成本。如果市场上有功能相同的替代设备,可以替代设备为参照物,采用功能价值法评估。而自制设备重置成本估测中通常的做法是采用重置核算法。

自制设备重置成本构成如下:

(1) 制造费用,包括消耗的原材料、辅助材料的购价、人工费用、运杂费和应分摊的管理费用和财务费用等。

(2) 安装调试费。

(3) 大型自制设备合理的资金成本。

(4) 合理利润,可参照成本利润率确定。

(5) 其他必要合理的费用等。

上述(2)、(3)、(5)项费用的确定,可参照外购国产设备的相应方法确定。

自制标准机器设备重置价值的确定可参照市场价格定价,由于自制的标准设备其质量一般不会高于专业生产厂家所生产的标准设备的质量,故其重置全价应低于市场价格。

自制非标准机器设备重置价值的确定方法一般有两种:

(1) 对于单位价值较小的自制设备可采用价格指数调整法,根据设备的原料、工时、费用记录,考虑现行技术条件,参照评估基准日的各项费用变化比率,调整计算出设备的重置成本。

(2) 重置核算法,即分部件计算其工资、材料费用(如是设计单位或外企业设计,需另加设计费等),然后,再加安装调试费、大型设备资金成本、合理利润以及其他合理费用后得出的重置全价。

3. 进口设备重置成本构成及测算

进口设备重置成本构成项目有:①国际市场价格(离岸价格);②境外途中保

险费;③境外运杂费;④进口关税;⑤增值税;⑥银行及其他手续费;⑦国内运杂费;⑧安装调试费;⑨大型进口设备资金成本。其中设备离岸价格(FOB 价格)、境外途中保险费、境外运杂费之和为到岸价格(CIF 价格)。

在确定进口机器设备重置成本时应注意要符合替代性原则,即先查找国内有无替代设备。在国内无替代设备的前提下,再查询与该设备相同或类似设备在国外的现价,或了解同类设备价格变化情况,确定设备重置购价,再根据其他计费项目和评估基准日汇率,确定按人民币计算的重置成本。估测进口设备的重置成本一般有以下几种方法:

(1)可查询到进口设备现行离岸价(FOB)或到岸价(CIF)的,按以下公式计算:

$$重置成本 = CIF 价格 \times 现行外汇汇率 + 进口关税 + 增值税 \\ + 银行及其他手续费 + 国内运杂费 + 安装调试费 \quad (3-3)$$

或

$$重置成本 = (FOB 价格 + 途中保险费 + 国外运杂费) \times 现行外汇汇率 \\ + 进口关税 + 增值税 + 银行及其他手续费 + 国内运杂费 \\ + 安装调试费 \quad (3-4)$$

国外运杂费可按设备的重量、体积及海运公司的收费标准计算,也可按一定比例计取,取费基数为设备的 FOB 价格。途中保险费的计算以保险费的取费为基数,即(FOB 价格+国外运杂费),计算公式为:

$$途中保险费 = (FOB 价格 + 国外运杂费) \times 保险费率 \quad (3-5)$$

保险费率可根据保险公司费率确定,一般在 0.4% 左右。

[例 3-1] 某企业从美国进口了一台设备,离岸价为 50 万美元,国外运费为 1 万美元,途中保险费为 2.5 万美元。关税税率为到岸价的 30%。国内运杂费为 5 万元,安装调试费为 7 万元,银行及其他手续费为 3 万元。该企业进口的这项设备已使用了 3 年,还可继续使用 7 年。外汇汇率为 1 美元兑换 8.5 元人民币。请评估该企业这台设备的重置价值(增值税率为 17%)。

根据以上公式,该台设备的重量完全价值为:

$$CIF 价格 = (50 + 1 + 2.5) \times 8.5 = 454.75(万元)$$

$$进口关税 = 454.75 \times 30\% = 136.425(万元)$$

$$增值税 = [53.5 \times 8.5 + 53.5 \times 8.5 \times 30\%] \times 17\% = 100.50(万元)$$

$$银行及手续费 = 3(万元)$$

国内运杂费 = 5(万元)

安装调试费 = 7(万元)

该设备重置完全价 = 454.75 + 136.425 + 100.50 + 3 + 5 + 7

= 706.675(万元)

(2) 当无法查询进口设备现行 FOB 价格或 CIF 价格时,可以查询国外替代产品现行建造成本或重置成本,也可采用功能价值法估测被评估进口设备的重置成本。该方法的评估原理同前面介绍的国产机器设备重置成本估测中的功能价值法基本相同。需注意的是,所选择的参照物必须是和被评估对象功能相同或相似的进口设备;参照物的建造成本或重置成本应和评估基准日相一致,否则应通过价格因素和汇率因素的调整,调整为评估基准日的价格;另外,在计算中还应该注意参照物购建成本或重置成本的构成是否与被评估对象重置成本的构成相一致,如果不一致应进行必需的调整。若没有其国外替代品的现行建造成本或重置成本的,也可利用国内替代设备的现行市价或重置成本推算被评估进口设备的重置成本。

[例3-2] 2001年底某合资企业的一台进口汽流纺机。该机2004年从德国进口,进口合同中的 FOB 价格是20万马克。评估师通过德国有关纺机厂商在国内的代理机构向德国生产厂家进行询价,了解到当时德国已不再生产该种型号,其替代产品是全面采用计算机控制的新型纺机,新型纺机的现行 FOB 价为35万马克。

针对上述情况,评估师经与有关纺机专家共同研究新型纺机与汽流纺机在技术上的差别,以及对价格的影响,按照通常情况,实际成交价应为报价的70%~90%左右。故按德方 FOB 价的80%作为 FOB 价的成交价。针对新型纺机在技术上优于被评估的汽流纺机,估测被评估汽流纺机的现行 FOB 价格约为新型纺机 FOB 价格的30%,折扣主要是功能落后造成的。评估基准日德国马克对美元的汇率为1.7:1,人民币对美元的汇率是5.8:1。境外运杂费按 FOB 价格的5%计,保险费按 FOB 价格的0.5%计,关税与增值税因为符合合资企业优惠条件,予以免征。银行手续费按 CIF 价格0.8%计,国内运杂费按(CIF 价格+银行手续费)的3%计算,安装调试费用包括在设备价格中,由德方派人安装调试,不另外计算,由于该设备安装时间短,故没有考虑利息因素。根据上述分析及数据资料,被评估汽流纺机的重置成本计算过程如下:

FOB 价格 = 35 × 80% × 70% = 19.6(万马克)

FOB 价格 = 19.6 ÷ 1.7 = 11.53(万美元)

境外运杂费 = 11.53 × 5% = 0.58(万美元)

$$\text{保险费} = 11.53 \times 0.5\% = 0.058(\text{万美元})$$

$$\text{CIF 价格} = \text{FOB 价格} + \text{运费} + \text{保险费} = 12.168(\text{万美元})$$

$$\text{银行手续费} = 12.168 \times 0.8\% = 0.097(\text{万美元})$$

$$\text{国内运杂费} = (12.168 + 0.097) \times 3\% = 0.368(\text{万美元})$$

$$\text{汽流纺机的重置成本} = 12.168 \text{ 万美元} + 0.097 \text{ 万美元} + 0.368 \text{ 万美元}$$

$$= 12.633 \text{ 万美元}$$

$$= 73.271(\text{万元})$$

(3) 利用指数调整法估测进口设备的重置成本。进口设备的重置成本也可用指数调整法求得。但是有其限制范围：对于那些技术已经更新的进口设备不宜采用指数调整法，因为一旦技术更新，旧型号设备很快被淘汰，其价格会大幅度下降。只有那些技术更新周期较长、该型号设备仍在国外大量使用、在技术上未被淘汰的设备适宜采用指数调整法。运用指数调整法调整计算进口设备重置成本时，其中原来用外币支付的部分（即原来的 CIF 价格）应使用设备生产国的物价变动指数来调整，而不是用国内价格变动指数来调整，但对原来的国内费用（即进口关税、增值税、银行手续费、运杂费、安装调试费等）都可按国内的物价变动指数来调整。

用指数调整法估测进口设备的重置成本的公式如下：

$$\text{重置成本} = \text{原始 CIF} \times (1 + \text{国外设备价格年增率}) \times \text{基准日汇率}$$
$$+ \text{原始国内费用} \times \text{物价指数} \tag{3-6}$$

其中，原始 CIF 价格是从原始结算清单或合同中查得的设备进口日以外币表示的到岸价；基准日汇率是国家在评估基准日当天公布的人民币外汇牌价；原始国内费用，是设备进口时的国内费用总和，通常用设备原始价值减去以原始汇率折合为人民币表示的原始 CIF 到岸价；物价指数是设备评估基准年比进口年的价格上涨率，应参照财政部清产核资领导小组办公室编制的《价值重估统一标准目录》中设备分类指数，以及委托评估单位所在地物价指数综合计算确定。

对进口机器设备重置成本的估测还会有其他的情况，如被评估对象是以进口设备为主机，以国产设备相配套的一条机器设备组合或生产机器设备组合，在评估时如果有设备构成及功能相同或相类似的机器设备组合或生产机器设备组合的重置成本及生产能力资料，可采用功能价值法进行估测；也可采用指数调整法，把整条机器设备组合或生产机器设备组合合理分解成几个构成部分，如进口设备主机、进口备件、国内配套设施、其他费用等，根据每一部分价格变动情况，把原始成本调整为按现行价格计算的重置成本。

4. 机器设备组合重置成本的测算

机器设备组合是指为了实现特定功能,由若干机器设备组成的有机整体。机器设备组合的价值不必然等于单台机器设备价值的简单相加。对于机器设备组合重置成本的估测可采用一般单台(件)设备重置成本的估测方法。首先计算构成机器设备组合的所有单件设备的重置成本,然后加和得到机器设备组合的重置成本。但是在实际估测中应注意机器设备组合在建设过程中所发生的一些整体性费用,即难以计入各单台(件)设备中的费用。如机器设备组合的设计费用、建设期的投资利息等。特别是对于那些大型连续生产系统,机器设备组合中包括的机器设备种类和数量都很多,这些设备在生产经营过程中可能几经更新改造或维修,而且机器设备组合的整体费用也十分复杂。这些都使得采用分项评估再加总的评估方式存在某些不足。因此,把机器设备组合作为一个完整的生产系统,以整体方式运用成本法评估可能更合适。除了采用询价法确定被评估机器设备组合的复原重置成本或更新重置成本外,可利用同类机器设备组合建造价格信息,即建设时间接近评估基准日,工艺水平和生产能力与被评估对象相似机器设备组合的有关数据,通过被评估机器设备组合与所选择的参照机器设备组合的比较,在对生产能力、技术层次、使用地点,以及时间等因素进行合理调整后,得到被评估机器设备组合的重置成本。

二、机器设备实体性贬值的测算

设备的实体性贬值是因为使用和存放不当造成设备实体形态被损耗引起的贬值。设备在使用过程中,由于零部件配合表面的相对运动所产生的摩擦,造成机体的磨损;设备运行过程中的冲击、振动也使得材料的内部缺陷不断扩展;另外,工作环境中的酸、碱等物质,也对设备的材质产生侵蚀。这样就使得设备的使用功能逐步下降,故障率不断上升,精度逐渐降低,维修费用不断上升,直至设备完全丧失使用价值。

确定设备实体性贬值,通常有以下几种方法。

1. 使用年限法

使用年限法是假设机器设备在整个使用寿命期间,实体性贬值与寿命缩短是成正比的,反映实体性贬值的相对数或者说机器设备实体损耗状况与全新状态的比率是实体性贬值率,也称为机器设备的有形损耗率。我们可以使用下面公式计算实体性贬值率:

贬值率 = 设备已使用年限 /(设备已使用年限 + 设备尚可使用年限)

(3 - 7)

实际上,机器设备的使用寿命受诸多因素影响,如设备的利用率、设备的维修保养情况、设备的维修情况、操作工人的水平、使用环境、工作负荷等,所以设备使用寿命的离散性很大。运用使用年限法估测机器设备的实体性贬值率取决于两个基本因素:已使用年限和尚可使用年限。

1) 机器设备已使用年限的确定

机器设备已使用年限是指机器设备从开始使用到评估基准日所经历的时间。考虑机器设备在使用中负荷程度的影响,可以分为名义已使用年限和实际已使用年限。在运用使用年限法估测设备的实体性贬值率时,应特别注意机器设备的使用班次、使用强度和维修保养水平等因素的影响,据实估测其实际已使用年限。

2) 机器设备尚可使用年限的测定

机器设备尚可使用年限是指从评估基准日开始到机器设备停止使用所经历的时间,即机器设备的剩余寿命。它是根据机器设备的有形损耗和可预见的各项无形损耗因素,预计机器设备继续使用的年限。机器设备的已使用年限加上尚可使用年限就是机器设备总寿命年限。如果机器设备总寿命年限已确定,尚可使用年限就是总寿命年限扣除已使用年限的余额。机器设备的尚可使用年限受到已使用年限、使用状况、维修保养状况以及设备运行环境的影响,评估师应对上述因素进行全面分析和审慎考虑,以便合理确定机器设备的尚可使用年限。

但由于机器设备的具体情况不尽相同,如有的机器设备的投资是一次完成的,有的投资可能分次完成,有的可能进行过更新改造和追加投资,因此,应采取不同的方法测算其已使用年限和尚可使用年限。对于使用时间过长或超期服役的老设备,应根据设备的实际状态和评估师的专业经验,直接估算其尚可使用年限。对于国家明文规定限期淘汰、禁止超期使用的设备,不论设备的现时技术状态如何,其尚可使用年限不能超过国家规定禁止使用的日期。对于经过大修理、技术更新改造或追加投资的机器设备,应考虑计算其加权投资年限来确定其实体性贬值率。其计算公式如下:

实体性贬值率 = 加权投资年限 /(加权投资年限 + 尚可使用年限) (3-8)

其中,

$$加权投资年限 = \sum(已投资年限 \times 权重)$$

$$= \frac{\sum(已投资年限 \times 原始投资的更新成本)}{\sum 更新成本} \quad (3-9)$$

[**例 3-3**] 被评估设备购于 1997 年,原始价值 50 000 元,2000 年和 2002 年

分别进行更新改造，主要是添置一些自动化控制装置，当年投资分别为 3000 元和 2500 元，2005 年进行大修，更换了一些原来的部件，投资额为 18 500 元。假设 1997～2007 年每年的价格上升率为 10%，试估测该设备 2007 年评估时的已使用年限。

计算步骤及过程如下：

(1) 用价格指数法计算被评估设备的现行成本。具体做法是用各年的原始投资额乘以相应的价格变动系数，得出各年投资的现行成本。再把各年投资的现行成本相加，即得到该设备的现行成本。

(2) 计算加权更新成本。即用价格指数法求得出的各次投资的现行成本乘以各次投资的年限。设备现行成本和加权更新成本的计算见表 3-3。

表 3-3　设备现行成本和加权更新成本计算

投资日期	原始投资额（元）	价格变动系数	现行成本（元）	投资年限	加权更新成本（元）
1997	50 000	2.6	130 000	10 年	1 300 000
2000	3 000	1.95	5 850	5 年	29 250
2002	2 500	1.61	4 025	3 年	12 075
2005	18 500	1.21	22 385	2 年	44 770
合计	74 000		162 260		1 386 095

(3) 确定设备的加权投资使用年限。用设备的加权更新成本除以设备的现行成本得到。

$$设备加权投资已使用年限 = \frac{1\,386\,095}{162\,260} = 8.54(年)$$

评估师在使用年限法时应该注意：会计折旧年限与设备的耐用年限是不同的，评估师不可以使用会计折旧年限作为设备的使用寿命；使用上述公式要注意设备的耐用年限、尚可使用年限、已使用年限的计算口径必须一致；判断设备尚可使用年限的依据是设备的实体状态，技术鉴定是使用年限法的重要步骤。

2. 修复费用法

修复费用法的使用前提是设备的实体性损耗是可补偿性的，那么用于修复实体性损耗的费用就是设备的实体性贬值。它适用于某些特定结构部件已经被磨损但能够以经济上可行的办法修复的情形，对机器设备来说，包括主要零部件的更换或者修复、改造费用等。比如,一台机床的电机损坏,如要修复该机床,必须更换电机,更换电机的费用即为机床的实体性贬值。修复费用法确定实体性贬值率的公式为:

$$实体性贬值率 = 设备修复费用 / 设备重置成本 \qquad (3-10)$$

使用这种方法时,评估师首先要注意区分可补偿性损耗和不可补偿性损耗。两者之间根本的不同点就是可修复的实体性损耗不仅在技术上具有修复的可能性,而且在经济上是划算的,不可修复的实体性损耗则无法以经济上划算的办法修复。对于不可修复的磨损按观察法或使用年限法进行评估,可修复的磨损则按修复法来评估。此外,评估师还应注意修复费用是否包括了对设备技术更新和改造的支出。由于机器设备的修复往往同功能改进一并进行,这时的修复费用很可能不全用在实体性损耗上,而有一部分用在功能性贬值因素上。因此,在评估时应注意不要重复计算机器设备的功能性贬值。

3. 观察法

观察法是评估师根据对机器设备的现场观察和技术检测,在综合分析机器设备的已使用时间、使用状况、技术状态、维修保养状况、大修技改情况、工作环境和条件等因素的基础上,测定设备的实体性贬值率。观察法的重点是在全面了解被评估设备基本情况的基础上,对机器设备进行技术检测和鉴定。在进行技术检测和鉴定时应根据设备的不同类型,确定检测的项目和重点。运用观察法估测机器设备的实体性贬值率或者成新率,在具体操作中可采用以下两种做法:

1) 直接观测法

直接观测法是首先确定和划分不同档次成新率的标准,如表 3-4 所示。然后根据被评估对象实际情况,经观测、分析、判断直接确定被评估机器设备的成新率。这种办法的特点是相对简便、省时、易行,但主观性强,精确度较差。一般适用于单位价值小、数量多、技术性不是很强的机器设备成新率的确定。

表 3-4 机器设备成新率评估参考表

类别	新旧情况	状 态 说 明	成新率(%)
I	新设备	全新或使用不久的设备。经试车验收,质量达标。能保证按原设计性能正常使用的设备	100~90
II	较新设备	使用时间不长,或经第一次大修,恢复原设计性能使用不久的设备,能保持原有性能正常使用。除正常维修外,平时故障不多,未发生过重大故障的设备	89~65

续表

类别	新旧情况	状态说明	成新率(%)
Ⅲ	半新旧设备	已使用相当长时间或大修后已使用一定时间的设备，能基本保持使用;原设计性能,满足现加工工艺要求,零部件完整,能正常使用的设备	64～40
Ⅳ	老旧或较老旧设备	已使用较长时间或发生过较大故障(事故)并经过修复。目前能维持使用,性能(功能)有所下降,但能满足工艺要求,保证安全使用的设备,或使用中故障较多,以及已超过规定使用年限,目前,技术状况尚可,仍能继续使用的设备	39～15
Ⅴ	待处理设备	性能已严重劣化,目前只勉强维持使用,即将更新的设备,或已停用无修复价值的设备,以及国家明文规定限期淘汰,禁止继续使用的设备	14～0
操作说明	\multicolumn{3}{l	}{1. 首先将待评估的设备分类,先评定Ⅰ类(新设备)和Ⅴ类(待处理设备),再将其余设备按新旧程度和实际技术状况分别列为Ⅱ、Ⅲ、Ⅳ类 2. 根据各类设备设定的成新率范围,按勘察结果综合分析,分别取上限值、下限值或中值}

2) 打分法

又称分部分鉴定法,是按机器设备的构成部分分项,按各项的价值比重或贡献程度确定分数(满分 100),然后根据对设备各部分实际状况的技术鉴定,通过打分来确定被评估机器设备的成新率。

三、机器设备功能性贬值的测算

机器设备的功能性贬值是由于新技术发展的结果导致资产价值的贬损。它包括两个方面:

(1) 超额投资成本造成的功能性贬值,主要是由于新技术引起的布局、设计、材料、产品工艺、制造方法、设备规格和配置等方面的变化和改进,使购建新设备比老设备的投资成本降低。

(2) 超额运营成本造成的功能性贬值,主要是由于技术进步,使原有设备与新式设备相比功能落后,运营成本增加。

估测机器设备的功能性贬值,首先应该对已经确定的重置成本和实体性贬值进行分析,看其是否已经扣除了功能性贬值的因素,如采用价格指数法确定的设备重置成本中包含有功能性贬值因素,采用功能价值法确定的设备重置成本已经扣除了功能性贬值。再如,采用使用年限法确定实体性贬值,没有扣除功能性贬值因素,而采用修复费用法可能扣除了全部或部分功能性贬值。因此,机器设备的重置成本和实体性贬值确定后,并不是匆忙地进行功能性贬值的评估,而是要对重置成本和成新率进行分析,如果已经扣除了功能性贬值,就不要重复计算,如果未扣除功能性贬值,并且功能性贬值存在,则应采取相应的方法估测,不可漏评。

1. 超额投资成本造成的功能性贬值的估算

由于超额投资成本造成的功能性贬值表现为新设备的构建成本比老设备便宜,因此功能性贬值就等于设备的复原重置成本与更新重置成本之间的差额,即:

$$功能性贬值 = 设备复原重置成本 - 设备更新重置成本 \quad (3-11)$$

在评估操作中应注意的是,如果估测的重置成本是更新重置成本,实际就已经将被评估设备价值中所包含的超额投资成本部分除掉了,而不必再去刻意寻找设备的复原重置成本,然后再减掉设备的更新重置成本得到设备的超额投资成本。因此,选择重置成本时,在同时可得复原重置成本和更新重置成本情况下,应选用更新重置成本。当然也存在更新重置成本超过复原重置成本的可能性,这种情况往往是新设备功能更先进,运营成本降低而使得设备额外贬值。

2. 超额运营成本造成的功能性贬值的测算

超额运营成本造成的功能性贬值与实体资产的任何有形损耗均无关联,它是由于技术的发展所引起但发生在设备现场的一种贬值。它很容易出现在使用高技术设备和制造高技术产品的工业企业、新兴产业、长期以来不断扩大规模的老企业、拥有大量相同设备的企业、拥有一些开工不足或闲置设备的企业、加工处理大量材料的企业等。

超额运营成本造成的功能性贬值可采用未来超额运营成本折现法估测,具体步骤如下:

(1) 对被评估设备的运营报告和生产统计进行分析。重点分析操作人员的数量;维修保养人员的数量和材料;能源和水电的消耗;产量。

(2) 选择参照物。核定参照物与被评估对象在产量、成本方面的差异,并将参照物的年操作运营成本与被评估对象的年操作运营成本比较。计算被评估对象的年超额运营成本。

(3) 将年超额运营成本扣减采用新设备生产的新增利润应缴的所得税,得到被评估设备的年净超额运营成本。

(4) 估测被评估设备的剩余寿命。

(5) 选择合适的折现率,把整个剩余寿命期间的各年度净超额运营成本折成现值,其现值和就是功能性贬值额。

[例3-4] 对某炼油厂的一个锅炉进行评估。该锅炉正常运转需7名操作人员,每名操作人员年工资及福利费约9600元,锅炉的年耗电量为10万千瓦时,目前相同能力的新式锅炉只需4个人操作,年耗电量为7.5万千瓦时,电的价格为

1.2元/千瓦时,被评估锅炉的尚可使用年限为 8 年,所得税率为 33%,适用的折现率为 10%。根据上述数据资料,被评估锅炉的功能性贬值估测如下:

(1) 被评估锅炉的年超额运营成本为:

$$(7-4) \times 9600 + (100000 - 75000) \times 1.2 = 58800(元)$$

(2) 被评估锅炉的年净超额运营成本为:

$$58800 \times (1 - 33\%) = 39396(元)$$

(3) 被评估锅炉在剩余寿命年限内的功能性贬值额为:

$$39396 \times (P/A, 10, 8) = 39396 \times 5.3349 = 20998(元)$$

四、机器设备的经济性贬值的测算

经济性贬值是因外界因素影响而引起的资产贬值。导致经济性贬值的因素大致有:对产品需求的减少;市场竞争的加剧;原材料供应情况的变化;通货膨胀;高利率;政府法律、政策的影响;环境保护因素等。其最终表现为设备的利用率下降、闲置,收益减少。

由于经济性贬值是外界因素对整个企业而不是对单台设备或孤立的一组设备发生作用的结果,因此,采用成本法对机器设备估价时,很难确定和估算设备的经济性贬值,这也是成本法的主要缺陷。如果分析经济性贬值确实存在并造成影响,应采取适宜的方法进行估测。

对于设备利用率下降造成的经济性贬值,可通过比较设备目前实际生产能力和设计生产能力,以百分比的形式计算设备的经济性贬值率,然后再用设备的重置成本扣减实体性贬值和功能性贬值后的数额乘以设备的经济性贬值率得出设备的经济性贬值额。其数学表达式为:

$$经济性贬值额 = (重置成本 \times 成新率 - 功能性贬值) \times 经济性贬值率 \tag{3-12}$$

$$经济性贬值率 = \left[1 - \left(\frac{设备的实际生产能力}{设备的设计生产能力}\right)^x\right] \times 100\% \tag{3-13}$$

式中,x 为规模经济效益指数,在机器设备评估中,x 一般取值在 0.6~0.7 之间。

[例 3-5] 对某企业的一条机器设备组合进行评估,该机器设备组合的设计生产能力为每天生产 1000 件产品,设备状况良好,技术上也很先进。由于市场竞争加剧,使该机器设备组合开工不足,每天只生产 750 件产品。经评估,该机器设备组合的重置成本为 900 万元,成新率为 85%,试估测该机器设备组合的经济性贬值额(规模效益指数取 0.7)。

$$经济性贬值率 = \left[1 - \left(\frac{750}{1000}\right)^{0.7}\right] \times 100\% = 18.2\%$$

$$经济性贬值额 = 900 \times 85\% \times 18.2\% = 139.23(万元)$$

在估测设备的经济性贬值时,必须注意以下几点:

(1) 经济性贬值是由于外界因素造成的。如果一个工厂因为某些设备自身的原因而不能按原定生产能力生产,那么这种生产能力闲置就可能是由于设备的有形损耗;如果工厂内部的生产能力不均衡,在相同的人力、物力消耗条件下,生产能力却不同,那么这样的能力闲置就可能是由于存在功能性贬值。

(2) 设备的生产能力与经济性贬值是指数关系,而非线形关系。如[例3-5]中,设备生产能力下降了25%,经济性贬值却只下降了18.2%。

(3) 经济性贬值是在有形损耗(实体性贬值)和功能性贬值之后才扣减的,即经济性贬值是独立于有形损耗和功能性贬值之外的。

(4) 设备的实际生产能力是长时间保持的而非短期的生产能力。如[例3-5]中,如果外界因素决定了在今后很长时期内每天的产量都保持在750件,那么,以此生产水平为基础估算的经济性贬值才有充分的依据。

如果设备由于外界因素变化所造成的收益减少额能够直接测算出来,可直接按设备继续使用期间的每年的收益损失额折现累加得到设备的经济性贬值额。数学表达式为:

$$经济性贬值额 = 设备年收益损失额 \times (1 - 所得税税率) \times (P/A, r, n) \tag{3-14}$$

式中,$(P/A, r, n)$为年金现值系数。

[例3-6] 承[例3-5],如果该企业生产的产品销售价格为62元/件,销售利润率为10%,被评估机器设备组合尚可继续使用5年,折现率为12%,所得税率为33%,一年按360天算,则被评估机器设备组合的经济性贬值可计算为:

$$经济性贬值额 = (1000 - 750) \times 360 \times 62 \times 10\% \times (1 - 33\%) \times (P/A, 12\%, 5)$$
$$= 373860 \times 3.6048 = 1347691(元)$$

第三节 机器设备评估的市场法

一、市场法的适用范围和前提条件

机器设备评估的市场法是通过分析最近市场上和被评估设备类似的设备的成交价格,并对被评估设备和参照物之间的差异进行调整,由此得出被评估设备市价值的一种方法。主要用于机器设备变现价值的评估,而不适用于机器设备的原地续用价值的评估。变现价值与原地续用价值的不同,不仅在于价值构成项目的不同,更主要的是受市场因素的影响程度不同。

应用市场法估价必须具备以下前提条件:

(1) 需要一个充分发育活跃的机器设备交易市场。这是运用市场法估价的基本前提。充分发育活跃的设备交易市场应包括三种市场:①全新机器设备市场,它是常规性的生产资料市场;②二手设备市场,即设备的旧货市场;③设备的拍卖市场。三种市场中影响设备交易价格的因素各不相同,而二手设备市场是否活跃发达是运用市场法的首要前提。

(2) 与被评估设备相同或相类似的参照物设备能够找到。在设备市场中与被评估对象完全相同的资产是很难找到的,一般是选择与被评估设备相类似的机器设备作为参照物,参照物与被评估机器设备之间不仅在用途、性能、规格、型号、新旧程度方面应具有可比性,而且在交易背景、交易时间、交易目的、交易数量、付款方式等方面具有可比性,这是决定市场法运用与否的关键。

因此,市场法一般比较适用于有成熟的市场、交易比较活跃的机器设备评估,如汽车、飞机、计算机等。

二、市场法的评估步骤

运用市场法对机器设备进行评估,通常采取以下步骤操作:

1) 搜集有关机器设备交易资料

市场法的首要工作就是在掌握被评估设备基本情况的基础上,进行市场调查,搜集与被评估对象相同或类似的机器设备交易实例资料。所搜集的资料一般包括设备的交易价格、交易日期、交易目的、交易方式、机器设备的类型、功能、规格型号、已使用年限、设备的实际状态等。对所搜集的资料还应进行查实,确保资料的真实性和可靠性。

2) 选择可供比较的交易实例作为参照物

对所收集的资料进行分析整理后,按可比性原则,选择所需的参照物。在市场中选择参照物,最重要的是要具有可比性。机器设备的可比性因素具体包括:设备的规格型号;设备的生产厂家;设备的制造质量;设备的附件、配件情况;设备的实际使用年限;设备的实际技术状况;设备的出售目的和出售方式;设备的成交数量和成交时间;设备交易时的市场状况;设备的存放和使用地点。要认真分析上述可比因素,确认其成交价具有代表性和合理性,才可以将其作为参照物。在条件允许的情况下,参照物最好能有多个。这样可以对被评估设备与参照物之间的差异进行比较、量化和调整。

3) 对可比因素进行比较分析

通过对待评估设备与参照物之间,在各种可比因素方面的差异分析,判断其对

价值的影响程度,确定价值差异的调整量。它们之间的差异调整因素主要表现为:

(1) 交易情况的差异,机器设备的交易价格会受到供求状况、交易数量、付款方式等交易情况影响。一般来说,在设备销售时,如果有多个投资者竞相购买,其价格必然要高,反之,价格就会降低;而只销售一台设备与同时销售多台设备相比,价格也会不一样;另外,一次付款和分期付款销售的价格也不相同。

(2) 品牌、质量等方面的差异。同一类型的设备由于生产厂家和品牌的不同,产品质量和销售价格也有差别。名牌产品质量好,价格高,一般产品质量差一些,价格也低。

(3) 调整设备结构、性能等方面的差异。机器设备规格型号及结构上的差异会集中到设备间的功能和性能的差异上,如生产能力、生产效率、运营成本等方面的差异;调整设备新旧程度方面的差异。评估时,被评估机器设备与参照物在新旧程度上往往不一致,评估师应对被评估设备与参照物的使用年限、技术状态等情况进行分析,估测其成新率。

4) 量化和调整交易期日的差异

在选择参照物时应尽可能选择离评估基准日较近的交易实例,这样可以免去交易时间因素差异的调整。如果交易期日的价格与评估基准日设备交易价格发生变化,可利用同类设备的价格变动指数进行调整。数学式为:

$$\text{修正为评估期日的参照物价格} = \text{参照物交易期日的成交价格} \times \frac{\text{评估期日价格指数}}{\text{交易期日价格指数}}$$

$$(3-15)$$

5) 确定被评估机器设备的评估值

对上述各差异因素量化调整后,得出初步评估结果。对初步评估结果进行分析,在分析比较的基础上,对参照物的市场交易价格进行调整,确定评估值。评估时所选择的参照物一般不只一个,因而就会出现若干个评估价值。这就需要估价师结合每个比准价值及其参照物的情况,分析给出最终评估结论。

三、市场法评估机器设备时的几种常用方法

1. 市价类比法

类比法是以市场上相同或相似资产的市价为参照物,通过因素对比分析,调整差额,然后确定资产重估价格。这种方法对具有参照资产现行市价的机器设备适用。类比法的主要特点表现为:以类似或相同资产的交易价格为基础,此交易价格可以是现时的,也可以是以往发生的;以类似或相同资产为参照物,并将它们与被评估资产进行对比分析,调整差额,然后确定资产重估价格。类比法又可分为直接比较法和相似比较法两种。

1) 直接比较法

直接比较法是直接把被评估设备和完全相同的设备比较,对影响价格的因素进行简单调整从而得到评估值的评估方法。例如,汽车的评估,用公开的价格信息资料,在生产厂家、型号、役龄、附属装置都相同时,被评估汽车的价值就可通过对行驶公里数调整取得。如采用市场法评估某辆卡车的现时价格时,评估师在旧车市场上找到完全相同的参照物,那么该参照物的市场价格就可以直接作为被评估卡车评估值。又如,当评估师在市场上找到的参照物,虽然生产厂家、型号、出厂日期、附属装置等均相同,但在实际使用和维护保养上有很大差异,这就需要评估师根据被评估车辆行驶里程、维护保养的实际情况,对参照物的市场价格作相应调整。实际操作时,可以通过计算被评估卡车与参照物卡车的行驶里程比较,来调整参照物的市场价格。

[例3-7] 有一组5台刨床(设为A)需评估其价值,经市场调查有基本相同的一组10台刨床(设为B),在近期已出售,全部售价(收货即付)为20万元。取折现率 r 为10%,试运用市价法评估A的价值。

(1) 调查B组刨床销售情况,得知平均每年只能销售2.5台。这里,卖主为获得10台刨床价款,作了降价处理;否则,这10台刨床将分4次,即到第3年末才能售完。

(2) 现时零售价(即把20万元分4次收取,每次应收取的价格)为 X,则:

$$X + \frac{X}{1+10\%} + \frac{X}{(1+10\%)^2} + \frac{X}{(1+10\%)^3} = 20$$

即 $X = 5.74$(万元)。

(3) 计算A的评估值 P:

$$P = 5.74 + \frac{5.744}{1+10\%} = 5.74 + 5.22 = 10.96(万元)$$

2) 相似比较法

相似比较法是通过对类似的资产和被评估资产的可比因素之间的比较、分析,最后在参照物市场价格的基础上,根据两者之间的差异进行适当的调整,估算出被评估资产价格的一种方法。因类比对象与被评估资产之间总是存在一定的差异,因此,在运用相似比较法时,通常需要多选取有代表性的相似资产作为参照物,有助于评估值的准确性。

[例3-8] 对某企业一台1515纺织机进行评估,评估师经过市场调查,选择本地区近几个月已经成交的1515纺织机的3个交易实例作为比较参照物,被评估对象及参照物的有关情况见表3-5。

评估师经过对市场信息进行分析得知,3个交易实例都是在公开市场条件下销售的,不存在受交易状况影响使价格偏高或偏低现象,影响售价的因素主要是生产厂家(品牌)、交易时间和成新率。

表 3-5 评估对象与参照物的相关信息表

	参照物 A	参照物 B	参照物 C	被评估对象
交易价格	10 000 元	6 000 元	9 500 元	
交易状况	公开市场	公开市场	公开市场	公开市场
生产厂家	上海	济南	上海	沈阳
交易时间	6 个月前	5 个月前	1 个月前	
成 新 率	80%	60%	75%	70%

(1) 生产厂家(品牌)因素分析和修正。经分析参照物 A 和参照物 C 是上海一家纺织机械厂生产的名牌产品，其价格与一般厂家生产的纺织机相比高 25% 左右。则参照物 A、B、C 的修正系数分别为：100/125、100/100、100/125。

(2) 交易时间因素的分析和修正。经分析，近几个月纺织机械的销售价格每月上升 3% 左右。则参照物 A、B、C 的修正系数分别为：118/100、115/100、103/100。

(3) 成新率因素分析和修正。根据公式：

$$成新率修正系数 = 被评估对象成新率 / 参照物成新率$$

参照物 A、B、C 成新率修正系数分别为：70/80、70/60、70/75。

(4) 计算参照物 A、B、C 的因素修正后价格，得出初评结果。

参照物 A 修正后的价格为：

$$10\,000 \times \frac{100}{125} \times \frac{118}{100} \times \frac{70}{80} = 8260(元)$$

参照物 B 修正后的价格为：

$$6000 \times \frac{100}{100} \times \frac{115}{100} \times \frac{70}{60} = 8050(元)$$

参照物 C 修正后的价格为：

$$9500 \times \frac{100}{125} \times \frac{103}{100} \times \frac{70}{75} = 7306(元)$$

(5) 确定评估值。对参照物 A、B、C 修正后的价格进行简单算术平均，求得被评估设备的评估值为：

$$(8260 + 8250 + 7306)/3 = 7872(元)$$

2. 市价折余法

市价折余法是以被评估资产在全新情况下的市场价格为基础,减去按现行市价计算的已使用年限累计折旧额,来估计资产价值的一种计算方法。这种方法适用于具有现行市场价格的机器设备。其计算公式为:

$$重估价值 = 现行市价 - \frac{现行市价 - 预计残值}{法定使用年限} \times 已使用年限 \quad (3-16)$$

[例3-9] 某企业以一台设备与另一企业联营,该设备已使用2年。根据调查,该设备的现行市价为20万元一台,法定使用年限8年,预计残值2万元。则被评估设备的重估价值为:

$$设备重估价值 = 20 - \frac{20 - 2}{8} \times 2 = 15.5(万元)$$

市价折余法采用的是账面成新率$\left(即:\frac{原预计使用年限 - 已使用年限}{原预计使用年限}\right)$,而不是实际成新率$\left(即:\frac{尚可使用年限}{已使用年限 + 尚可使用年限}\right)$,因而不很明确,如果两者差异较大时,还应该确定调整系数,加以调整。

另外,为了保证实际成新率准确可靠,在确定尚可使用年限时,不仅要考虑设备的有形损耗,而且也要考虑其无形损耗。既要考虑其物理寿命,更主要的是要考虑其经济寿命。

3. 成本售价比率法

成本售价比率法的关键是估算设备销售价格与当时重置成本的比值。评估师需要收集足够的数据,以便能用统计的方法分析得到类似设备的役龄、售价和成本间的关系。例如,在评估一台甲公司生产的车床时,现仅有一个厂家生产,找不到生产同样规格,但能找到类似规格不同厂家生产的车床价格。经分析认为与被评估资产役龄和状态相近的车床售价是其重置成本的40%~50%,于是可认为被评估设备的价值也在其重置成本的40%~50%范围内。必须注意的是旧车床的规格不同,其市场价格与重置成本的比值是不同的,小规格的车床常出现在维修车间,中等规格的车床常用于标准加工车间,而大型车床仅用于如冶金设备制造、船舶修理、铁路车辆的生产,所以可用的数据必须适合于被评估设备的规格范围。

四、应用市场法评估机器设备应注意的问题

(1)明确活跃的市场是运用市场法评估机器设备的前提条件,注册资产评估师应当考虑市场是否能够提供足够数量的可比资产的销售数据以及数据的可

靠性。

（2）明确参照物与评估对象具有相似性和可比性是运用市场法的基础，应当使用合理的方法对参照物与评估对象的差异进行调整。

（3）了解不同交易市场的价格水平可能存在差异。注册资产评估师应当根据评估对象的具体情况，确定可以作为评估依据的合适的交易市场，或者对市场差异作出调整。

（4）明确拆除、运输、安装、调试等因素对评估结论的影响。

第四节　机器设备评估的其他方法

一、收益法

收益法是在一定的预期收益和社会基准收益率条件下，倒算出设备资产价值的一种方法。这种方法的关键在于确定设备资产对企业未来收益的贡献。因此适合于与企业收益关系密切的机器设备组合的综合评估。

收益法要求被评估对象应具有独立的、连续可计量的、可预期收益的能力。即运用收益法必须具备两个条件：其一是以评估收益现值为目的；其二是具备评估收益现值的技术、规程等。而机器设备中的大多数设备正好不具备这两个条件，所以在机器设备评估中运用收益法的情况并不多，但并非没有。如果把若干台机器设备组成设备组合，作为一个整体生产出产品，它们就能为企业创造收益，在这种情况下，可以用收益法对这一组能产生收益的资产进行评估。实际上对由若干台机器设备组成的具有获利能力的整体，即机器设备组合的评估，就是企业整体评估。企业整体评估中收益法的内容，我们将在以后章节详细介绍。这里需要说明的是，在采用成本法和市场法对机器设备评估时，往往不能测定经济性贬值的全部影响，因为采用成本法和市场法评估时都是把机器设备作为企业整体的一个部分来看待，以单台单件的机器设备作为评估的具体对象，而收益法估价却是把机器设备作为一个具有获利能力的整体来看待，是以盈利能力为基础的，反映的是经济有效地运用所有资产的结果。如果整体资产能充分发挥作用和产生效益，那么这些机器设备就具有较高的价值；反之，如果资产未被有效充分地利用，它们的价值就降低了。

二、清算价格法

（一）机器设备清算价格评估的特点

（1）机器设备价格清算以转移使用为前提。整体资产和企业的清算价格有三种价格类型,而机器设备价格清算以转移使用价值为前提,只有有序清算和迫售清算两种价格类型。当企业和整体资产适用续用清算价格时机器设备需估测重置成本。

(2) 机器设备因清算而贬值。固定资产的流动性差,特别是专用设备市场狭窄,部分非标准设备往往没有潜在买主,加之其单价较大,通过清算,通常其贬值的幅度会更大。

(3) 清算时限对机器设备的清算价格的影响比较大(主要体现在为寻求机器设备的潜在买主更费时费事上)。

(4) 评估机器设备清算价格的几率比企业清算的几率高。企业清算常常涉及机器清算价格评估的同时,还有大量的其他业务引起机器设备迫卖。如抵押方因欠款、违约或其他原因依法失去其对抵押物的所有权,没收抵押物一方将实物拍卖变现,这时评估的底价就是清算价格。

(二) 机器设备清算价格的评估方法

评估清算价格前,首要的工作是详细观察清算变现的实例,明确机器设备要求变现的时限,根据各类机器设备状况,研究是否具有潜在的买方和市场前景。下面介绍几种不同的清算价格的评估方法。

1. 超期服役设备清算价格的评估方法

某些设备从财务会计角度看,折旧已经提完,账面净值为零,甚至为负数,但在大修理和技术改造后,仍然可以继续使用,并且在生产过程中发挥功效并不比新购进的同类设备差,对这类超期服役的设备进行清算价格评估,使用成本法和市场法都不合适,因为这些方法都不能反映老设备在延长使用寿命期内的资产价值。此时只有采取因素综合计算法才能比较准确地反映设备的价值。

因素综合计算法是综合考虑设备的原值、修理费用支出、资产残值、已使用年限、增加使用年限、年物价变动指数和年无形磨损系数等因素,再计算被评估设备的价值。数学表达式为:

$$C = \frac{(A+D-Y) \times [1+(W-S) \times G]}{G+Z} \times Z + Y \quad (3-17)$$

其中,C 为设备的重估价值;A 为被估设备的原值;D 为用在该设备上的维修费用或技术改造费;Y 为被估设备残值;W 为年均物价变动指数;S 为设备无形磨损系数;G 为被估设备已使用年限;Z 为被估设备增加的使用年限。

[例 3-10] 某刨床已提满折旧,原值为 10 万元,残值为 2 万元,已使用 20 年,经大修后,增加使用年限 5 年,大修费共 1 万元,年物价上涨指数为 10%,年无形磨损系数为 0.05,现在被拍卖易主,请评估该刨床的重估价值。

解 找出题中的相关数据,代入上述表达式得:

$$C = \frac{(A+D-Y) \times [1+(W-S) \times G]}{G+Z} \times Z + Y$$

$$= \frac{9 \times 2}{20+5} \times 5 + 2 = 5.6(万元)$$

2. 企业破产清理机器设备的评估

企业破产清理具有很大的强制性,不具备正常的市场交易条件,一方面破产企业急于将资产转让或拍卖;另一方面,这种交易活动主要取决于买方,占有主动权的买方必定会极力压低成交价格,以从中获利。因此,企业破产清算时,对机器设备只能采取清算价格法评估。

采取清算价格法评估,此时应考虑机器设备的性质、变现期限、变现方式、机器设备有无使用价值等因素的影响,具体评估时,还应区分如下情况:①对于已无使用价值的机器设备,可按其市场废旧物资收购价评估;②对于尚有使用价值的机器设备,可按其实际使用价值来确定。一般而言,清算价格要低于其现行市价。确定其评估价值时要考虑设备的性质、变现期限、变现方式的影响,如果设备属于专用设备,通用性很差,则其清算价格就可能远远低于现行市价,甚至只能按废品价格计算。如果变现时间较长,其变现价值可能仅稍低于现行市价,反之,若变现时间紧迫,则其变现价值就会大大低于其现行市价。如果设备采用整体变卖方式,则其变现价值就可能高于单件变现价值。

3. 盘盈、盘亏设备的评估

对盘亏的机器设备,应将其账面价值从账上注销,不再作为企业的资产,所以不存在重新估价的问题。

对盘盈机器设备,已无法搜集其账面原值、净值,已使用年限和已提折旧额等资料。所以,只能采取市场法评估。如市场上有同样设备交易,可以按其现行市价和确定的成新率来估算现值;如果市场上没有同样设备的交易,可以比照类似设备的价格,采用市价类比法进行评估。确定盘盈设备重估价值的关键是确定成新率。成新率应由工程技术人员按照科学的方法进行技术测定。

4. 接受捐赠机器设备的评估

接受捐赠的机器设备是其他企业或经济实体赠送给本企业的固定资产。这部分设备的评估可分为两种不同情况:一是接受捐赠设备的单位没有账面原值、折旧率、已使用年限等资料;二是接受捐赠设备的单位有账面原值、折旧率、已使用年限等资料。对于第一种情况,可比照盘盈设备进行评估;对第二种情况,则应根据接受捐赠设备单位的技术和购置情况,选择合适的方法进行评估。

5. 租入、租出机器设备的评估

企业租入的机器设备包括一般性租入和融资性租入两种。一般性租入在承租期间所有权不变,不属于租入企业的固定资产,不需要对其进行评估。但租入的机器设备需要进行改良或大修理。所发生的支出费用由于数额较大,不能直接进入当期成本和费用。应将其作为一项资本性支出,列为企业的一项资产,并按受益期分期摊入成本。在这种情况下,这种一般性租入设备也应进行评估,其价值等于技术改良工程支出与大修理支出之和减去已摊销额。对于融资性租入设备,其所有权在承租人付清最后一笔租金(有时还加一笔转让费)后,就转给承租人。因此融资租入的设备应作为企业的一项固定资产进行评估。如果该项设备是近期租入的,其价值按合同规定租金总额加转让费之和扣除折旧费后的净值计算。数学表达式为:

融资租入设备的重估价值 =(合同中规定租金总额 + 转让费)- 已提折旧额

(3-18)

如果该项融资租入的设备是几年前租入的,则可采取市场法,按其市场现行价格扣除按现行价格计算的折旧后的净值进行评估。

租出设备是指出租给外单位使用的设备,其所有权属于出租企业。因此,也应作为出租企业的资产进行评估。评估方法与一般机器设备的评估方法相同,但在确定机器设备的实际成新率时,评估师应到承租企业实地查看机器设备的使用情况、维修状况之后再加以确定。

案 例

某公司以公司拥有的机器设备等资产对外联营投资,故委托某评估机构对该设备的价值进行评估,评估基准日为20××年××月××日。评估师根据掌握的资料,经调查分析后,决定采用成本法评估。

设备名称:图像设计系统　　　　　　启用日期:20××年××月
规格型号:STORK　　　　　　　　　账面价值:1 100 000元
设备产地:上海××厂家　　　　　　账面净值:900 000元

一、重置全价的估算

设备的重置全价经市场调查得到为1 500 000元。

评估价值 = 重置全价 × 综合成新率

二、综合成新率的确定

(一) 确定实体性损耗率

(1) 该设备经济使用寿命为 12 年(属印刷设备类)。

(2) 已使用日历年限为 3 年(从 20××年至 20××年××月××日评估基准日)。

(3) 该设备调整因素系数及综合值：

  原始制造质量——1.10(进口设备) 故障情况——1.0(无)
  设备时间利用率——1.05(1 班/日) 运行状态——1.0(正常)
  维护保养——1.0(正常)   环境状况——1.05(良好)
  修理改造——1.0(无)

7 项调整因素系数综合值为：

$$1.10 \times 1.05 \times 1.0 \times 1.0 \times 1.0 \times 1.0 \times 1.05 = 1.21$$

(4) 已使用年限经七项因素调整后为：$3/1.21 = 2.5$ 年。

(5) 实体性损耗率 $= (2.5/12) \times 100\% = 20.83\%$

(二) 确定功能性损耗率

功能性损耗率从新旧工艺及相应设备的生产率(印染速度)、原材料耗损等因素比较，分别对每项因素估算其功能性损耗，估算按下列步骤进行：

(1) 将被评估设备的年生产率(或原材料损耗)与功能相同但性能更好的新设备的年生产率(或原材料损耗)进行比较。

(2) 计算两者的差异，分别确定净超额工资、净超额原材料成本。

(3) 估测被评估设备的剩余寿命。

(4) 以适当的折现率将被评估设备在剩余寿命内每年的净超额费用折现，这些折现值之和即为被评估设备的功能性损耗(贬值)，计算公式如下：

  被评估资产功能性损耗

$$= \sum (被评估资产年净超额成本 \times 折现系数) \times (1 - 所得税税率)$$

被评估设备功能性损耗具体测算如下：

1. 根据委托方提供的资料，已知：

(1) 被评估设备生产率(印染速度)为 30 m/s，新设备为 90 m/s。

(2) 新设备月原材料加工纸节约 0.2 t。

(3) 原材料加工纸的价格为 24 000 元/t。

(4) 设备剩余年限 9.5 年。

(5) 所得税 33%。

(6) 折现率取 7%。

2. 功能性损耗测算。

生产率(印染速度)因素影响值：
(1) 旧设备月工资额：

经销 11 000 m，单位工资 1.11 元/m，月工资额 12 210 元；
代加工 17 800 m，单位工资 0.28 元/m，月工资额 4 984 元；
卖花纸 22 800 m，单位工资 0.31 元/m，月工资额 7 068 元；

$$旧设备月工资 = 12210 + 4984 + 7068 = 24262(元)$$

(2) 新设备印染速度 90 m/s，旧设备为 30 m/s，新设备月工资成本为：

$$新设备月工资 = 旧设备月工资 \times 1/3 = 8087(元)$$

(3) 月差异额：

$$24262 - 8087 = 16175(元)$$

(4) 年工资成本超支额：

$$16175 \times 12 = 194100(元)$$

(5) 减所得税(33%)：

$$194100 \times 33\% = 64053(元)$$

(6) 扣除所得税后年净超额工资：

$$194100 - 64053 = 130047(元)$$

(7) 资产剩余使用年限：9.5 年；
(8) 折现率取 7%：9.5 年年金折现系数 6.725；
(9) 功能性损耗额：

$$130047 \times 6.725 = 202877(元)$$

3. 按上述步骤测算。
(1) 因第一项因素(生产率)得出的功能性损耗为 202 877 元。
(2) 按新旧设备使用纸的成本不同，计算出年节约原材料为：

$$0.2 \times 12 \times 24000 = 57600 \text{ 元}$$

(3) 功能性损耗：

$$57600 \times (1 - 33\%) \times 9.5 \text{ 年年金折现系数} = 259531 \text{ 元}$$

(4) 上述两因素之和为 462 408 元。

$$功能性损耗率 = 功能性损耗 / 重置价格 \times 100\%$$
$$= 462408/1500000 \times 100\% = 30.83\%$$

(三) 确定综合成新率
(1) 经济性损耗率＝0％
(2) 综合损耗率＝实体性损耗率＋功能性损耗率＋经济性损耗率
　　　　　　＝20.83％＋30.83％＋0％＝52％(取整)
(3) 综合成新率＝1－综合损耗率＝1－52％＝48％

三、评估价值的确定

评估价值＝重置全价×综合成新率＝1500000×48％＝720000元

案例小结

1. 确定设备实体性损耗率常用的方法有：使用年限法、观察法和修复费用法。修复费用法的使用有一定的条件，其他两种方法的适用范围更大。本案例采用的是进行因素调整后的使用年限法，是使用年限法和观察法在一定层面上的结合。

2. 功能性损耗是由技术进步引起的。通过将被评估设备与功能相同，但性能更好的新设备进行比较，分析两者在运营上的差异并量化，即可得到被评估设备的功能性损耗。在这个过程中，差异分析是很关键的一步。本案例中新旧设备的差异主要是人工成本的差异和材料耗用差异，在得到成本年超支额后，还应扣除所得税。因为成本超支将会增加被评估设备的运营成本，降低被评估设备的运营收益，减少所得税。

小结

机器设备评估是资产评估的重要组成部分。本章主要介绍了成本法、市场法、收益法和清算法在机器设备评估中的具体应用，机器设备评估的注意事项及其价值类型与各种评估方法的评估程序。重点和难点为机器设备评估的成本法及其应用。

中英文关键术语

机器设备	machinery equipment	物价指数法	price index method
观察分析法	observe analysis method	比率法	ratio method
修复费用法	repair expenses method	可比因素	comparable factor

习　题

一、思考题

1. 如何确定机器设备的评估范围？
2. 机器设备评估的基本程序有哪些？

3. 机器设备的基本评估方法有几种?
4. 什么是机器设备的持续使用价值?
5. 什么是设备的变现价值?它与清偿价值的关系是什么?
6. 清偿价值的概念有几种?每一种概念的含义是什么?
7. 什么是设备的更新重置成本和复原重置成本?
8. 什么是设备的报废价值和残余价值?

二、计算分析题

1. 某被评估的生产控制装置购建于1985年,原始价值1 000 000元,1990年和1993年分别投资50 000元和20 000元进行了两次更新改造,1995年对该资产进行评估。调查表明,该类设备及相关零部件的定基价格指数在1985年、1990年、1993年、1995年分别为110%、125%、130%、150%。该设备尚可使用年限为6年。另外,该生产控制装置正常运行需要5名技术操作员,而目前的新式同类控制装置仅需要4名操作员。假定待评估装置与新装置的运营成本在其他方面相同,操作人员的人均年工资福利费为12 000元,所得税税率为33%,适用折现率为10%。根据上述调查资料,试求待评估资产的价值。

2. 承接上题,如果该设备在1995年以前的实际利用率为正常利用率的60%,估计自1995年起实际利用率可达到80%,规模效益指数为0.6,估算该设备的价值。

3. 某被评估设备购建于1995年6月,账面原值120万元,1998年6月对该设备进行了技术改造,以使用某种专利技术,改造费用为10万元,1999年6月对该设备进行评估,评估基准日为1999年6月30日。现得到以下数据:

(1) 1995年至1999年该类设备的定基价格指数分别为105%、110%、110%、115%、120%;

(2) 同类设备的月人工成本比被评估设备节约1000元;

(3) 被评估设备所在企业的正常投资报酬率为10%,规模效益指数为0.7,该企业为正常纳税企业;

(4) 经过了解,得知该设备在评估使用期间因技术改造等原因,其实际利用率为正常利用率的60%,经过评估师鉴定分析认为,被评估设备尚可使用6年,预计评估基准日后其利用率可以达到设计标准的80%。

根据上述条件,估算该设备的有关技术经济参数和评估价值。

第四章

不动产评估

学习目标 了解不动产的概念、特点和分类,掌握不动产评估的基本理论,熟练运用成本法、收益法、市场法、假设开发法及基准地价修正法进行不动产价格的评估。

第一节 不动产评估概述

一、不动产的概念

根据财政部发布的《资产评估准则——不动产》(2007),不动产是指土地、建筑物及其他地上定着物,包括物质实体及其相关权益。

(一) 土地和地产

1. 土地

土地是不动产必不可少的组成部分。土地是一种自然资源,具有不可再生性。土地一般指地球表层的陆地部分,包括内陆水域和海洋滩涂。广义地讲,土地是指陆地及其空间的全部环境因素,是由土壤、气候、地质、地貌、生物和水文、水文地质等因素构成的自然历史综合体。土地一般具有位置的固定性、质量的差异性、资源的不可再生性、效用的永续性等自然特征和经济供给的稀缺性、产权的可垄断性、用途的多样性、效益的级差性等经济特征。

土地按照自然形态分为山地、丘陵地、盆地、平原等;按照用途分为商业用地、工业用地、市政用地、住宅用地、交通用地、农用地、特殊用地(如军事、宗教、监狱等)等;按照开发程度分为生地、毛地和熟地。生地是指已经完成土地使用权批准手续(不包括土地使用权出让手续),可用于建设开发的土地,该土地无基础设施,或虽有部分基础设施,但尚不完全具备道路、(临时用)水及电等三通条件,同时地上地下待拆除的建筑物尚未完全搬迁或拆除。毛地是指已经完成土地使用批准手续(包括土地使用权出让手续),至少具备道路、(临时用)水及电等三通条件,但地上地下待拆除的建筑物尚未完全搬迁或拆除的可用于建筑的土地。熟地是指具备完善的基础设施,且土地平整,可用于建筑的土地。

2. 地产

地产是土地财产或土地资产的简称。财产既指实物又指权益。按照《中华人民共和国物权法》(2007)的规定,物包括不动产和动产。物权是指权利人依法对特定的物享有直接支配和排他的权利,包括所有权、用益物权和担保物权。因此,地产是土地及其相关物权的总称。

我国实行国有土地所有权和使用权相分离的制度,国有土地所有权不能进入不动产市场进行市场流转,国有土地使用权可以转让,因此地价一般是土地使用权价格。土地使用权交易方式主要有土地使用权出让、土地使用权转让、土地使用权出租和土地使用权抵押。

土地使用权出让是国家以土地所有者身份将国有土地使用权在一定年限内让与土地使用者,并由土地使用者向国家支付土地使用权出让金的行为。国有土地使用权出让可以采取协议、招标、拍卖和挂牌方式。国有土地使用权出让最高年限按下列用途确定:①居住用地 70 年;②工业用地 50 年;③教育、科技、文化、卫生、体育用地 50 年;④商业、旅游、娱乐用地 40 年;⑤综合或者其他用地 50 年。

土地使用权转让是指土地使用者将土地使用权再转移的行为,包括出售、交换和赠与。凡未按土地使用权出让合同规定的期限和条件投资开发、利用土地的,土地使用权不得转让。土地使用权转让时,土地使用权出让合同和登记文件中所载明的权利、义务随之转移。土地使用权转让时,其地上建筑物、其他定着物所有权随之转让。土地使用者通过转让方式取得的土地使用权,其使用年限为土地使用权出让合同规定的使用年限减去原土地使用者已使用年限后的剩余年限。地上建筑物、其他定着物的所有人或者共有人,享有该建筑物、定着物使用范围内的土地使用权。土地使用者转让地上建筑物、其他定着物所有权时,其使用范围内的土地使用权随之转让,但地上建筑物、其他定着物作为动产转让的除外。土地使用权和地上建筑物、其他定着物所有权转让,应当依照规定办理过户登记。

土地使用权出租是指土地使用者作为出租人将土地使用权随同地上建筑物、其他定着物租赁给承租人使用,由承租人向出租人支付租金的行为。未按土地使用权出让合同规定的期限和条件投资开发、利用土地的,土地使用权不得出租。

土地使用权抵押时,其地上建筑物、其他定着物随之抵押。地上建筑物、其他定着物抵押时,其使用范围内的土地使用权随之抵押。土地使用权抵押,抵押人与抵押权人应当签订抵押合同。抵押合同不得违背国家法律、法规和土地使用权出让合同的规定。土地使用权和地上建筑物、其他定着物抵押,应当依照规定办理抵押登记。抵押人到期未能履行债务或者在抵押合同期间宣告解散、破产的,抵押权人有权依照国家法律、法规和抵押合同的规定处分抵押财产。因处分抵押财产而取得土地使用权和地上建筑物、其他定着物所有权的，应当依照规定办理过户登记。

（二）建筑物及其他地上定着物

建筑物是不动产的主要部分。建筑物是与土地相结合的建筑产品，包括房屋建筑物和构筑物两大类。房屋建筑物通常是指供人居住、工作、学习，进行其他社会活动，以及储藏物品等的工程建筑，一般由基础、墙、门、窗、柱和层顶等主要构件组成。构筑物则是指建筑物以外的工程建筑，如道路、水坝、隧道、桥梁、水塔等。地上定着物主要指已经定着于建筑物上的水、暖、电、卫生、通讯、消防、通风、电梯等设施。

按照建筑物的经济用途分类，建筑物可以分为商业建筑物、工业建筑物、住宅、公共设施、公共建筑物等；按照结构构件材质的不同，建筑物大致可分为钢结构、钢筋混凝土结构、混合结构、砖木结构、其他结构等。其中，钢结构是指建筑物的梁柱、房架等承重构件用钢材制作，楼板用钢筋混凝土制成，墙体用砖或其他材料制成，如大跨度的钢结构厂房等。钢筋混凝土结构是指建筑物的梁板、房面板、楼板均由钢筋混凝土制作，墙体用砖或其他材料制作。混合结构是指建筑物的楼板、楼梯为钢筋混凝土，房顶为钢或钢筋混凝土制作，墙、柱为砖砌结构。砖木结构是指建筑物的墙、柱用砖砌筑，楼层，房架采用木材制作。

建筑物不仅有自己独立的结构，还有独立的产权，建筑物和土地的产权可以分属不同主体。房屋建筑物及其相关的财产权利通常称为房产。

综上所述，土地、地产、房产、不动产等相关概念之间的关系如图4-1所示。由于构筑物种类繁多，结构差异大，下文所述不动产主要指房地产。

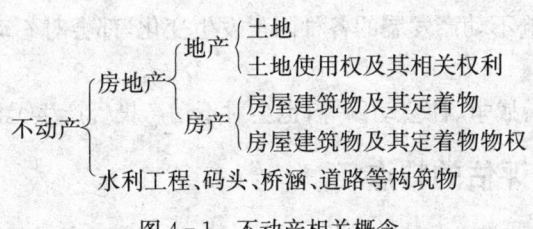

图4-1 不动产相关概念

二、不动产的特点

1) 位置固定性

由于不动产固着在土地上，因此不动产的相对位置是固定不变的。可以说，地球上没有完全相同的不动产，即使有两宗不动产的地上建筑物设计、结构和功能等完全相同，因土地位置的差异，也会造成价格的差异。

2) 供求区域性

由于土地位置的固定性,不动产还具有区域特点。一个城市不动产的供给过剩并不能解决另一个城市不足的问题。即不动产不能像其他商品一样,通过运输来供给一个地区的不动产需求,或调剂不同地区之间的余缺。不动产供求关系的地区差异又造成区域之间不动产价格的差异性。

3) 耐用性

土地可以永续利用,建筑物的使用年限也可达数十年甚至长达上百年,使用期间即使房屋变旧或受损,也可以通过不断的翻修,延长其使用寿命。因此,不动产可以说是最具有耐耗性的物品。

4) 保值与增值性

在社会经济发展正常的情况下,随着人口和社会生产力的发展,社会对土地的需求与日俱增。从长期来看,土地的价值呈上升趋势。由于土地资源的有限性和固定性,制约了对不动产不断膨胀的需求,特别是对良好地段物业的需求,导致价格上涨。同时,对土地的改良和城市基础设施的不断完善,使土地原有的区位条件改善,也会导致土地增值。

5) 投资风险性

不动产使用的长期性和保值增值性使之成为投资回报率较高的行业,同时不动产投资风险也比较大。不动产投资的风险主要来自以下几个方面:

(1) 不动产无法移动,建成后又不易改变用途,如果市场销售不对路,容易造成长期的空置或积压。

(2) 不动产生产和经营管理要经过土地使用权的取得、土地开发和再开发、建筑设计和施工、不动产销售等一系列过程,需要投入大量的资金,成本较高。

(3) 不动产的生产周期较长,从取得土地到房屋建成销售,通常要3~5年的时间,在此期间影响不动产发展的各种因素发生变化,都会对不动产的投资效果产生影响。

(4) 自然灾害、战争、社会动荡等,也会对不动产投资产生无法预见的影响。

三、不动产评估的特点

不动产评估,是对不动产的价值进行分析、估算并发表专业意见的行为和过程,包括单独的不动产评估和企业价值评估中的不动产评估。不动产评估一般具有以下特点:

1) 政策性强

不动产价格的确定具有比较明确的政策法规依据。如房屋建筑的造价,必须按照现行工程预算定额、单位评估表及有关取费标准确定;土地的征用费,必须依照《中华人民共和国土地管理法》确定的原则执行;建设项目的有关配套费用,必须依照现行的有关政策文件及税法确定;国家统计机关公布的不动产价格变动指数,是不动产价格估算的重要参数等。

2）区域性强

由于社会经济发展的不平衡性,各地区、各城市经济发展水平、消费水平存在着很大的差异,这种差异必然要在不动产市场上反映出来,从而使各地的不动产价格存在着量的差别。各地区、各城市都依法制定有自己的不动产基础价格标准。评估时,不动产评估师除掌握评估的一般原理、方法和国家政策以外,必须具体了解当地的有关政策与法规,必须深入调查当地的不动产市场价格行情,取得当地的不动产费用标准、价格标准,作为价格测算依据,才能得出正确的结论。

3）技术性强

正确估算不动产的价格,必须具备不动产的专门知识,如勘察不动产的质量、成新状况、尚可使用时间,划分房屋的结构、熟悉工程图纸、掌握工程预算规则,评定土地等级,测量房屋面积、土地面积,界定环境状态,都是技术性很强的工作。

4）针对性强

不动产评估虽有一套较为完善的理论、程序和方法可循,在评估时还须针对具体的评估对象,做深入细致的工作。针对评估目的、针对具体的地区、针对具体的地段环境、针对具体的要求,才能有的放矢。如按同一套图纸施工建筑的两栋同面积同结构的房屋,由于地区不同、地点不同、环境不同以及使用过程中的维修保养不同,其价格也就不同。针对具体对象,才能体现出据实评估的要求。

5）综合性强

不动产评估是一项复杂细致的工作,也是综合性很强的工作,不动产评估师,必须具备较高的综合能力和高度概括水平。如考虑不动产使用价值与交换价值之间的联系,房价与地价之间的联系,不动产价格与市场状况之间的联系,不动产价格与时间因素、环境因素、用途因素之间的联系等,分析各种因素对不动产价格的影响,并使之量化,提出不动产报告,这些都需要具备很高的综合概括能力。

四、不动产评估的原则

1）合法原则

应以评估对象的合法使用、合法处分为前提评估。合法是指不动产评估必须遵循国家的法律法规。评估师必须树立法制观念,必须严格遵循国家和当地政府有关的法规进行评估。这里包括两方面:一是有关不动产行业和价格评估的专门法规;二是相关的法规条例,如民法、城市规划法、有关税法、价格法、涉外活动的有关法规等。对一些重要的、影响面较大的不动产评估还需说明评估结论的适法依据。

2）最大、最佳使用原则

应以评估对象的最大、最佳使用为前提评估。当评估对象已做了某种使用,评

估时应根据最大、最佳使用原则对评估前提作出下列之一的判断和选择,并应在评估报告中予以说明:

(1) 保持现状前提。认为保持现状继续使用最为有利时,应以保持现状继续使用为前提评估。

(2) 转换用途前提。认为转换用途再予以使用最为有利时,应以转换用途后再予以使用为前提评估。

(3) 装修改造前提。认为装修改造但不转换用途再予以使用最为有利时,应以装修改造但不转换用途再予以使用为前提评估。

(4) 重新利用前提。认为拆除现有建筑物再予以利用最为有利时,应以拆除建筑物后再予以利用为前提评估。

(5) 上述情形的某种组合。

五、不动产评估的程序

自接受评估委托至完成评估报告期间,不动产评估应按下列程序进行:

1) 明确评估基本事项

评估基本事项主要包括:

(1) 评估目的,即为何种事项而需要进行不动产评估。在受理评估业务时,评估目的通常由委托方提出,并将评估目的明确地写在评估报告上。

(2) 评估对象,包括评估对象的物质实体状况和权益状况。不动产的实体状况通常包括土地面积、土地形状、临路状况、土地开发程度,地质、地形及水文状况,建筑物的类型、结构、面积、层数、朝向、平面布置、工程质量、新旧程度、装修和室内外设施等。不动产的权益状况包括土地权利性质、权属、土地使用权的年限、建筑物的权属、评估对象设定的他项权利状况等。

(3) 评估基准日。

2) 制定评估工作计划

在明确评估基本事项的基础上,应对评估项目进行初步分析,拟定评估工作方案。评估工作计划主要应包括:拟采用的评估技术路线和评估方法;拟调查搜集的资料及其来源渠道;预计所需的时间、人力、经费;拟定作业步骤和作业进度。

3) 实地查勘评估对象并搜集评估所需资料

评估师必须到评估对象现场,亲身感受评估对象的位置、周围环境、景观的优劣,查勘评估对象的外观、建筑结构、装修、设备等状况,并对事先收集的有关评估对象的坐落、面积、产权等资料进行核实,同时搜集补充评估所需的其他资料,以及对评估对象及其周围环境或临路状况进行拍照等。

评估师应经常搜集评估所需资料,并进行核实、分析、整理。评估所需资料主要应包括:对不动产价格有普遍影响的资料;对评估对象所在地区的不动产价格有影响的资料;相关不动产交易、成本、收益实例资料;反映评估对象状况的资料。

4）选定评估方法计算

根据《资产评估准则——不动产》(2007)，不动产评估方法主要包括成本法、收益法、市场比较法、假设开发法及基准地价系数修正法等。对同一评估对象宜选用两种以上的评估方法进行评估，根据已明确的评估目的，若评估对象适宜采用多种评估方法进行评估，应同时采用多种评估方法进行评估，不得随意取舍;若必须取舍，应在评估报告中予以说明并陈述理由。有条件选用市场比较法进行评估的，应以市场比较法为主要的评估方法。收益性不动产的评估，应选用收益法作为其中的一种评估方法，具有投资开发或再开发潜力的不动产的评估，应选用假设开发法作为其中的一种评估方法，在无市场依据或市场依据不充分而不宜采用市场比较法、收益法、假设开发法进行评估的情况下，可采用成本法作为主要的评估方法。

5）综合分析确定评估结果，撰写评估报告

同一宗不动产运用不同方法评估的价值往往不一致，需要进行综合分析。综合分析是对所选用的评估方法、资料及评估程序的各阶段，进行客观分析和检查。特别要注意分析所选用的资料是否适当，评估原则是否适当，资料分析是否准确，对影响因素的权重赋值是否恰当等。评估师应在充分分析论证的基础上确定最终结果，并撰写评估报告。

六、不动产价格的种类及影响不动产价格的因素分析

(一) 不动产价格的种类

（1）按照权益的不同，不动产价格可以分为所有权价格、使用权价格和其他权利价格。不动产交易的权益主要有：所有权、使用权、抵押权、租赁期等，以及相应形成的不动产使用权价格、抵押权价格、租赁权价格等。

（2）按价格形成方式可分为市场交易价格和评估价格。

市场交易价格是不动产在市场交易中实际成交的价格。在正常的市场条件下，买卖双方均能迅速获得交易信息，买方能自由地在市场上选择其需要，卖方亦能自由地出售不动产，买卖双方均以自身利益为前提，在彼此自愿的条件下，以某一价格完成不动产交易。由于交易的具体环境不同，市场交易价格经常波动。市场交易价格一般具有如下作用：交易双方收支价款的依据、缴纳契税和管理费的依据等。

评估价格是对市场交易价格的模拟。由于评估人员的经验和对不动产价格影响因素理解的差异，同一宗不动产可能得出不同的评估价格，评估结果也可能不同，但在正常的情况下，不论运用何种方法，评估结果不应有太大的差距。不动产评估价格根据使用目的及其作用可分为基准地价、标定地价、房屋重置价格、交易

底价、课税价格等几种。其中,基准地价、标定地价、房屋重置价格由政府制定,且由政府定期公布;交易底价则不一定由政府制定,可由交易有关方面制定;房屋重置价格是指在重置时的建筑技术、工艺水平、建筑材料价格、工资水平及运输费用等条件下,重新建造与原有房屋相仿的结构、式样、设备和装修的新房时所需的费用;课税价格是政府为课征有关不动产税而由评估人员评估的作为课税基础的价格。

(3) 按不动产的实物形态可划分为土地价格、建筑物价格和房地产价格。

土地价格包括基准地价、标定地价和土地交易价格等。基准地价是按照城市土地级别或均质地域分别评估的商业、住宅、工业等各类用地和综合土地级别的土地使用权的平均价格。基准地价评估以城市为单位进行。标定地价是市、县政府根据需要评估的正常地产市场中,具体宗地在一定使用年期内的价格。标定地价可以以基准地价为依据,根据土地使用年限、地块大小、土地形状、容积率、微观区位等条件,通过系数修正进行评估得到,也可以通过市场交易资料,直接进行评估得到。

建筑物价格是指纯建筑物部分的价格,不包含其占用的土地的价格。

房地产价格是指建筑物连同其占用的土地的价格。

(4) 按不动产价格表示单位可划分为总价格、单位价格、楼面地价。不动产总价格,是指一宗不动产的整体价格。不动产单位价格,有三种情况:对土地而言,是指单位土地面积的土地价格;对建筑物而言,是指单位建筑面积的建筑物价格;对房地产单位价格而言,是指单位建筑面积的房地产价格。房地产的单位价格能反映房地产价格水平的高低,而房地产总价格一般不能说明房地产价格水平的高低。楼面地价,也称单位建筑面积地价,是指平均到每单位建筑面积上的土地价格。其计算公式为:

$$楼面地价 = 土地总价格 / 建筑总面积 \qquad (4-1)$$

因为,

$$容积率 = 建筑总面积 / 土地总面积 \qquad (4-2)$$

所以该公式又可转换为:

$$楼面地价 = 土地单价 / 容积率 \qquad (4-3)$$

(二) 影响不动产价格的因素分析

影响不动产价格的因素多种多样,纷繁复杂。随着时间、区域和不动产用途的变化,这些因素的影响程度也不同。影响不动产价格的因素通常可分为一般因素、区域因素和个别因素。

1. 一般因素

一般因素指对整个社会和地区的所有不动产价格具有决定性影响的宏观因素，主要包括经济因素、社会因素、行政因素等。

1) 经济因素

(1) 经济发展因素。国民经济增长速度、国民生产总值、居民收入水平、物价指数等经济因素都会对不动产价格的形成产生影响。比如，在国民经济增长快、国民生产总值大、居民收入水平高、资金充裕地区，国民生产总值用于投资、消费部分加大，用于生产性、投资性或消费性等方面的不动产的支出增加，从而促进不动产业的繁荣，带动不动产价格上涨。

(2) 财政金融因素。存款利率、贷款利率、物价上升指数、税率、贷款比例和土地资本化率等财政金融因素与不动产价格的形成有着密切的关系。例如，利率和税率的变化会影响不动产的供给和需求，因而对不动产价格产生影响。土地资本化率与地价的关系非常明显，在地租一定的情况下，土地资本化率越高，地价越低；反之，土地资本化率越低，地价越高。

(3) 产业结构因素。产业结构在这里主要是指第一产业、第二产业及第三产业在国民经济及国民生产总值中的比例关系以及不动产业在其中所占的比重。一般来说，第三产业的比重越大，不动产价格会相应越高。

2) 社会因素

(1) 人口因素。不动产需求的主体是人，因此，人的数量和素质直接决定对不动产的需求程度，因而对不动产价格有着很大影响。具体来说，人口因素对不动产价格的影响表现为人口数量、人口密度和人口素质三个方面。

人口数量与不动产价格的关系是正相关的。人口总量的增长，会增大对不动产的需求，不动产价格一般也会上升；反之，不动产价格则下降。

人口密度是人口数量的相对指标。人口密度高的地区，一般不动产的供给相对缺乏，供不应求，因此，该地区的不动产价格水平趋高。同时，人口密度高，有可能刺激商业、服务业等产业的发展，因而会提高不动产价格。但是，在人口密度过高的地区，生活环境的舒适程度会受到影响，因此，也有可能降低不动产价格。

社会文明、人口平均文化程度、居民的修养也能间接地影响不动产价格。居民素质较高的地区，居住环境维护得较好，不动产价格水平一般趋高，居民素质较低的地区，组成复杂，秩序欠佳，不动产价格则会低落，尤其是居住用地的不动产价格会降低。

(2) 家庭规模因素。家庭规模是指社会或某一地区家庭平均人口数。即使一个地区人口总数不变，家庭人口数的变化也将影响居住面积的变化。例如，随着家庭人口平均数的下降，即家庭小型化，对总的住宅套数的需求将增加，因此，对不动产的需求会增加，不动产的价格也就会上涨。

(3) 不动产投机因素。不动产投机是市场经济中一种显著的社会现象，是投资者期望并利用不动产价格的变动获得超常利润的行为。这种现象主要体现在三个方面：①当不动产价格不断上涨时，预测不动产价格还将进一步上涨的不动产投机商会纷纷抢购，哄抬价格，造成一种虚假需求，促使不动产价格进一步上涨；②当不动产价格不断下跌时，预测不动产价格将进一步下跌的不动产投机商纷纷抛售时，在市场上造成一种虚假的供过于求的现象，引起不动产价格进一步下跌；③当不动产价格跌落时，预测将来不动产价格会上涨的不动产投机商收购不动产，造成不动产需求增加，从而抑制不动产价格的进一步下跌；或当不动产价格上涨时，囤积不动产的投机商抛出不动产，增加不动产供给，从而也能平抑不动产价格。

(4) 教育科研水平和治安因素。如果一个地区的教育水准高、科研水平高，则意味着受教育的方便程度提高，科学技术转化为生产力的可能性增大，因而不动产价格水平也会上升。一个地区若经常发生偷盗、抢劫等犯罪案件，则意味着该地区居民的生命财产缺乏保障，因此会造成不动产价格低落。

(5) 社会福利因素。社会福利的状态，会影响社会文化生活水平，从而间接地影响不动产价格水平。

3) 行政因素

行政因素通过对社会、经济等行为加以规范来影响不动产价格。主要指影响不动产价格的制度、政策、法规、行政措施等因素。

(1) 土地使用制度与住房制度、地价政策。土地使用制度科学合理，可以调动土地利用者或投资者的积极性，促进土地资源合理配置、带动土地增值，导致地价上涨。根据对国民经济或地区经济宏观调控的需要，政府可能推行高地价政策，引导地价上涨，也可能实行低地价政策，抑制地价上涨。

(2) 城市规划、土地利用规划、城市发展战略。这些因素决定了一个城市的性质、发展方向和发展规模，还决定城市用地结构、城市景观轮廓线、地块用途、利用程度等。土地被规划为住宅区、商业区、工业区、农业区等不同区域，对不动产价格影响极大。

(3) 税收制度、投资倾斜、优惠政策。不动产税收，可以调节不动产投资者的积极性，抑制不正当的不动产投机，理顺不动产收益分配关系，稳定不动产市场。进行不动产评估时，需考虑不同税种对不动产市场中供需双方的不同影响。国家宏观经济政策向某地区倾斜，会诱发该地区不动产价格上涨。对某一地区在税收、管理等方面的优惠政策，会吸引投资，增加收益，促进不动产价格上涨。

(4) 行政隶属关系变更。一个地区的行政隶属关系发生变更，也会影响其不动产价格水平。行政隶属关系变更包括级别升格和管辖权变更。例如，将非建制镇升格为建制镇，将建制镇升格为市，或将经济落后地区的土地划归经济发达地区管理,都会促进不动产价格水平上涨。

(5) 交通管制。交通管制包括禁止通行,实行单行道及限制通行时间等规定。一般而言,由于交通管制,使该地区道路的通达性及便捷度受到影响,从而降低不动产价格;但在住宅区内禁止货车通行,则可以减少噪声,保持清净和行人安全,会提高不动产价格。

2. 区域因素

区域因素是指某一特定的区域内的自然条件与社会、经济、行政、技术等因素相结合所产生的区域特性,对该区域内的各块土地的价格水平产生影响的因素。这类因素可细分为商服繁华因素、道路通达因素、交通便捷因素、城市设施状况因素和环境因素等。

(1) 商服繁华因素。这是指所在地区的商业、服务业繁华状况及各级商业、服务业中心的位置关系。如果商服繁华度较高,该地区的不动产价格水平也会较高。

(2) 道路通达因素。这是指所在地区道路系统通畅程度,道路的级别(主干道、次干道、支路)越高,该地区的不动产价格水平也较高。

(3) 交通便捷因素。这是指交通的便捷程度,包括公共交通系统的完善程度和公共交通的便利程度。其便捷度越高,不动产价格水平也较高。

(4) 城市设施状况因素。城市设施可以分为三类:①基础设施,主要包括供水、排水、供电、供气、供热和通讯等设施;②生活设施,主要包括学校、医院、农贸市场、银行、储蓄所、邮局等设施;③文体娱乐设施,主要包括电影院、图书馆、博物馆、俱乐部、文化馆等设施。以上三类设施可以用基础设施完善度、生活设施完备度、文体娱乐设施完备度等指标来衡量,这些指标一般都会对不动产价格形成正相关影响。

(5) 环境状况因素。若一个地区绿地较多、公园充足、环境优美,则该地区的不动产价格水平较高;若噪声污染、大气污染、水污染较严重,则不动产价格水平较低。

3. 个别因素

个别因素分为土地的个别因素和建筑物的个别因素。

1) 土地的个别因素

土地因素也叫宗地因素,是宗地自身的条件和特征对该地块价格产生影响的因素。

(1) 区位因素。区位是影响地价的一个非常重要的因素。区位也叫宗地位置。区位有自然地理区位与经济地理区位之别。土地的自然地理区位是固定不变的,但是,其经济地理区位却会随着交通建设和市政设施的变化而变化。当区位由劣变优时,地价会上升;相反,则地价下跌。

(2) 面积因素、宽度因素、深度因素。一般来说,宗地面积必须适宜,规模过大或过小都会影响土地效用的充分发挥,从而降低单位地价。临街宽度过窄,影响土地使用,影响土地收益,从而降低地价;宗地临街深度过浅、过深,都不适合土地最佳利用,从而影响地价水平。

(3) 形状因素。土地形状有长方形、正方形、三角形、菱形、梯形等。形状不规则的土地,不便于利用,从而降低地价。一般认为宗地形状以矩形为佳,但特殊情况下,在街道的交叉口、三角形等不规则土地的地价也可能畸高。

(4) 地力因素、地质因素、地势因素、地形因素。地力又称土地肥沃程度或土地肥力。这个因素只与农业用地的价格有关,土地肥沃,地价就高;相反,地价则低。地质条件决定着土地的承载力。地质条件直接关系到建筑物的造价和建筑结构设计。地质条件对于高层建筑和工业用地的地价影响尤其大。地质条件与地价的关系是正比关系,即地质条件越优,地价越高。地势因素是指该土地与相邻土地的高低关系,特别是与邻近道路的高低关系,一般来说,地势高的宗地地价比地势低的宗地价格高。地形是指地面的起伏形状,一般来说,土地平坦,地价较高;反之,土地高低不平,地价较低。

(5) 容积率因素。该因素也是影响土地价格的主要因素之一。容积率越大,地价越高;反之,容积率越小,地价越低。容积率与地价的关系一般不成线性关系。

(6) 用途因素。土地的用途对地价影响相当大,同样一块土地,规划为不同用途,则地价不相同。一般来说,对于同一宗土地而言,商业用地、居住用地、工业用地的地价是递减的。

(7) 土地使用年期因素。在年地租不变的前提下,土地使用年期越长,地价越高。

2) 建筑物的个别因素

在影响不动产价格的个别因素中,影响土地价格的个别因素和影响建筑物价格的个别因素并不完全相同。以下阐述影响建筑物价格的个别因素。

(1) 面积、结构、材料等。建筑物的建筑面积、居住面积、高度等不同,则建筑物的重建成本也不相同。建筑物的结构及使用的建筑材料的质量也对建筑物的重建成本有影响,从而影响其价格。如果建筑物的面积或高度与基地及周围环境不相协调,该建筑物的价值会大大降低。

(2) 设计、设备等是否良好。建筑物形状、设计风格、建筑装潢应与建筑物的使用目的相适应,建筑物设计、设备是否与其功能相适应,对建筑物价格有很大的影响。

(3) 施工质量。建筑物的施工质量不仅影响建筑物的投入成本,更重要的是影响建筑物的耐用年限和使用的安全性、方便性和舒适性。因此施工质量是否优良,对建筑物的价格亦有很大影响。

(4) 法律限制。有关建筑物方面的具体法律限制,主要是城市规划及建筑法规。如建筑物高度限制、消防管制、环境保护等,评估时应考虑这些法律限制对建筑物价值已经产生和可能产生的影响。

(5) 建筑物是否与周围环境协调。建筑物应当与其周围环境相协调,否则就不是最有效使用状态。建筑物不能充分发挥使用效用,其价值自然会降低。

第二节　不动产评估的市场法

市场法是不动产评估中最常用的基本方法之一,也是目前国内外广泛应用的经典评估方法。市场法又称买卖实例比较法、交易实例比较法、市价比较法、市场资料比较法、市价法等,是将评估对象与在评估时点近期有过交易的类似不动产进行比较,对这些类似不动产的已知价格作适当的修正,以此估算评估对象的客观合理价格或价值的方法。由市场法评估得到的价格,称为比准价格。

一、市场法评估不动产的程序

1. 搜集交易实例

运用市场法评估,应准确搜集大量交易实例,掌握正常市场价格行情。搜集交易实例应包括下列内容:物业名称、坐落、四至、面积、用途、产权状况、土地形状、土地使用期限、建筑物建成日期、建筑结构、周围环境等;成交日期;成交价格,包括总价、单价及计价方式;付款方式;交易情况,主要有交易目的、交易方式、交易税费负担方式、交易人之间的特殊利害关系、特殊交易动机等。

收集不动产交易实例的途径有:查阅政府有关部门关于不动产交易的申报登记资料;查阅各种报纸杂志等媒体上关于不动产租售的信息;以购买不动产者的身份,与经办人和交易当事人洽谈,了解各种信息;通过各类不动产交易展示会,索取资料,掌握信息;同行之间互相提供信息资料。在此基础上,进行实地考察。

2. 选取可比实例

交易实例不等于比较实例,在所选择的交易实例中,只有与待估不动产有相同效用的交易实例才能作为比较实例。所以要根据评估对象状况和评估目的,从搜集的交易实例中选取三个以上的可比实例。选取的可比实例应符合下列要求:

第一,在区位、用途、规模、建筑结构、档次、权利限制等方面与评估对象类似;

其次,成交日期与评估时点相近,尽量选择近期 1 年内成交的不动产作为可比实例;

第三,成交价格为正常价格或可修正为正常价格;
第四,交易类型与评估目的吻合。

3. 建立价格可比基础

选取可比实例后,应对可比实例的成交价格进行换算处理,建立价格可比基础,统一其表达方式和内涵。换算处理应包括下列内容:统一付款方式;统一采用单价;统一币种和货币单位;统一面积内涵和面积单位。其中统一付款方式应统一为在成交日期时一次总付清;不同币种之间的换算,应按中国人民银行公布的成交日期时的市场汇率中间价计算。

4. 进行交易情况修正

进行交易情况修正,应排除交易行为中的特殊因素所造成的可比实例成交价格偏差,将可比实例的成交价格调整为正常价格。一般情况下有下列情形之一的交易实例不宜选为可比实例:有利害关系人之间的交易;急于出售或购买情况下的交易;受债权债务关系影响的交易;交易双方或一方对市场行情缺乏了解的交易;交易双方或一方有特别动机或特别偏好的交易;相邻不动产的合并交易;特殊方式的交易;交易税费为非正常负担的交易;其他非正常的交易。但是,当可供选择的交易实例较少,确需选用上述情形的交易实例时,应对其进行交易情况修正。

5. 进行交易日期修正

进行交易日期修正,应将可比实例在其成交日期时的价格调整为评估时点的价格。交易日期修正直接采用类似不动产的价格变动率或指数进行调整。在无类似不动产的价格变动率或指数的情况下,可根据当地不动产价格的变动情况和趋势进行判断,给予调整。

6. 进行区域因素修正

进行区域因素修正,应将可比实例在其外部环境状况下的价格调整为评估对象外部环境状况下的价格。区域因素修正的内容主要应包括:繁华程度、交通便捷程度、环境、公共配套设施完备程度、城市规划限制等影响不动产价格的因素。区域因素修正的具体内容应根据评估对象的用途确定。进行区域因素修正时,应将可比实例与评估对象的区域因素逐项进行比较,找出由于区域因素优劣所造成的价格差异进行调整。

7. 进行个别因素修正

进行个别因素修正,应将可比实例在其个体状况下的价格调整为评估对象个体状况下的价格。有关土地方面的个别因素修正的内容主要应包括：面积大小、形状、临路状况、基础设施完备程度、土地平整程度、地势、地质水文状况、规划管制条件、土地使用权年限等；有关建筑物方面的个别因素修正的内容主要应包括：建筑面积、成新程度、使用率、装修、设施设备、平面布置、工程质量、建筑结构、楼层、朝向等。个别因素修正的具体内容应根据评估对象的用途确定。进行个别因素修正时，应将可比实例与评估对象的个别因素逐项进行比较，找出由于个别因素优劣所造成的价格差异进行调整。

8. 求出比准价格

选取的多个可比实例的价格经过上述各种修正之后，应根据具体情况计算求出一个综合结果，作为比准价格。上述每项修正对可比实例成交价格的调整不得超过 20%，综合调整不得超过 30%。计算公式为：

$$比较实例的综合修正价格 = 比较实例的成交价格 \times a_i \times b_i \times c_i \times d_i \tag{4-4}$$

其中，a_i 为交易情况修正率；b_i 为交易日期修正率；c_i 为区域因素修正率；d_i 为个别因素修正率。

[**例 4-1**] 要评估一块土地面积为 400 m² 的 2007 年 1 月的价格，选取地块 A 为比较实例。比较实例 A 的面积为 300 m²，2006 年 3 月成交，其成交价为 12 000 元/m²，据分析属不正常交易情况。这一情况对其价格的影响与待估不动产相比估计偏低 4%，其区域因素与待估不动产的区域因素相同；个别因素对比较实例的影响除了面积因素外，其他因素相同，估计在个别因素的面积因素作用下，待估不动产的价格比比较实例的价格高 3%，求比较实例 A 的修正价格。

(1) 交易情况修正：受交易情况的影响，比较实例的价格比待估不动产的价格低 4%，故交易情况的修正率可定为 100/96。

(2) 交易期日的修正：据调查分析，2006 年 3 月以来，该地区的地价平均每月上涨 1%，故比较实例 A 的交易期日修正可定为 110/100。

(3) 区域因素修正：因比较实例的区域因素与待估不动产的区域因素相同，其修正率可定为 100/100。

(4) 个别因素修正：待估不动产的面积比比较实例的面积大，有利于利用，其价格高出比较实例 3%，修正率定为 103/100。因此，

$$比较实例 A 的修正价格 = 12000 \times \frac{96}{100} \times \frac{110}{100} \times \frac{100}{100} \times \frac{103}{100}$$

$$= 14160(元/m^2)$$

对比较实例进行修正，得到的结果只是比较实例的修正价格，而不是待估不动

产的价格。接下来要将比较实例的修正价格转化为待估不动产的价格。在计算出各个比较实例的最终修正价格后,可运用以下各种方法求取待估不动产的价格:

(1) 简单算术平均法。简单算术平均法是指将各个比较实例的最终修正价格相加之和除以比较实例的数目,其结果即为待估不动产的价格。

(2) 加权算术平均法。加权算术平均法是指待估不动产的价格等于各比较实例的修正价格乘以相应的权重,其结果之和即为待估不动产的价格。其中,各比较实例修正价格的权重依可比性、可靠程度、影响程度及修正量的大小而定。

(3) 众数法。众数法是指在求取待估不动产价格时,以最具可比性或出现频率最高的那个比较实例的修正价格为主,其他的比较实例只供参考的一种方法。

(4) 中位数法。将各个比较实例的修正价格由低到高,或者由高到低顺序排列,序号为奇数时,取顺号为中间的那个值为最后结果;序号为偶数时,取顺号中间的两个值的平均值为最后结果。

(5) 综合法。这是综合采用上述各种方法的计算结果而求取待估不动产价格的一种方法。例如,某项目用简单算术平均法求取的结果为 12 606 元/m^2;用加权算术平均法求取的结果为 12 593.9 元/m^2;用众数法求取的结果为 12 600 元/m^2;用中位数法求取的结果为 12 550 元/m^2。从上面 4 个结果发现 4 个结果在 12 600 元/m^2 左右,因此,用综合法求取待估不动产的价格为 12 600 元/m^2。

二、市场法的适用范围

由于市场比较法是以替代原则为理论基础,只要有类似不动产的适合的交易实例即可应用,且具有较强的说服力。而在下列情况下,市场比较法往往难以适用:缺乏不动产交易的地区或不动产交易发生较少的地区;某些类型很少见或交易实例很少的不动产,如古建筑等;一些很难成为交易对象的不动产,如教堂、寺庙等;风景名胜区土地。

应用市场比较法,也必须同时注意该方法的限制条件,才能保证评估结果的客观性和准确性。限制条件主要有:

(1) 近期性。由于市场比较法建立在替代原理基础之上,因此,要求所选取的交易案例必须是近期发生的,否则,就难以满足替代原理存在的条件。只有在同一时段,相同效用的商品才具有相同的价格。否则,即使是同样的物品,在不同时期,价格也不相同。因此所选取的交易案例资料最好是近两年的。

(2) 可替代性。在运用市场比较法时,所选取的交易案例必须与待估不动产具有相似性,如不动产所处的区位条件、建筑物的结构、物业的类型、用途等。这种相似性越大,评估结果就越具有真实性。

(3) 非单一性。从理论上说,交易案例资料越多越好,但是,在现实评估中,寻找类似交易案例是非常困难的。为了消除比较修正过程中出现的各种误差,较好地得到评估结果,一般要求可供比较的交易案例资料至少3个。

(4) 正常性。这是指交易案例必须是正常交易,而不是非正常情况下的交易,如破产拍卖、协议出让等。

(5) 可修正性。这是指对交易案例资料可以通过对有关因素的修正而与待估不动产价格有可比性。如对一些非正常交易进行情况修正,对交易日期进行时间因素修正等。

(6) 合法性。合法性具有两个方面的含义:

第一,所选取的交易案例必须是在法律允许范围之内的,否则,在交易价格上会有很大的差异。如违章建筑物、没有土地使用证的不动产等。

第二,交易案例与待估不动产的适用法律背景基本相似。如规划条件中的土地用途、容积率限制、建筑物高度限制等。

第三节 不动产评估的收益法

评估师运用收益法评估不动产,应当了解以下内容:①不动产应当具有经济收益或潜在经济收益;②不动产未来收益及风险能够准确预测和量化;③不动产未来收益应当是不动产本身带来的收益,与企业收益相区别;④不动产未来收益包含有形收益和无限收益。有形收益是由不动产带来的直接货币收益。无形收益是指不动产带来的间接利益,如安全感、自豪感、提高声誉和信用、增强融资能力等。运用收益法评估出的不动产价格,也称为收益价格。

一、收益法评估不动产的步骤

步骤1 搜集有关收入和费用的资料,估算潜在毛收入。

潜在毛收入是假定不动产在充分利用、无空置状态下可获得的收入,是正常的使用能力或使用方法所获得的收入,是在实践中以现在的收益为基础,参考过去的实绩,考虑将来的发展趋势,并与其他类似不动产的实绩和今后的变化动向作比较进行考察,然后求取安全和确实的收入。

步骤2 估算有效毛收入。

有效毛收入是由潜在毛收入扣除正常的空置、拖欠租金以及其他原因造成的收入损失后所得到的收入。

步骤3 估算运营费用。

运营费用是维持不动产正常生产、经营或使用必须支出的费用及归属于其他资本或经营的收益。估算总费用的依据主要是所有人提供的费用报告和同类不动产的费用。其中,所有人出具的费用报告是从他自身的费用情况出发的,不一定适合待估不动产的情况,其费用要根据该不动产与待估不动产的差距作出修正,因此估算总费用,要根据不同的不动产评估类型及实际情况进行准确合理的测算。

步骤4 估算净收益。

净收益由有效毛收入扣除合理运营费用。净收益应根据评估对象的具体情况计算。

(1) 出租型不动产,净收益为租赁收入扣除维修费、管理费、保险费和税金。租赁收入包括有效毛租金收入和租赁保证金、押金等的利息收入。维修费、管理费、保险费和税金应根据租赁契约规定的租金含义决定取舍。若保证合法、安全、正常使用所需的费用都由出租方承担,应将四项费用全部扣除;若维修、管理等费用全部或部分由承租方负担,应对四项费用中的部分项目作相应调整。

(2) 商业经营型不动产,应根据经营资料计算净收益,净收益为商品销售收入扣除商品销售成本、经营费用、商品销售税金及附加、管理费用、财务费用和商业利润。

(3) 生产型不动产,应根据产品市场价格以及原材料、人工费用等资料计算净收益,净收益为产品销售收入扣除生产成本、产品销售费用、产品销售税金及附加、管理费用、财务费用和厂商利润。

(4) 尚未使用或自用的不动产,可以参照有收益的类似不动产的有关资料按上述相应的方式计算净收益,或直接比较得出净收益。

在求取净收益时,应根据净收益过去、现在、未来的变动情况及可获收益的年限,确定未来净收益流量,并判断该未来净收益流量属于下列哪种类型:每年基本上固定不变;每年基本上按某个固定的数额递增或递减;每年基本上按某个固定的比率递增或递减;其他有规则的变动情形等。

步骤5 选用适当的资本比率。

资本化率分为综合资本化率、土地资本化率、建筑物资本化率,它们之间的关系用公式表示为:

$$r = r_L \times L + r_B \times B \tag{4-5}$$

式中,r 为综合资本化率(%),适用于土地与建筑物合一的评估;r_L 为土地资本化率(%),适用于土地资本评估;r_B 为建筑物资本化率(%),适用于建筑物评估;L 为土地价值占不动产价值的比率(%);B 为建筑物价值占不动产价值的比率(%),L 与 B 之和为100%。

资本化率应按下列方法分析确定:

(1) 市场提取法。搜集市场上三宗以上类似不动产的价格、净收益等资料,选用相应的收益法计算公式,求出资本化率。

(2) 安全利率加风险调整值法。以安全利率加上风险调整值作为资本化率。安全利率可选用同一时期的一年期国债年利率或中国人民银行公布的一年定期存款年利率;风险调整值应根据评估对象所在地区的经济现状及未来预测、评估对象的用途及新旧程度等确定。

(3) 复合投资收益率法。将购买不动产的抵押贷款利息率与自有资本收益率的加权平均数作为资本化率,按下式计算:

$$r = r_m \times m + r_e \times (1-m) \qquad (4-6)$$

式中,r 为资本化率(%);m 为贷款价值比率(%),即抵押贷款额占不动产价值的比率;r_m 为抵押贷款资本化率(%);r_e 为自有资本要求的正常收益率(%)。

(4) 投资收益率排序插入法。找出相关投资类型及其收益率、风险程度,按风险大小排序,将评估对象与这些投资的风险程度进行比较,判断、确定资本化率。

在求得比较实例的资本化率后,需要根据比较实例与待估不动产的区域因素、个别因素差异及交易期日差异对实例的资本化率进行修正。修正资本化率时,需要考虑的因素主要有:物业区位、不动产已使用年数、建筑物质量及使用状况;不动产、土地、建筑物的剩余经济寿命;建筑物与土地价格比率。其中,物业区位是最重要的因素,它对资本化率的影响最大,物业投资的风险、收益增长幅度及投资吸引力均与区位密切相关。不动产及其组成部分的剩余经济寿命、建筑物的个别因素也是重要的影响因素,其差别微小时不需要修正资本化率,其差别大时会影响投资者的收益稳定性及收益期。

步骤 6 合理确定收益期限,选用适宜的计算公式求出收益价格。

(1) 对于建筑物所有权和土地使用权的价值而言,当建筑物剩余经济寿命早于土地使用权剩余期限结束时:

不动产的价值 = 以建筑物剩余经济寿命为收益期限计算的不动产价值
　　　　　　＋建筑物剩余经济寿命结束后的剩余期限土地使用权
　　　　　　在评估基准日的价值 　　　　　　　　　　　　　(4-7)

(2) 当建筑物剩余经济寿命晚于土地使用权剩余期限结束,且土地使用权出让合同中未约定不可续期时:

不动产的价值 = 以土地使用权剩余期限为收益期限计算的不动产价值
　　　　　　＋土地使用权剩余期限结束时建筑物的残余价值算到
　　　　　　评估基准日时的价值 　　　　　　　　　　　　　(4-8)

(3) 当建筑物剩余经济寿命晚于土地使用权剩余期限结束,且土地使用权出让合同已约定不可续期时,以土地使用权剩余期限为房地产的收益期限,选用相应的收益期限为有限年的公式计算不动产的价值。

二、收益法评估不动产需注意的问题

潜在毛收入、有效毛收入、运营费用、净收益均以年度计。评估中采用的潜在毛收入、有效毛收入、运营费用或净收益,除有租约限制的之外,都应采用正常客观的数据。有租约限制的,租约期内的租金宜采用租约所确定的租金,租约期外的租金应采用正常客观的租金。利用评估对象本身的资料直接推算出的潜在毛收入、有效毛收入、运营费用或净收益,应与类似不动产的正常情况下的潜在毛收入、有效毛收入、运营费用或净收益进行比较。若与正常客观的情况不符,应调整修正为正常客观情况。

资本化率应与收益口径相匹配。不同地区、不同时期、不同用途或不同类型的不动产,同一类型不动产的不同权益、不同收益类型,例如期间收益和期末转售收益、基于合同租金的收益和基于市场租金的收益、土地收益和建筑物收益、抵押贷款收益和自有租金收益等,由于风险不同,折现率或资本化率是不尽相同的。

三、收益法应用举例

[例4-2] 估价对象为一写字楼,钢筋混凝土框架结构。土地面积为 10 000 m^2,建筑面积为 50 000 m^2,使用面积为 35 000 m^2,土地使用权年限自 2000 年 6 月 30 日起 50 年,现需要评估该写字楼在 2005 年 6 月 30 日价格。

估价过程如下:该写字楼为收益性不动产,适宜采用收益法评估。经过市场调查分析,该写字楼已经全部租出。目前的契约租金月平均为 250 元/m^2,其中有 50% 面积的租期截止到 2005 年 12 月底,另外 50% 面积的租期截止到 2006 年 6 月底。该写字楼的市场租金应为 300 元/(月·m^2),可出租适宜面积为 32 000 m^2,其余 3000 m^2 为管理人员用房和设备用房。同类物业的市场平均空置率预期将继续保持在 12% 左右。楼内办公家具由出租人提供,原价值 400 万元,经济耐用年限为 10 年,残值率为 2%。日常管理及维修费用每月为 75 万元,房产税为房屋租金(扣除家具部分)的 12%,其他税费约为实际总租金收入的 6%。

第一步 估算 2005 年 6 月 30 日至 2005 年 12 月 30 日期间的有效总收入、有关费用和净收益。

(1) 有效总收入:6×250×32000=4800(万元)

(2) 家具折旧费:0.5×400×(1-2%)/10=19.6(万元)

(3) 日常管理及维护费:75×6=450(万元)

(4) 房产税:(4800-19.6)×12%=573.6(万元)

(5) 其他税费:4800×6%=288(万元)

(6) 净收益:4800-19.6-450-573.6-288=3468.8(万元)

第二步 估算 2006 年净收益。

(1) 有效总收入:

$$32000 \times 0.5 \times 250 \times 6 + 32000 \times 0.5 \times 0.88 \times 300 \times 6$$
$$+ 32000 \times 0.5 \times 0.88 \times 300 \times 12$$

$= 10003.2(万元)$

(2) 家具折旧费：39.2 万元

(3) 日常管理及维修费：900 万元

(4) 房产税：$(10003.2-39.2)\times 12\% = 1195.7(万元)$

(5) 其他税费：600.2 万元

(6) 净收益：7268.1 万元

第三步 估算自 2007 年起每年的净收益。

(1) 有效总收入：$32000\times 0.88\times 300\times 12 = 1017.6(万元)$

(2) 家具折旧费：39.2 万元

(3) 日常管理及维修费：900 万元

(4) 房产税：$(10137.6-39.2)\times 12\% = 1211.8(万元)$

(5) 其他税费：608.3 万元

(6) 净收益：7378.3 万元

第四步 确定折现率。

通过市场比较估算确定折现率为 10%。

第五步 计算不动产价格。

由调查分析可知，该写字楼可以使用到 2050 年 6 月底。2005 年 6 月 30 日的不动产评估总价值为：

$$\frac{3468.8}{(1+10\%)^{0.5}}+\frac{7268.1}{(1+10\%)^{1.5}}+\frac{7378.3\times[(1+10\%)^{43.5}-1]}{10\%\times(1+10\%)^{45}} = 72305(万元)$$

每建筑平方米价格为：$72305\div 5=14461(元)$

第四节　不动产评估的成本法

一、成本法评估不动产的基本原理和步骤

(一) 估价原理和适用范围

成本法是以假设重新复制被估不动产所需要的成本为依据而评估不动产价值的一种方法，即以重置一宗与被估不动产可以产生同等效用的不动产，所需投入的各项费用之和为依据，再加上一定的利润和应纳税金来确定被估不动产价值。一般采用将土地使用权和建筑物分别估算、然后加总的评估方式。采用成本法评估的土地使用权价格通常称为积算价格。

(二) 估价步骤

(1) 收集有关估价对象的邻里环境、宗地特征、建筑物成本、税费、开发利润等资料。

(2) 估算土地使用权的积算价格。

(3) 估算建筑物在全新状态下的重置成本或重建成本。

(4) 估算建筑物的贬值。

(5) 求出不动产价格。积算价格应为重置价格或重建价格扣除建筑物折旧，或为土地的重置价格加上建筑物的现值，必要时还应扣除由于旧有建筑物的存在而导致的土地价值损失。

二、土地评估的成本法

(一) 基本原理

土地作为一种稀缺资源，即便未经开发，由于土地所有权的垄断，适用土地也必须支付地租。同时，由于开发土地投入的资本和利息也构成地租的一部分，因此，成本法评估土地的基本公式为：

$$土地使用权价格 = 土地取得费 + 土地开发费 + 利息 + 利润 + 税费 + 土地增值收益 \tag{4-9}$$

(二) 评估步骤

步骤1 估算土地取得费。

土地取得费是为取得土地而向原土地使用者支付的费用，分为两种情况：

(1) 国家征收集体土地而支付给集体土地所有者的费用，包括土地补偿费、地上附着物和青苗补偿费及安置补助费等。一般认为，土地补偿费中包含一定的级差地租。地上附着物和青苗补偿费是对被征地单位已投入土地而未收回的资金的补偿，类似地租中所包含的投资补偿部分。安置补助费是为保证被征地农业人口在失去其生产资料后的生活水平不致降低而设立的，因而也可以看成具有从被征土地未来产生的增值收益中提取部分作为补偿的含义。

关于征地费用各项标准，《中华人民共和国土地管理法》有明确规定：征收耕地的补偿费用包括土地补偿费、安置补助费以及地上附着物和青苗的补偿费。征收耕地的土地补偿费，为该耕地被征收前3年平均产值的6～10倍；征收耕地的安置补助费，按照需要安置的农业人口数计算。需要安置的农业人口数，按照被征收的耕地数量除以征地前被征收单位平均每人占有耕地的数量计算。每一个需要安置的农业人口的安置补助费标准，为该耕地被征前3年平均年产值的4～6倍。但是,每公顷被征收耕地的安置补助费,最高不得超过被征收前3年平均年产值的15倍。征收其他土地的土地补偿费和安置补助费标准,由各省、自治区、直辖市参照征收耕地的土地补偿费和安置补助费的标准规定。被征收土地上的附着物和青苗的补偿标准,由省、自治区、直辖市规定。征收城市郊区的菜地,用地单位应当按照国家有关规定缴纳新菜地开发建设基金。

按照以上规定支付土地补偿费和安置补助费,尚不能使需要安置的农民保持原有生活水平的,经省、自治区、直辖市人民政府批准,可以增加安置补助费。但是,土地补偿费和安置补助费标准的总和不得超过土地被征收前3年平均年产值的30倍。在特殊情况下,国务院根据社会经济发展水平,可以提高被征收耕地的土地补偿费和安置补助费标准。

(2) 为取得已利用城市土地而向原土地使用者支付的拆迁补偿费用,这是对原城市土地使用者在经济上的补偿,补偿标准各地有具体规定。

步骤2 计算土地开发费用。

一般来说,土地开发费用涉及基础设施配套费、公共事业建设配套费和小区开发配套费。

(1) 基础设施配套费。对于基础设施配套常常概括为"三通一平"和"七通一平"。"三通一平"指:通水、通路、通电,平整地面;"七通一平"指:通上水、通下水、通电、通讯、通气、通热、通路,平整地面。

(2) 公共事业建设配套费用。主要指邮电、图书馆、学校、公园、绿地等设施的费用。这与项目大小、用地规模有关,各地情况不一,视实际情况而定。

(3) 小区开发配套费。同公共事业建设配套费类似,根据各地用地情况确定合理的项目标准。

步骤3 计算投资利息。

投资利息就是资金的时间价值。在土地评估中,投资者贷款需要向银行偿还贷款利息,利息应计入成本;投资者利用自有资金投入,也可以视为损失了利息,从这种意义上看,也属于投资机会成本,也应计入成本。

在用成本法评估土地价格时,投资包括土地取得费和土地开发费两大部分。由于两部分资金的投入时间和占用时间不同,土地取得费在土地开发动工前即要全部付清,在开发完成销售后方能收回,因此,计息期应为整个开发期和销售期。土地开发费在开发过程中逐步投入,销售后收回,若土地开发费是均匀投入,则计息期为开发期的一半。

步骤4 计算投资利润和税费。

投资的目的是为了获取相应的利润,作为投资的回报,对土地投资,当然也要获取相应的利润。该利润计算的关键是确定利润率或投资回报率。利润率计算的基数可以是土地取得费和土地开发费,也可以是开发后土地的地价。计算时,要注意所用利润率的内涵。税费是指土地取得和开发过程中所必须支付的税赋和费用。

步骤5 确定土地增值收益。

土地增值收益主要是由于土地的用途改变或土地功能变化而引起的。由于农地转变为建设用地,新用途的土地收益将远高于原用途土地,必然会带来土地增值收益。由于这种增值是土地所有权人允许改变土地用途带来的,应归土地所有者所有。如果土地的性能发生了变化,提高了土地的经济价值,也能使土地收益能力增加,这个增加的收益,是由于土地性能改变而带来的,同样应归土地所有者所有。目前,土地增值收益率通常为 10%～25%。

(三) 应用举例

[**例 4-3**] 某市经济技术开发区内有一块土地面积为 15 000 m²,该地块的土地征地费用(含安置、拆迁、青苗补偿费和耕地占用税)为每亩 10 万元,土地开发费为每平方公里 2 亿元,土地开发周期为两年,第一年投入资金占总开发费用的 35%,开发商要求的投资回报率为 10%,当地土地出让增值收益率为 15%,银行贷款年利率为 6%,试评估该土地的价值。

解 该土地的各项投入成本均已知,可用成本法评估。

(1) 计算土地取得费。

$$土地取得费 = 10 \text{ 万元}/\text{亩} = 150 \text{ 元}/m^2$$

(2) 计算土地开发费。

$$土地开发费 = 2 \text{亿元}/\text{平方公里} = 200 \text{ 元}/m^2$$

(3) 计算投资利息。土地取得费的计息期为两年,土地开发费为均匀投入,则:

$$土地取得费利息 = 150 \times [(1+6\%)^2 - 1] = 18.54 (\text{元}/m^2)$$

$$土地开发费利息 = 200 \times 35\% \times [(1+6\%)^{1.5} - 1] + 200 \times 65\% \times [(1+6\%)^{0.5} - 1]$$
$$= 6.39 + 3.84 = 10.23 (\text{元}/m^2)$$

(4) 计算开发利润。

$$开发利润 = (150 + 200) \times 10\% = 35 (\text{元}/m^2)$$

(5) 计算土地价值。

$$土地单价 = (150 + 200 + 18.54 + 10.23 + 35) \times (1 + 15\%) = 475.84 (\text{元}/m^2)$$

$$土地总价 = 475.84 \times 15000 = 7137600 (\text{元})$$

三、建筑物评估的成本法

(一) 建筑物重置成本的构成及其测算

1. 建筑物重置成本的构成

1) 土地取得费用

土地取得的途径有征收、拆迁改造和购买等,根据取得土地的不同途径,分别测算取得土地的费用,包括有关土地取得的手续费及税金。

2) 开发成本

开发成本主要由五个方面构成:

(1) 勘察设计和前期工程费:包括临时用地、水、电、路、场地平整费;工程勘察测量及工程设计费;城市规划设计、咨询、可行性研究费、建设工程许可证执照费等。

(2) 基础设施建设费:包括由开发商承担的红线内外的自来水、雨水、污水、煤气、热力、供电、电信、道路、绿化、环境卫生、照明等建设费用。

(3) 房屋建筑安装工程费:可假设为开发商取得土地后将建筑工程全部委托给建筑商施工,开发商应当付给建筑商的全部费用。包括:建筑安装工程费、招投标费、预算审查费、质量监督费、竣工图费等。

(4) 公共配套设施建设费:包括由开发商支付的非经营性用房如居委会、派出所、托幼所、自行车棚、信报箱、公厕等;附属工程如锅炉房、热力点、变电室、煤气调压站等的费用和电贴费;文教卫系统如中小学、文化站、门诊部、卫生所等用房的建设费用。而商业网点如粮店、副食店、菜店、小百货店等经营性用房的建设费用应由经营者负担,按规定不计入商品房价格。

(5) 开发过程中的税费及其他间接费用。

3) 开发利润

利润率应根据开发类似房地产的平均利润率来确定。

4) 管理费用

管理费用主要是指开办费和开发过程中管理人员的工资等。

5) 投资利息

以土地取得费用和开发成本之和作为计算利息的基数。

6) 销售税费

销售税费主要包括:

(1) 销售费用:包括销售广告宣传费、委托销售代理费等。

(2) 销售税金及附加(即两税一费):包括营业税、城市维护建设税、教育费附加。

(3) 其他销售税费：包括应当由卖方负担的印花税、交易手续费、产权转移登记费等。

2. 建筑物重置成本的测算方法

1) 工料测量法

工料测量法又称承包商法（与建筑施工图预算法相似），是四种方法中最费时间和最详细的方法。这种方法要求按建筑成本组成部分和次级组成部分，分项列记出所有的劳动力、原材料等直接成本以及所有间接成本项目。对建筑物其他组成部分的成本用相同的方法进行估价，并加营业费用、利润和其他间接成本就得到总重建成本。应用这种方法的一个问题是，缺乏按过去的建筑方法所需要的劳动工时数的可靠数据资料。应用工料测量法要求有丰富的建筑知识，并熟悉当地劳动法和工作规则。承包商、估价师、建筑承包商在成本估价和准备投标时常用这种方法，所评估的成本是对估价对象建筑物成本的准确反映，但太费时间。估价师在评估大型的、特殊用途不动产的重建成本，且采用其他方法又不可能足够准确时，就采用工料测量法。

2) 分部分项法

该方法首先将估价对象建筑物分成数个分部或分项工程，然后利用建筑工程概算定额查出各分部或分项工程的单位成本，分别乘以各分部分项工程的工程量，得到各分部分项工程的成本，累加求得建筑总成本，再加上间接费、利润等求得重建成本。该方法与建筑概算法相似，虽然不如工料测量法准确，但这种方法仍是详细且高度准确的。开发商和承包商在成本估价时常用此方法。

3) 单位比较法

单位比较法是一种简便、迅速、应用广泛的成本估价法。它将所有直接成本和间接成本相加，然后用一恰当的单位数量（平方米或立方米）去除，即得到单位成本。比较单位成本可从成本服务机构或从标准及相似建筑的实际成本分析中得到。这些成本按类型和建筑特性、规模、形状等特征列表，作为评估参照基准。同其他成本估价法一样，其准确度取决于分析所用资料的质量。比较单位的选择根据不同不动产类型标准而定。通常，对住宅和商业建筑，选用每平方米成本作为比较单位。仓库和工业建筑物用单位立方米成本作为比较单位。由于单位成本会因建筑规模、建筑质量的不同而有差异，所以一般还要根据估价对象建筑物的具体特征情况，对所估算成本作调整。单位比较法虽然不如工料测量法和分部分项法准确，但对有丰富的建筑工程知识和实际经验的估价师来说，也能确保重置成本评估价的可信性。

4) 指数调整法

指数调整法是用适当的建筑物成本指数作为趋势因子，对估价对象建筑物的历史成本加以调整,以得到建筑物的重置成本。这种方法用来评估不能得到可与之比较的成本数据资料情况下的建筑物评估。评估大宗工业不动产时,若用工料测量法和分部分项法准确估算,需花费很长的时间,此时就可以采用指数调整法作概略估算。指数调整法也可用来印证用其他成本估价法得到的结论,它特别适用于建成使用不久的不动产。例如,一座200张床位的普通医院,9年前花费7 853 000元建成(不包括土地、动产、场地改良的成本)。该类不动产建筑成本指数表明,建成至今医院建筑成本已增长68.3%,指数调整法评估的重置成本为:

$$7853000 \times 1.683 = 1321.66(万元)$$

该方法的准确程度取决于对建筑成本指数和历史成本估计的准确性。

(二) 建筑物贬值及其估算

贬值是指建筑物的价值减损。这里所指的贬值与会计中折旧的内涵是不一样的。建筑物的价值减损,一般由两方面因素引起:

(1) 物理化学因素,即因建筑物使用而使建筑物磨损、建筑物自然老化、自然灾害引起的建筑物结构缺损和功能减弱,所有这些因素均导致建筑物价值减损,故这种减损又被称为实体性贬值或有形损耗。

(2) 社会经济因素,即由于技术革新、建筑工艺改进或人们观念的变化,引起建筑设备陈旧落后、设计风格落后,由此引起建筑物陈旧、落后,致使其价值降低,这种减损称为无形损耗。所以从建筑物重置成本中扣除建筑物损耗,即为建筑物现值。

常用的计算实体性贬值额的方法是直线折旧法和成新率法。

1. 直线折旧法

又称定额法,假设建筑物的价值损耗是均匀的,即在耐用年限内每年的贬值额相等,则建筑物每年的贬值额为:

$$D = \frac{C-S}{N} = C \times \frac{1-R}{N} \qquad (4-10)$$

式中,D 为年贬值额;C 为建筑物的重新建造成本;S 为建筑物的净残值,即建筑物在达到耐用年限后的剩余价值扣除旧建筑物拆除、清理等处理费用后所剩余的价值;N 为建筑物的耐用年限;R 为建筑物的残值率,即建筑物的净残值与重新建造成本的比率。

确定住宅用途建筑物实体性贬值时,根据《中华人民共和国物权法》(2007)第149条的规定,应当考虑土地使用权自动续期的影响,按照建筑物的经济寿命年限确定其贬值额。经济耐用年限应根据建筑物的建筑结构、用途和维修保养情况,结合市场状况、周围环境、经营收益状况等综合判断。

当建筑物经济寿命早于土地使用期限结束时,按照建筑物经济寿命计算贬值。如在出让土地上建造的普通商品住宅,土地使用权出让年限为 70 年,建设期为 2 年,建筑物经济寿命为 50 年,此时应当按照 50 年(建筑物经济寿命)计算建筑物贬值。

当建筑物经济寿命晚于土地使用期限结束时,分为在土地使用权出让合同中未约定不可续期和已约定不可续期两种情况。

(1) 对于在土地使用权出让合同中未约定不可续期的,应当按照建筑物经济寿命计算建筑物贬值。如一幢在出让土地上建造的商城,土地使用权出让年限为 40 年,建设期为 3 年,建筑物经济寿命为 60 年,此时应当按照 60 年计算建筑物贬值。

(2) 对于在土地使用权出让合同中已约定不可续期的,应当按照建筑物经济寿命减去其晚于土地使用期限的那部分寿命后计算建筑物贬值。如一幢旧厂房改造的超级市场,在该旧厂房建成 6 年后补办了土地使用权出让手续,土地使用权出让年限为 40 年,建筑物经济寿命为 50 年,此时,建筑物的经济寿命晚于土地使用期限的那部分寿命为 4 年,因此,应当按照 46 年计算建筑物贬值。

2. 成新率法

成新率法是根据建筑物的建成年代、新旧程度、功能损耗等,确定建筑物的成新率,直接求取建筑物的现值。其计算公式为:

$$建筑物价值 = 重置成本 \times 成新率 \qquad (4-11)$$

无论采用上述哪种方法求取建筑物现值,评估师都应亲临评估对象现场,观察、鉴定建筑物的实际新旧程度,根据建筑物的建成时间,维护、保养、使用情况,以及地基的稳定性等,确定贬值额或成新率。

四、成本法适用范围

(1) 成本法特别适用于不动产市场发育不成熟、成交实例不多,无法利用市场法、收益法等方法进行评估的情况。

(2) 对于既无收益又很少有交易情况的支付办公楼、学校、医院、图书馆、军队营房、博物馆、纪念馆、公园、新开发地等特殊性的不动产评估也比较适用。

(3) 适应于对抵押贷款、不动产拍卖的"底价"和拆迁不动产补偿等特殊不动产的评估。

(4) 适应于全新或基本全新的不动产价格的评估。新开发土地和新建不动产采用成本法评估,一般不应扣除贬值,但应考虑其工程质量和周围环境等因素给予适当修正。

第五节　不动产评估的假设开发法

一、假设开发法的基本原理和适用范围

(一) 基本原理

假设开发法也称剩余法、倒算法或预期开发法,是预计评估对象开发完成后的价值,扣除预计的正常开发成本、税费和利润等,以此估算评估对象的客观合理价格或价值的方法。其基本理论依据是古典经济学的地租剩余理论。计算公式为:

$$\text{地价} = \text{不动产开发总价值} - \text{除土地价格以外的不动产开发总成本} \\ - \text{开发商合理利润} - \text{正常税费} \quad (4-12)$$

式中,

(1) 不动产开发总价值主要是指房屋等建筑物的预期销售收入,可根据房屋等建筑物建成后的预期单方销售价格与销售面积(一般指建筑面积)计算。即:

$$\text{房屋等建筑物的预期销售收入} = \text{预期单方售价} \times \text{建筑面积} \quad (4-13)$$

建筑面积则可根据土地面积与容积率计算。即:

$$\text{建筑面积} = \text{土地面积} \times \text{容积率} \quad (4-14)$$

(2) 整个开发项目的开发成本是指除土地价格以外的房屋等建筑物的开发建设成本,包括土地开发费、房屋等建筑物的建筑成本以及期间费用。

(3) 土地开发费指计入土地转让价格的基础设施费用。一般可根据土地面积和单方开发费用进行计算。这部分投资应通过不动产的销售转让获得补偿。

(4) 建筑成本指房屋等建筑物的建筑工程成本,包括前期工程费用、房屋建筑安装工程费用以及公共配套设施费用。期间费用,包括筹资费用、管理费用和销售费用三项。

(5) 正常利润指不动产开发建设、转让销售应该取得的一般利润。从总额看,正常利润包括不动产的开发建设利润和转让销售利润两部分。

现实评估中,常用的具体计算公式为:

$$\text{地价} = \text{预期楼价} - \text{建筑费} - \text{专业费} - \text{销售费用} - \text{利息} - \text{税费} - \text{利润} \quad (4-15)$$

(二) 适用范围

假设开发法适用于下列不动产的评估:

(1) 待开发土地的评估。用开发完成后的不动产价值减去建筑费、专业费等。

(2) 将生地开发成熟地的土地评估。用开发完成后的熟地价减去土地开发费用。

(3) 待拆迁改造的再开发地产评估。此时的建筑费还应包括拆迁费用。

二、假设开发法评估步骤

步骤1 调查待开发不动产的基本情况。

(1) 调查土地的限制条件，如土地政策的限制，城市规划、土地利用规划的制约等。

(2) 调查土地位置，掌握土地所在城市的性质及其在城市中的具体坐落位置，以及周围土地条件和利用现状。

(3) 调查土地面积大小和土地形状、地质状况、地形地貌、基础设施状况和生活设施状况以及公用设施状况等。

(4) 调查不动产利用要求，掌握城市规划对此宗地的规划用途、容积率、覆盖率、建筑物高度限制等。

(5) 调查此地块的权利状况，包括权利性质、使用年限、能否续期、是否已设定抵押权等。这些权利状况对确定开发完成后的不动产价值、售价及租金水平有着非常密切的关系。

步骤2 确定被估不动产最佳的开发利用方式。

根据调查的土地状况和不动产市场条件等，在城市规划及法律法规等限制所允许的范围内，确定地块的最佳利用方式，包括确定用途、建筑容积率、土地覆盖率、建筑高度、建筑装修档次等。在选择最佳的开发利用方式中，最重要的是选择最佳的土地用途。土地用途的选择，要与不动产市场的需求相结合，并且需要进行合理的预测。最佳的开发利用方式决定开发完成后销售时能获得最高的收益。

步骤3 预测不动产售价。

根据所开发不动产的类型，对开发完成后的不动产总价，可通过两个途径获得：

(1) 对于出售的不动产，如居住用商品房、工业厂房等，可采用市场比较法确定开发完成后的不动产总价。

(2) 对于出租的不动产，如写字楼和商业楼宇等，其开发完成后不动产总价的确定，首先采用市场法，确定所开发不动产出租的净收益，再采用收益法将出租净收益转化为不动产总价。具体确定时需要估计以下几个要点：①单位建筑面积月租金或年租金；②不动产出租费用水平；③不动产还原利率；④可出租的净面积。其中，租金水平可依据类似不动产而确定。

[例 4-4] 根据当前不动产市场的租金水平,与所开发不动产类似的不动产未来月租金净收益为 300 元/建筑平方米,该类不动产的资本化率为 8%,总建筑面积 5000 m²,出租率为 80%,则所开发不动产的总价可确定为(假设房屋收益年期为无限年期):

$$300 \times 12 \times 5000 \times 80\% \times 1/8\% = 18000(万元)$$

步骤 4 估算各项成本费用。

(1) 估算开发建筑成本费用。开发建筑成本费用(包括直接工程费、间接工程费、建筑承包商利润等)可采用比较法来测算,即通过当地同类建筑物当前平均的或一般建造费用来测算,也可通过建筑工程概预算的方法来估算。

(2) 估算专业费用。专业费用包括建筑设计费、工程概预算费用等,一般采用建造费用的一定比率估算。

(3) 确定开发建设工期,估算预付资本利息。开发建设工期是指从取得土地使用权一直到不动产全部销售或出租完毕的这一段时期。根据等量资本要获取等量利润的原理,利息应为开发全部预付资本的融资成本,不仅是建造工程费用的利息,还应包括土地资本的利息。不动产开发的预付资本包括地价款、开发建造费、专业费和不可预见费等,即使这些费用是自有资金,也要计算利息。这些费用在不动产开发建设过程中投入的时间是不同的。在确定利息额时,必须根据地价款、开发费用、专业费用等的投入额、各自在开发过程中所占用的时间长短和当时的贷款利率高低进行计算。例如,预付地价款的利息额应以全部预付的价款按整个开发建设工期计算,开发费、专业费假设在建造期内均匀投入,则利息以全部开发费和专业费为基数,按建造期间计算。若有分年度投入数据,则可进一步细化。如建造期 2 年,第一年投入部分计息期为一年半,第二年投入部分计息期为半年等。开发费、专业费在建设竣工后的空置及销售期内应按金额全期计息。

(4) 估算税金。税款主要指建成后不动产销售的营业税、印花税、契税等,应根据当地政府的税收政策估算,一般以不动产总价的一定比例计算。

(5) 估算开发完成后的不动产租售费用。租售费用主要指用于建成后不动产销售或出租的中介代理费、市场营销广告费、买卖手续费等,一般以不动产总价或租金的一定比例计算。

步骤 5 确定开发商的合理利润。

开发商的合理利润一般以不动产总价或预付总资本的一定比率计算。投资回报利润率的计算基数一般为地价、开发费和专业费三项,销售利润率的计算基数一般为不动产售价。

步骤 6 估算待估对象价值。

在运用公式求取待估对象价值时需注意待估对象所对应的时点。

三、应用举例

［例 4-5］ 有一宗"七通一平"的待开发建筑用地，土地面积为 2000 m²，建筑容积率为 2.5，拟开发建设写字楼，建设期为两年，建筑费为 3000 元/m²，专业费为建筑费的 10%，建筑费和专业费在建设期内均匀投入。该写字楼建成后即出售，预计售价为 9000 元/m²，销售费用为楼价的 2.5%，销售税费为楼价的 6.5%，当地银行年贷款利率为 6%，开发商要求的投资利润率为 10%。试估算该宗地目前的单位地价和楼面地价。

分析 现已知楼价预测值和各项开发成本及费用，可用假设开发法评估。

(1) 计算楼价：

$$2000 \times 2.5 \times 9000 = 45000000(元)$$

(2) 计算建筑费和专业费：

$$建筑费 = 3000 \times 2.5 \times 2000 = 15000000(元)$$

$$专业费 = 建筑费 \times 10\% = 15000000 \times 10\% = 1500000(元)$$

(3) 计算销售费用和税费：

$$销售费用 = 45000000 \times 2.5\% = 1125000(元)$$

$$税费 = 45000000 \times 6.5\% = 2925000(元)$$

(4) 计算利润：

$$利润 = (地价 + 建筑费 + 专业费) \times 10\%$$
$$= (地价 + 16500000) \times 10\%$$

(5) 计算利息：

$$利息 = 地价 \times [(1+6\%)^2 - 1] + (15000000 + 1500000) \times [(1+6\%)^1 - 1]$$
$$= 0.1236 \times 地价 + 990000$$

(6) 求取地价：

$$地价 = 45000000 - 16500000 - 1125000 - 2925000$$
$$- 0.1 \times 地价 - 1650000 - 0.1236 \times 地价 - 990000$$

得

$$地价 = 21810000 / 1.2236 = 17824452(元)$$

(7) 评估结果：

单位地价 = 17824452/2000 = 8912(元/m²)

楼面地价 = 8912/2.5 = 3565(元/m²)

第六节 不动产评估的基准地价修正法

一、基准地价的概念、特点和作用

基准地价是按照城市土地级别或均质地域分别评估的商业、工业、住宅等各类用地和综合土地级别的土地使用权的平均价格。基准地价是分不同用途的特定区域的土地使用权平均价格，通常有区片价和路段价两种表现形式。

1. 基准地价的特点

(1) 全域性。城市内的任何一个区域，应有至少一种用途类型的基准地价。
(2) 区域性。可以是级别区域或区段，以区片价和路段价形式反映某种用途的土地使用权价格。
(3) 平均性。基准地价反映的是一个区域中土地收益或土地租金、价格的平均水平。
(4) 差异性。同一区域内的不同利用类型的土地，有不同的基准地价标准。
(5) 有限性。基准地价是有限年期的土地使用权价格。
(6) 基准地价反映的是单位土地面积的地价。
(7) 时效性。基准地价只反映一定时间的价格标准，通常每隔1年要进行更新。

2. 基准地价的作用

(1) 为国家调控和指导不动产市场服务。
(2) 为政府征税和参与土地有偿使用收益分配提供客观依据。
(3) 为土地的出让、转让服务。
(4) 是应用其他评估方法评估不动产价格的基础。
(5) 引导土地资源在行业部门间合理配置。

二、基准地价的评估依据、原则和思路

1. 评估基准地价的依据

(1) 土地收益是基准地价评估的基础。
(2) 考虑各行业对土地质量的不同要求。

(3) 以最佳位置和边际效益为假设。

(4) 考虑土地利用的相对合理性。

2. 评估基准地价的原则

(1) 时点原则。评估出来的基准地价是以评估时点实际存在的土地利用现状为主，据这一时点反映土地收益高低和支付地租、地价的能力。但对局部区域，可在假设条件下，评估出潜在的基准地价标准。

(2) 近似原则。划分地价区段时，要坚持用途相似、地段相连、地价相近的原则，根据城市条件和市场状况，调查评估出各地价区段在某一评估时点的平均水平价格。

(3) 采用土地使用价值评价和土地收益、地租、地价评估相结合的原则。土地使用价值决定人们对某一类型或地块的需求程度，而市场的供求关系和经济政策决定地价水平的高低，在正常和完善的市场条件下，相同使用价值的土地地域类型，在同一市场供需范围内，应具备相同的价格和同样可能的市场成交价格。

3. 评估基准地价的基本思路

(1) 直接评估思路。指通过直接利用地价高低的空间分布规律确定土地级别达到评估基准地价目的的思路。这种评估思路，直接依据不动产市场中发生的交易案例资料，通过各点位地价的测算来确定土地级别，然后再评估基准地价。它适合在市场经济发达、不动产交易案例众多且分布广的城市的基准地价评估。

(2) 间接评估思路。即不直接依靠地价高低分布资料，而是通过对影响土地质量优劣即土地级别高低的各种因素的调查、分析和计算，用多因素综合评判法，结合其他方法确定土地级别，在此基础上，利用已有的市场交易等资料，运用各种评估地价的方法来评估各样本点的地价，进而确定各级别的基准地价。这种评估思路适合于土地市场不很发达、不动产实例不多的城镇。

(3) 混合型评估思路。这种思路是直接思路和间接思路的组合，即通过对影响土地质量优劣的各种因素分析及其计算，用多因素综合评定法或多因素专家评判法等方法，初步确定土地级别，用地价高低分布规律来校核初步定级结果，两者结合最终确定土地级别，在此基础上确定土地基准地价。该思路既考虑影响土地价格的定性因素，又根据城市不动产市场的交易价对定级结果进行验证和修正，结果较准确。特别适合于土地市场不很发达、交易实例不多、时间要求紧的城镇基准地价的评估。

三、基准地价修正法评估的步骤

步骤1 搜集土地定级估价成果资料。

定级估价成果资料是采用基准地价修正法评估宗地的不可缺少的基础资料。主要包括：土地级别图、基准地价图、样点地价分布图、基准地价表、基准地价修正系数表和相应的因素条件说明表等。

步骤2 确定修正系数表。

根据被估宗地的位置、用途、所处的土地级别、所对应的基准地价，确定相应的因素条件说明表和因素修正系数表，以确定地价修正的基础和需要调查的影响因素项目。调整修正的前提是土地级别、用途、权益性质等要素一致。这是能够正确使用基准地价修正法评估土地使用权价值的关键。

步骤3 调查宗地地价影响因素的指标条件。

按照与被估宗地所处级别和用途相对应的基准地价修正系数表和因素条件说明表中所要求的因素条件，确定宗地条件的调查项目，调查项目应与修正系数表中的因素一致。调查项目通常包括交易日期、区域因素、个别因素、使用年期、开发程度等。宗地因素指标的调查，应充分利用已收集的资料和土地登记资料及有关条件，不能满足需要的，应进行实地调查采样，在调查基础上，整理归纳宗地地价因素指标数据。

步骤4 制定被估宗地因素修正系数。

根据每个因素的指标值，查对相对应用途土地的基准地价影响因素指标说明表，确定因素指标对应的优劣状况；按优劣状况再查对基准地价修正系数表，得到该因素的修正系数。对所有影响宗地地价的因素都同样处理，即得到宗地的全部因素修正系数。

步骤5 确定被估宗地使用年期修正系数。

基准地价对应的使用年期，是各用途土地使用权的最高出让年期，而具体宗地的使用年期可能各不相同，因此必须进行年期修正。土地使用年期修正系数可按下式计算：

$$\gamma = \frac{1-\frac{1}{(1+r)^m}}{1-\frac{1}{(1+r)^n}} \qquad (4-16)$$

式中，γ 为宗地使用年期修正系数，r 为土地资本化率，m 为被估宗地可使用年期，n 为该用途土地法定最高出让年期。

步骤6 确定期日修正系数。

基准地价对应的是基准地价评估基准日的地价水平，随时间迁移，土地市场的地价水平会有所变化，因此必须进行期日修正，把基准地价对应的地价水平修正到宗地地价评估基准日的地价水平。期日修正一般可以根据地价指数的变动幅度进行。

步骤7 确定容积率修正系数。

这是一个非常重要的修正系数。基准地价对应的是该用途土地在该级别或均质地域内的平均容积率,各宗地的容积率可能各不相同,同时容积率对地价的影响也非常大,并且在同一个级别区域的,各宗地的容积率的差异甚至很大,因此,一定要重视容积率的修正。也就是说,必须将区域平均容积率下的地价水平修正到宗地实际容积率水平下的地价。

步骤8 评估宗地地价。

依据前面的分析和计算得到的修正系数,按下式求算待估宗地的地价水平。

$$\text{被估宗地地价} = \text{待估宗地所处地段的基准地价} \times \text{年期修正系数} \times \text{期日修正系数} \times \text{容积率修正系数} \times \text{其他修正系数} \quad (4-17)$$

第七节 企业价值评估中的不动产评估

《资产评估准则——不动产》(2007)第34条指出,企业所拥有的不动产通常在存货、投资性房地产、固定资产、在建工程以及无形资产等科目中核算。这里的存货是指正在开发或已开发形成,以对外销售为目的的不动产;投资性房地产是指已出租的土地使用权、持有并准备增值后转让的土地使用权、已出租的建筑物。固定资产是以自用为目的的不动产;在建工程是以自用为目的的正在建设开发,或开发后未进行竣工决算及财务结算的不动产;无形资产主要指土地使用权。

在进行企业价值评估中的不动产评估时,评估师首先应当关注企业经营方式及不动产实际使用方式对不动产价值的影响,并结合企业价值评估的价值类型合理设定不动产评估的假设前提和限制条件。当确定企业评估的价值类型后,企业各资产组成的价值定义也相应确定,不动产评估的相关假设前提和限制条件与之存在联系,受到价值类型定义的影响。当企业处于正常经营和正常的市场环境中时,企业所长期拥有的资产要素的价值主要体现为在用价值。如果在不动产评估过程中,出现明显背离或不考虑企业价值类型的所设定的不动产评估假设前提或限制条件是不合理的。

企业价值评估中,作为存货的房地产、投资性房地产和自用房地产的价值影响因素存在差异。在企业经营过程中的不动产效用,即不动产对企业经营效益的贡献方式是存在差异的,这种效用的差异直接影响不动产的价值。评估师在进行企业价值评估中的不动产评估时,应当分析不动产的财务核算方式以及是否存在不动产未结合同和尚未支付款项,明确不动产的评估价值内涵与实际的支出、尚未发生的支出之间的关系,避免重复计算或者漏算。不动产作为企业整体资产的一个组成部分,在企业财务核算中的不动产价值与单独的不动产价值可能存在差异,特别是在建工程、存货科目中的不动产。这主要是由于合同约定、付款进度、财务核算方式和不动产实际状况的差异造成的。不动产作为企业资产的组成部分,在企业价值评估中的不动产评估值受其对企业贡献程度的影响。例如,当企业所拥有的作为企业经营场所的不动产,会在市场交易条件下形成对企业更有利的价值实现时,企业可能以变化经营场所为代价,而将现有的不动产调整为租赁经营或在市场交易的资产,当然这样的调整与变化应当是符合相关法规、政策条件并获得允许的情况下的。

对于企业价值评估中的溢余不动产,评估师应当考虑不动产的持有目的、收益状况和实现交易的可能性,采用恰当的评估方法,合理确定其评估价值。

案　　例

评估对象为××有限公司位于 C 市××开发区工业用途不动产(土地为出让)。该公司因需以评估对象不动产向法院提供财产担保,委托××评估机构对该不动产的公开市场价值进行评估,评估基准日为 2007 年 5 月 30 日。该案例采用房地分估然后加总的方法对不动产价值进行评估。

一、基本情况

(一) 评估对象概况

此次委托评估的是位于 C 市××开发区内的工业用不动产。

1. 评估对象的登记和权属状况。

根据委托方提供的不动产权证及评估师实地查勘,评估对象产权状况如下:

　　　　权利人:　　××有限公司
　　　　坐落:　　　××路××号
　　　　土地权属性质:国有出让
　　　　土地用途:　　工业
　　　　地号:　　　　(略)
　　　　土地使用期限:19××-××-××至20××-××-××止
　　　　土地总面积:　32 045 m²
　　　　建筑面积:　　7962 m²
　　　　房屋类型:　　工厂
　　　　建筑结构:　　钢混

未发现评估对象有抵押或其他权利限制现象,目前处于正常使用状态。

2. 评估对象四至情况及土地利用状况。

评估对象位于工业区内,土地等级属 C 市基准地价十级地段。评估对象四至:东为建设中工业标准厂房,西为××路,北为××路,南为×××有限公司。

评估土地上已建设总建筑面积为 7962 m² 的厂房,评估对象属大型现代化标准工业厂区,厂区道路为水泥地坪,路面平整,能承载大型货车,绿化种植有序,厂区周围有集中绿化带。

(二) 影响因素说明

1. 个别因素分析。

(1) 建筑物状况。根据实地勘察,建筑物状况如下:

该建筑属于标准厂房,现浇钢筋混凝土基础、柱、梁、板。一砖厚外墙和内墙,外墙刷白色外墙涂料,内墙石灰砂浆抹灰乳胶漆面层。楼地面为 600×600 地砖,银色铝合金门窗。卫生间马赛克地面,白瓷砖墙裙 1.5 m 高,顶棚刷乳胶漆。室内装日光灯,有吊风扇装置,并有动力系统线路,配有货电梯两台。

评估物业于 2000 年 7 月经市政府有关部门验收后交付使用,保养较好,未经过所有权转移。建筑成本、开发、征地补偿等均有凭证资料,并已正式转为固定资产投资。

(2) 厂区内状况。评估对象属于大型现代化厂区,厂区道路为水泥地坪,路面平整,能承载大型货车,绿化种植有序,厂区周围有集中绿化带。

(3) 交通条件。评估对象距机场 52 km,距火车站 45 km,距离 107 国道 50 km,距离高速公路 20 km,距离码头 15 km,评估对象的交通条件较好。

(4) 基础设施状况。评估对象红线外具备道路、上水、下水、电力、通讯、供气等基础设施条件。基本生产、生活设施完善。

2. 区域因素。

评估对象所在的工业区位于 C 市的南郊,地势平坦,土地肥沃,资源丰富,江岸线长 15.2 km,港口码头等设施齐全,开发前景广阔。

近年来该地块已开发为市级工业区,工业区管委会招商引资,开拓国内外市场,逐步形成机电设备、汽车配件、IT 产业等一批新型支柱产业框架,全区经济已进入适度和相对平稳发展的轨道,区内海关、商检、外汇银行、国际货运、国际商务等机构俱全。

该工业区水陆交通便捷,与机场、火车站、公路和码头距离均在半小时车程内。

3. 市场背景分析。

由于 C 市的投资环境较好,使得国内多家大、中型企业落户该工业区,其经济活动趋于频繁,投资增加,进出口业务量的增加,使厂房类物业需求将会增加,对其价格产生刺激作用,估计近期其价格将会稳步上升。

二、评估值定义

本次评估所揭示的是××有限公司位于 C 市××开发区的不动产(建筑总面积 7962 m²,土地总面积 32 045 m²)在满足全部假设和限制条件下,于评估基准日的公开市场价值。

三、评估方法的选择

1. 评估技术路线和评估方法。

根据委托方确定的评估目的以及可以收集到的资料,采取适宜的评估方法。评估对象所在区域及附近区域,存在较多与评估对象类似用途、规模、标准的土地近期成交实例,但缺乏与评估对象类似用途、规模、标准的不动产近期交易实例,故采用房地分估的评估方法,即对土地采用市场比较法评估,对建筑物采用成本法评估,然后土地使用权价格与建筑物价格之和即为评估值。

2. 市场比较法。

市场比较法是将评估对象与在评估时点近期有过交易的类似不动产进行比较,对这些类似不动产的已知价格作适当的修正,以此估算评估对象的客观合理价格或价值的方法。即评估人员通过市场调查,选择了三个属于同一供需圈、房屋类型一致的交易案例作为参照物,然后,经过评估人员对案例的实地勘察,对交易情况、交易日期、区域因素和个别因素分别进行比较和修正,计算得出评估对象不动产在评估期日的比准价格,用算术平均法求得评估对象土地为工业用地、出让方式获得、熟地状态(红线外"六通一平")在评估期日的市场价格。

3. 成本法。

成本法是求取评估对象在评估时点的重置价格或重建价格,扣除贬值,以此估算评估对象的客观合理价格或价值的方法。即根据委托方提供和评估人员实地勘察收集的资料,以C市同类地区建筑行业造价信息中典型工程建安费为依据,运用类比法将评估对象与典型工程的差异因素进行比较分析,增减调整后确定评估对象建筑物的建安费,在此基础上加上必要的管理工程费、专业费、管理费、利息、利润和税金,得出建筑物的重置成本,按其成新率得出评估对象建筑物的现时价格。

四、评估技术说明

(一) 土地使用权价值估算(市场比较法)

1. 计算公式。

评估对象比准价格=比较案例价格×交易日期修正指数×交易情况修正指数×区域因素修正指数×个别因素修正指数

2. 比较实例选择。

选择比较案例时,根据评估对象情况,应符合以下要求:用途相同、交易类型相同、属于正常交易、与评估期日接近、区域及个别因素相近。

3. 评估对象不动产价格测算。

本次评估,选择了与评估对象条件类似的三个交易案例作为比较实例。

(1) 评估对象和交易实例土地因素条件描述见表4-1。

表 4-1 土地比较因素条件说明表

对象 因素条件		待估土地	实例 A	实例 B	实例 C
土地区域等级		十级	十级	十级	十级
交易日期			2007.3	2007.3	2007.3
交易单价(元/m²)			297	311	289
交易情况			正常	正常	正常
区域因素	道路级别	主干道××公路	主干道××公路	主干道××公路	主干道××公路
	产业聚集度	较高	一般	较高	较小
	距火车站、机场、码头距离	距火车站较远，机场、码头较近	距火车站较远，机场、码头较近	距火车站、机场较远，码头较近	距火车站较远，机场、码头较近
	环境状况优劣度	较好	较好	较好	较好
个别因素	容积率	小于 1	小于 1	小于 1	小于 1
	使用年限	假设 50 年	50 年	50 年	50 年
	宗地自然条件	地势平坦，适于建厂	地势平坦，适于建厂	地势平坦，适于建厂	地势平坦，适于建厂
	宗地临路条件	临主干道	临主干道	临主干道	临主干道
	宗地面积	较大，适宜建大型厂房	较大，适宜建大型厂房	较大，适宜建大型厂房	较大，适宜建大型厂房
	宗地形状	矩形，较规则	矩形，较规则	矩形，较规则	矩形，较规则
	市政配套齐全度	红线外，"六通一平"	红线外，"六通一平"	红线外，"六通一平"	红线外，"六通一平"

(2) 编制比较因素条件指数表。

以评估对象土地的各因素条件为基础,相应指数为 100,将交易实例相应因素条件与评估对象相比较,确定相应的指数,详见表 4-2。

表 4-2 土地比较因素条件指数表

比较因素	待估不动产	实例 A	实例 B	实例 C
交易日期	100	100	100	100
交易情况	100	100	100	100

续 表

	比较因素	待估不动产	实例A	实例B	实例C
区域因素	道路级别	100	100	100	100
	产业聚集度	100	97	100	95
	距火车站、机场、码头距离	100	102	100	102
	环境状况优劣度	100	100	100	100
个别因素	容积率	100	100	100	100
	使用年限	100	100	100	100
	宗地自然条件	100	100	100	100
	宗地临路条件	100	100	100	100
	宗地面积	100	100	100	100
	宗地形状	100	100	100	100
	市政配套齐全度	100	100	100	100

(3) 交易实例修正后的土地价格（比准价格）。

经比较修正，交易实例修正后达到评估对象条件时的价格，详见表4-3。

表4-3 土地比较因素修正系数表

	比较因素	实例A	实例B	实例C
	市场销售单价(元/m²)	297	311	289
	交易日期	100/100	100/100	100/100
	交易情况	100/100	100/100	100/100
区域因素	道路级别	100/100	100/100	100/100
	产业聚集度	100/97	100/100	100/95
	距火车站、机场、码头距离	100/102	100/100	100/102
	环境状况优劣度	100/100	100/100	100/100
个别因素	容积率	100/100	100/100	100/100
	使用年限	100/100	100/100	100/100
	宗地自然条件	100/100	100/100	100/100
	宗地临路条件	100/100	100/100	100/100
	宗地面积	100/100	100/100	100/100
	宗地形状	100/100	100/100	100/100
	市政配套齐全度	100/100	100/100	100/100
	修正后的单价(元/m²)	300	311	298

(4) 评估对象土地价格的确定(假设50年使用权)。

对上述3个交易实例经因素条件修正后的比准价格,采用简单算术平均计算得出评估对象土地的评估单价,即:

$$评估对象土地评估单价 = (300+311+298)/3$$
$$= 303 元/m^2$$

约合20.2万元/亩。

(5) 估算评估对象土地现状的市场单价和总价。

评估对象土地为1998年3月出让取得,使用年限为50年,工业用途,使用期限自1998年3月9日至2048年3月8日止,尚可使用年限为40.83年。通过以下公式对评估对象土地进行年期修正,计算年期修正系数为:

$$R_y = \frac{1-1/(1+r)^n}{1-1/(1+r)^N}$$

式中,R_y为年期修正系数,r为土地折现率,取$r=6\%$,n为土地剩余有效使用年限(40.83年),为土地法定最高使用年限(工业用地50年)。

经计算,$R_y = 0.96$,则:

$$评估对象土地评估单价 = 303 \times 0.96 = 291 元/m^2$$

$$评估对象土地总价 = 32045 \times 291 = 9325095 元$$

(二) 建筑物及构筑物评估(成本法)

1. 建安费测算。

经现场勘察,获悉评估对象现状如下:

现浇钢筋混凝土基础、柱、梁、板。一砖厚外墙和内墙,外墙刷白色外墙涂料,内墙石灰砂浆抹灰乳胶漆面层。楼地面为600×600地砖,银色铝合金门窗。卫生间马赛克地面,白瓷砖墙裙1.5m高,顶棚刷乳胶漆,屋面三元乙丙橡胶防水卷材。室内装日光灯,有吊风扇装置。配有自动防灾报警系统并有动力系统线路,管道有聚氯乙烯给水管、塑料排水管。配有货电梯两台。

根据以上建筑物的特点,查阅近期有关资料,该地区当时的建设成本为1100元/m^2(含室内外装修)。

2. 室外工程费。

每平方米取45元。

3. 增容及管理工程费。

每平方米取102元。

4. 专业费。

专业费包括前期规划、可行性研究、勘察、设计咨询等费用,考虑评估对象的具

体特点,专业费取 5%。即:

$$专业费 = 1100 \times 5\% = 55(元/m^2)$$

5. 建设单位管理费。

考虑评估对象的具体特点,取建设单位管理费为 3.5%。即:

$$建设单位管理费 = 1100 \times 3.5\% = 39(元/m^2)$$

6. 贷款利息。

根据"建设工期定额"及评估对象建设特点,综合确定该项目建设期为 1 年,年贷款利息按中国人民银行公布的一年期贷款利率 5.31%。

$$利息 = (建安费 + 室外工程费 + 增容及管理工程费 + 专业费$$
$$+ 建设单位管理费) \times 工期(年) \times 年贷款利息$$
$$= (1100 + 45 + 102 + 55 + 39) \times 1 \times 5.31\% = 71(元/m^2)$$

7. 利润。

根据目前不动产市场一般状况,该类型不动产开发平均利润率在 10%~15% 之间,本评估项目利润率取 10%。

$$利润 = (建安费 + 室外工程费 + 增容及管理工程费 + 专业费$$
$$+ 建设单位管理费) \times 利润率$$
$$= (1100 + 45 + 102 + 55 + 39) \times 10\% = 134(元/m^2)$$

8. 营业税及附加。

该市营业税及附加为 4.32%。

$$营业税及附加 = (建安费 + 室外工程费 + 增容及管理工程费 + 专业费$$
$$+ 建设单位管理费 + 利息 + 利润) \times 4.32\%$$
$$= (1100 + 45 + 102 + 55 + 39 + 71 + 134) \times 4.32\%$$
$$= 67(元/m^2)$$

9. 建筑物重置价值。

$$建筑物重置价值 = 建安费 + 室外工程费 + 增容及管理工程费 + 专业费$$
$$+ 管理费 + 利息 + 利润 + 营业税及附加$$
$$= 1100 + 45 + 102 + 55 + 39 + 71 + 134 + 67$$
$$= 1613(元/m^2)$$

10. 建筑物价格。

根据建筑物的用途和实际维护状况,以及建筑物不同的竣工年月,确定综合成新率时,以观察法为主,并考虑建筑物功能性、实体性和经济性损耗进行综合修正后,待估物业综合成新率为 90%。运用如下公式确定评估值:

建筑物价值 = 建筑物重置价值 × 综合成新率 = 1613 × 90% = 1452(元/m^2)

经测算,建筑物价值合计为 11 560 824 元。

(三) 评估对象不动产价值确定

评估对象不动产评估值 = 土地价格 + 建筑物价格
$$= 932.51 + 1156.08 = 2088.59(万元)$$

五、评估结论

本次评估根据评估目的,遵循评估原则和程序,以掌握的有关标的物的信息资料为依据,经评估,××有限公司位于 C 市××开发区××路××号的不动产(建筑面积 7962 m^2 以及相应土地面积 32 045 m^2,转让方式获得土地,工业用途,开发程度为红线外"六通一平")在评估时点 2007 年 5 月 30 日的评估值为人民币 2088.59 万元,大写人民币贰仟零捌拾捌万伍仟玖佰元整(其中:土地面积 32 045 m^2,评估值为人民币 932.51 万元;建筑面积 7962 m^2,评估值为人民币 1156.08 万元)。

小结

本章系统介绍了不动产的概念、特点、分类,阐释了不动产评估的原则、程序,分析了不动产价格体系及影响不动产价格的因素,重点讲述了不动产评估的成本法、市场法、收益法、假设开发法、基准地价修正法的基本原理、主要步骤和适用范围,描述了企业价值评估中的不动产评估的主要内容和应注意的问题。

中英文关键术语

不动产	real estate, real property
不动产评估	real estate appraisal, property valuation
类似不动产	similar property
最高最佳使	highest and best use
市场比较法	market comparison approach, sales comparison approach
收益法	income approach, income capitalization approach
成本法	cost approach
假设开发法	hypothetical development method, residual method
基准地价	land datum value

习 题

一、选择题

1. 待估建筑物账面原值150万元,竣工于1998年底,假定1998年的价格指数为100%,1999~2003年的价格指数每年增长幅度分别是11.7%、17%、20.5%、6.9%、4.8%,2003年年底该建筑物的重置成本最有可能是(　　)万元。
   A. 2650　　　　B. 265　　　　C. 2410　　　　D. 241

2. 对于建筑物的过剩功能,在评估时可考虑按(　　)处理。
   A. 功能性贬值　　　　　　　　B. 建筑物增值
   C. 经济性贬值　　　　　　　　D. 经济性溢价

3. 房地产评估收益法公式:房地产价格=纯收益/资本化率,其成立的前提条件是(　　)。
   A. 纯收益每年不变　　　　　　B. 资本化率固定
   C. 收益期限为法定最高年限　　D. 收益年限为无限期

4. 运用市场法评估地上建筑物部分时,选择的参照物应该在(　　)方面与待估资产大致相同。
   A. 外观　　　B. 结构　　　C. 用途　　　D. 坐落位置

5. 不动产指的是(　　)。
   A. 地产　　　　　　　　　　　B. 桥梁、涵洞等构筑物
   C. 空调　　　　　　　　　　　D. 房产

6. 建筑物重置成本中的前期费用中包括了(　　)。
   A. 可行性研究费　　　　　　　B. 勘察、设计费
   C. 土地出让金　　　　　　　　D. 场地平整费

7. 引起建筑物功能性贬值的因素主要有(　　)。
   A. 政策变化　　　　　　　　　B. 使用强度不够
   C. 市场不景气　　　　　　　　D. 用途不合理

8. 影响房地产价格的一般因素包括(　　)。
   A. 商业繁华程度　　　　　　　B. 经济发展因素
   C. 交通因素　　　　　　　　　D. 城市规划及开发战略

9. 城镇土地的基准地价是(　　)。
   A. 某时点城镇土地单位面积价格
   B. 某时期城镇土地单位面积价格
   C. 某时点城镇区域性土地平均单价

D. 某时期城镇区域性土地平均单价

10. 土地"三通一平"是指（　　）。
   A. 通水、通热、通路、平整地面　　B. 通水、通路、通电、平整地面
   C. 通水、通路、通气、平整地面　　D. 通气、通电、通讯、平整地面

11. 土地使用权按土地不同用途规定相应的最高出让年限，下列各项关于：①居住用地；②工业用地；③教育、科研、文化、卫生、体育用地；④商业、旅游、娱乐用地；⑤综合或其他用地，最高出让年限正确的是（　　）。
   A. 70、50、50、40、50　　　　　　B. 70、50、50、40、40
   C. 60、50、50、40、50　　　　　　D. 60、50、40、40、50

12. 某宗土地的单价为 10 000 元/m²，规划容积率为 8，建筑密度为 0.5，则其楼面地价为（　　）元/m²。
   A. 5000　　　B. 1250　　　C. 800　　　D. 20 000

二、简答题

1. 不动产评估的原则是什么？
2. 市场法评估不动产的应用步骤是什么？
3. 收益法评估不动产的步骤是什么？
4. 简述假设开发法的基本评估思路和操作程序。
5. 影响不动产评估价格的因素有哪些？
6. 简述基准地价修正法的基本评估思路和步骤。

三、计算分析题

1. 某房屋建筑面积为 1200 m²，同类型房屋标准新建单价为 970 元/m²，但该房屋装修好，调整增加 1%；设备配备齐全，增加 2%；地段、层次、朝向增加 1.5%，其他情况同于标准房屋。经现场评定，该房屋为七成新。根据上述情况，评估该房屋价值。

2. 房地产的总使用面积为 1 万平方米，月租金为 7 元/m²。预计年房租损失费为年预期租金总收入的 5%，房产税为年预期租金总收入的 12%，管理费、维修费为年预期租金总收入的 6%，房屋财产保险费为 0.3 万元/年。预计该房地产尚可使用 10 年，折现率为 12%。计算该房地产评估值。

3. 某开发区拟出让一宗已完成"六通一平"的土地，面积 1 万平方米。该开发区每亩征地开支平均 5 万元。完成 1 平方公里开发需投入 2 亿元。一般征地完成后，"七通一平"的周期为 2 年，且第 1 年的投资占总开发投资的 40%，全部土地投资回报率为 20%，土地出让增值收益率为 20%。当地银行年贷款利率 10%，试估算出让该宗土地的单位面积地价和总地价。

4. 待估宗地为"六通一平"的待建筑空地，已得到规划许可修建写字楼，允许总建筑面积 8000 m²，土地使用权年限为 50 年。现拟招标出让。某开发公司拟参

与此项投标,要求估算其目前所能投标的最高地价额。相关资料如下:据该开发公司市场调查及可行性分析,该项建设开发期2年,取得土地使用权后即可开工,建成后即可对外出租,出租率约为90%,租金预计300元/(m^2·年),年出租费为年租金的25%。建筑费、专业费预计1000元/m^2,建筑费、专业费第1年投入总额的40%,第2年投入余额。目前借贷资金年利率12%,当地不动产综合还原率为8%。该开发公司要求的总利润不低于所开发不动产总价的15%。

第五章

资源性资产评估

学习目标 了解资源性资产的概念、性质,熟悉资源性资产评估的特点、资源性资产价格的构成和相应的评估方法,掌握矿产资源和森林资源的特点及评估方法。

第一节 资源性资产概述

一、自然资源及其分类

资源指的是一切可被人类开发和利用的物质、能量和信息的总称,它广泛地存在于自然界和人类社会中,是一种自然存在物或能够给人类带来财富的财富。或者说,资源就是指自然界和人类社会中一种可以用以创造物质财富和精神财富的具有一定量的积累的客观存在形态,如土地资源、矿产资源、森林资源、海洋资源、石油资源、人力资源、信息资源等。

自然资源是自然界中人类可以直接获得的用于生产和生活的物质要素。因而自然资源是指在现代技术经济条件下,自然环境中能被人类利用并能为人类当前和未来生存与发展所需的一切物质和能量。如土地、海洋、草地、森林、野生动植物、矿藏、水资源、阳光、地质遗迹资源等。那些已被发现但不知其用途,又不能用现代科学技术提取的,或虽然有用,但与需求相比因数量过大而没有稀缺性的物质(如空气等)不能称为自然资源,而是自然物。按照研究角度和目的的不同,根据自然资源的自然属性、经济属性和生态属性,可对自然资源进行多种分类。

根据自然资源在开发过程中是否能再生,可分为可再生资源与不可再生资源、耗竭性资源与非耗竭性资源。

● 可再生资源与不可再生资源

可再生资源指在短时期内可以再生,或是可以循环使用的自然资源,又称可更新资源。主要包括生物资源(可再生)、土地资源、水资源、气候资源等。后三者是可以循环再现和不断更新的资源。

不可再生资源是人类开发利用后,在相当长的时间内,不可能再生的自然资源。主要指自然界的各种矿物、岩石和化石燃料,例如泥炭、煤、石油、天然气、金属矿产、非金属矿产等。这类资源是在地球长期演化历史过程中,在一定阶段、一定地区、一定条件下,经历漫长的地质时期形成的。与人类社会的发展相比,其形成非常缓慢,与其他资源相比,再生速度很慢,或几乎不能再生。人类对不可再生资源的开发和利用,只会消耗,而不可能保持其原有储量或再生。其中,一些资源可重新利用,如金、银、铜、铁、铅、锌等金属资源;另一些是不能重复利用的资源,如煤、石油、天然气等化石燃料,当它们作为能源利用而被燃烧后,尽管能量可以由一种形式转换为另一种形式,但作为原有的物质形态已不复存在,其形式已发生变化。

● 耗竭性资源与非耗竭性资源

耗竭性资源主要是指矿产资源,是经过漫长的地质过程形成的,随着人类的开发和利用,其绝对数量和质量有明显的减少和下降的迹象,是不可再生的资源。

非耗竭性资源基本上是由环境要素构成的,在合理开发和利用的范围内,人类可以永续利用。非耗竭性资源可分为三种:

(1) 恒定的非耗竭性资源。不受或基本不受人为因素的影响,具有恒定特性,如气候资源和海洋动力资源。

(2) 可再生的非耗竭性资源。在人为因素的干预下发生增减变化,虽然数量减少,但可以恢复,如生物资源。森林资源只要适度采伐就可以不断更新,不会导致资源枯竭。

(3) 不可再生的非耗竭性资源。土地资源只要合理利用,就可以永续使用,如果不合理开发,就会造成沙化、盐碱化、荒漠化。

按照资源的性质,从自然资源与人类的经济关系,可划分为环境资源、生物资源、土地资源、矿产资源和景观资源等。

● 环境资源

包括阳光、空气、天然水等,这类资源为非耗竭性资源。

● 生物资源

包括森林资源、牧草资源、动物资源和海洋生物资源等。生物资源吸收了流动的太阳能和水资源,消耗土壤的养分。在太阳能量一定、生物繁殖能力一定,以及人类合理利用和保护的条件下,生物资源是可以再生的。

● 土地资源

土地资源是由地形、土壤、植被、岩石、水文和气候等因素组成的一个独立的自然综合体。

● 矿产资源

矿产资源是经过一定的地质过程形成的,赋存于地壳或地壳上的固态、液态或气态物质,包括各种能源和各种矿物等。矿产资源包括陆地矿产资源和海洋矿产资源,陆地矿产资源包括金属矿产资源、能源矿产资源和非金属矿产资源;海洋矿产资源包括滨海砂矿、陆架油气、深海沉积矿床等。

- 景观资源

主要指自然景物、风景名胜等,能够为人们提供游览、观光、知识、乐趣、度假、探险、考察研究等,一般是附在其他资源之上而存在的。

二、资源性资产的性质

资源性资产是在现有的认识和科学水平条件下,通过开发和利用,能够为产权主体带来一定的经济利益的自然资源。资源性资产具有自然属性、经济属性和法律属性。

1. 自然属性

1) 天然性

自然资源是天然形成的,由自然物质组成的,最初完全是由自然因素形成的,处于自然状态。随着人类对自然干预能力的加强,部分资源性资产表现为人工投入与天然生长的共同性。

2) 有限性和稀缺性

资源的有限性和稀缺性表现为三个方面:

(1) 资源性资产的数量是有限的,人类活动使某些自然资源的数量减少,枯竭或耗尽。

(2) 自然资源和自然条件的退化或质变。

(3) 自然资源的生态结构、生态平衡被破坏。如石油资源随着开发利用,其储量将一点点地减少。

3) 生态性

各种资源如太阳、大气、地质、水文、生物等构成了一个复杂的体系,形成特定的生态结构,构成不同的生态系统。不同的资源间相互依存,具有一定的生态平衡规律。若毫无顾忌的开采利用资源,会导致这些资源的枯竭;以超自然净化能力的速度排放废物会使生态系统的平衡被破坏,从而导致某些自然资源难以持续利用。

4) 区域性

资源性资产在地域上的分布不均衡,存在显著的数量上或质量上的地域差异。我国各种能源资源在地域分布上都具有不同程度的不平衡性,如石油、天然气资源集中在东北、华北(包括山东)和西北,合占全国探明储量的86%,集中程度高于煤炭。储量最大的省区是黑龙江(占全国31.8%)、山东(18.6%)、辽宁(12.7%)和京津冀(12.7%),其次是新疆(8.1%)、河南(4.4%)等。

2. 经济属性

（1）自然资源具有使用价值，是经济发展的基础。由于自然资源具有使用价值与物质效用，自然资源能够转化为经济资源，成为人类的生活资料和生产资料。经济的发展必然要消耗一定的资源，所以自然资源是人类发展的物质基础，全部物质财富必须以自然资源为物质基础，其相对丰度影响着经济发展速度。

（2）资源性资产价值能够以货币计量。资源性资产能够用实物单位计量外，还可以用价值量表示，这是资源性资产评估的基础，对于无法用货币计量的自然资源，如空气、太阳光等就不能成为资产。

（3）资源性资产具有收益性。只有具有经济价值的自然资源才能成为资产，没有经济价值或在当今知识与技术条件下尚不能确定其他经济利用价值的资源不能成为资产。

3. 法律属性

（1）资源性资产必须能够为特定的产权主体所拥有和控制。资源性资产产权在法律上具有独立性。

（2）资源性资产的使用权可以依法交易。我国实行资源性资产的所以权和使用权相分离的制度，法律上不允许资源性资产的所有权转让，但是使用权可以依法交易。

三、资源性资产评估及其特点

资源性资产评估是对资源性资产价值的估算。资源性资产评估，不仅为国民经济资源价值核算服务，还可以在资源性资产产权的出让、转让，资产经营、抵押、环保等经济活动中，为有关权益各方包括国家、企业等，提供专业服务。资源性资产评估的基本方法有三种，即收益法、成本法、市场法，但在具体方法应用和参数确定上，不同类型的资源性资产具有派生的适合各类资源性资产评估的特定方法。目前在资源性资产评估的理论研究中，对土地资源资产、矿产资源资产、森林资源资产和水资源资产的评估研究较为深入。

资源性资产由于独特的自然、经济和法律属性，因而与其他资产相比，资源性资产的评估具有一定的特点。

1. 资源性资产价格是自然资源的使用权价格

我国的自然资源大部分属于国家所有，只有一部分属于集体所有，如矿产资源和大部分森林资源属于国家所有，并行使所有权和使用权相分离的制度。由于法律不允许资源性资产的所有权转让，因此资源性资产评估的对象，不是物质实体本身,而是资源性资产的使用权。

2. 资源性资产一般受资源的区位影响较大

由于资源性资产的有限性、稀缺性和区域性,资源资产价格受自然资源所在区位影响很大。

3. 资源性资产评估须遵循自然资源形成和变化的客观规律

资源条件包括资源的质量品质、资源的现存开采条件和产地至销地的运输距离和运输条件。资源性资产类别多种多样,不同资产其资源条件、经营方式、市场供求等各不相同。如矿产资源是经过一定的地质过程形成的;森林资源是一种生物资源;矿山企业对矿产资源开发利用,对矿业权的经营;森林企业的经营生产过程等都有自身的客观规律。因此在资产评估中要充分了解资源性资产实体和资产使用权的专业特点,以便合理评估资源性资产的价值。

四、资源性资产价格的构成和评估方法

1. 资源性资产价格的构成

资源性资产评估有三种价格:资源补偿价格、资源性资产的地租租金化价格、资源性资产的底价。

1) 资源补偿价格的构成

资源的补偿价格是指维持资源的再生产或开发替代资源,以及补偿资源保护、开发的追加劳动所需要的价格。主要包括以下因素:

(1) 再生资源的再生产费用。自然再生资源的再生费用主要是与保护资源相关的各项费用,如开发矿藏所支付的土地复垦费。而依靠人工再生的资源,其再生产应包含人工再生产的一切费用。

(2) 替代资源的开发费用。不可再生资源的可用量是有限的,迫于特有需求的压力,人们必须开发替代资源。替代资源的开发费用,在该不可再生资源服务人类的使用期限内适当地计提,这对于保持人类的均衡发展是十分必要的。

(3) 损失补偿费。资源性资产在转让时往往会使转让方受到直接的损失和不便,此时受让方应给予补偿。

资源性资产的补偿价格汇总可用下式计算:

$$\begin{pmatrix}\text{资源性资产}\\\text{的补偿价格}\end{pmatrix} = \sum \left[\begin{pmatrix}\text{补偿价格的}\\\text{各构成要素}\end{pmatrix} \times \begin{pmatrix}\text{该构成要素}\\\text{的计费标准}\end{pmatrix} \right] \pm \text{调整系数} \quad (5-1)$$

式中,资源性资产补偿价格的各项构成有的按实际发生数计算,有的由国家明确规定,国家没有定价的,应按公允价格计算。

2) 资源性资产地租本金化价格的评估方法

资源性资产地租本金化价格,就是将资源性资产的级差地租与绝对地租适用的本金化率还原成本金的价格。资源性资产地租本金化价格的评估方法:将资产剩余使用时间的预期收益,按照一定的本金化率折现,计算资产价格。其基本计算公式如下:

$$资源性资产的地租资本化价格 = 收益额/资本化率 \qquad (5-2)$$

(1) 资本化率的确定。一般采用社会平均资金利用率。

(2) 收益额的确定。资源性资产收益额的确定通常有两种方法:一是根据资源补偿价格并考虑国家对节约资源的加价等因素确定收益额;二是先计算绝对收益,再资本化。根据资源性资产的平均利润率与社会平均利润率的率差确定。

3) 资源性资产的底价

资源性资产的底价是剩余超额利润的资本化价格,它与地租资本化价格不同的是:不是以绝对地租以及级差地租计算所形成的资本化价格,而是以中等品级资源为准计算出来的产品价格,在扣除一切耗费、利税、利息及高于中等品级的超额利润之后,求得资源本身固有的效用价值的价格。由于扣除项的计算很复杂、繁琐,所以资源性资产底价均按国家规定的价格计算。

2. 评估方法

1) 资源性资产补偿价格的评估

资源性资产补偿价格构成因素及计费标准,除实际发生的外,通常由国家法规加以规范,其中主要有森林法、草原法、渔业法、矿产资源法、水法、野生动物保护法等。评估资源性资产补偿价格时,首先要实地勘察评估对象,再根据有关法规和被估对象的实际情况,确定补偿价格的构成要素、计费标准和方法,最后汇总评定其补偿价格。

2) 资源性资产收益现值的评估

资源性资产收益现值的评估,关键是评估所带来的超额收益,其最有效的方法是收益法或开发销售法。在实行开发许可证、特许权有偿贸易的制度下,也可按市价比较法来确定。无论采取何种评估方法,都要依据对资源性资产的勘察资料,评定资源的等级情况,确定其开发成本和收益。

第二节　矿产资源性资产的评估

矿产资源性资产是我国国有资产的重要组成部分,也是资源性资产的一个大类,对它的评估进行专门的探讨具有重要的意义。矿产资源性资产属于不可再生资源,在某一地区范围内,在一定的技术经济条件下,某种矿产资源在被开发利用过程中会日趋枯竭,甚至完全耗尽。因此,通过加强对矿产资源资产的评估,贯彻有偿使用的原则,可以促进矿产资源的合理开发和有效应用。

一、矿产资源性资产

矿产资源性资产在未探明之前是一种未知的、没有确定使用价值的自然资源——矿藏,经过地质勘探部门的地质调查、地质普查、地质勘探,查明地质储量、开采储量、设计储量、远景储量后,才能进入社会生产,成为社会创造使用价值的矿产资源性资产。它包括储量性矿产资源性资产、新发现矿产地、水源性资源性资产以及工业用油气探采井等资源性资产。它们是人类生产和生活的重要资源,也是国民经济与发展的基础性资源。

按照我国矿产法规定,矿产资源属国家所有,由国务院行使矿产资源的所有权,矿产资源性资产评估为国有资产评估的重要组成部分。

二、影响矿产资源性资产价值的因素

影响矿产资源性资产价值的因素是多方面的。影响矿产资源性资产价值的因素大体上分为矿藏本身自然条件和开采利用时后天人为因素两大类,每类均有多方面影响因素。

矿藏本身自然条件中,矿藏资源的储量差异决定着企业生产规模、矿产产品生产过程中的机械化与自动化水平、开采年限、矿山服务年限。矿藏的地理位置对矿产资源资产价值的影响也很大,矿藏距离加工消费地的远近和运输条件的优劣,会影响企业的生产成本。矿产资源性资产在被开发利用过程中的后天因素有生产之前勘察过程中各项费用的投资,如勘察费、土地复耕费、矿产资源转让方的实际损失等,这些都是影响矿产资源性资产价格的因素。

三、矿产资源性资产的评估对象

市场经济中矿产资源资产的评估对象可分为两大类:一是国家向勘探开发经营者转让矿权时,对矿权转让费的评估;二是对拥有矿权的勘探开发经营者的矿产储量资源资产的评估。在我国,由于长期以来矿藏勘探由国家财政拨款进行,因此,对国家矿权转让的评估可分为两种:一种是以全部矿权为评估对象,即包括探矿权和采矿权;另一种是仅以采矿权为评估对象。对取得矿权的勘探开发经营者所拥有的储量资源资产而言,由于存在勘探与开采分开经营的情况,因此也存在仅以勘探成果为评估对象的评估。

四、矿产资源性资产的评估方法

矿产资源资产评估需求很广,但主要需求是产权交易和经营活动,其评估对象多是探矿权和采矿权。适合探矿权、采矿权的评估方法目前有 9 种,其中适合采矿权评估的有贴现现金流量法和可比销售法;适合高精度勘察阶段探矿权评估的有约当投资——贴现现金流量法、成本法、前景系数法、地勘加和法;适合低精度勘察阶段探矿权评估的有地质要素评序法、联合风险勘察协议法、粗估法。

1. 贴现现金流量法

贴现现金流量法是根据国际上的 DCF(Discounted Cash Flow)分析法原理,估算被评估资产的未来预期收益,采用反算切割出剩余价值,并折算成现值,借以确定资产价值的一种评估方法。根据矿山企业现有设计的矿山设备、生产条件和方案等,预测矿山企业在预测收益期内各年开发利用矿产资源所取得的预期收益额,扣除生产收益成本和税费等后折算成现值,即为开采权的价值。其计算公式为:

$$P = \sum_{t=1}^{n}[(W_{at} - W_{bt})/(1+r)^t] \qquad (5-3)$$

式中,P 为采矿权价值;W_{at} 为年剩余利润额;W_{bt} 为社会平均收益额;r 为折现率,且:

$$W_{at} = 年销售收入 - 年经营成本 - 年资源补偿费 - 资源税金 - 其他税金 \qquad (5-4)$$

$$W_{bt} = 年销售收入 \times 社会销售收入平均利润率 \qquad (5-5)$$

贴现现金流量法的使用条件为:①具有审批机构批准的地质勘探报告;②具有储量审批机构批准的矿产储量报告;③已开采的矿产,还应具有储量审批机构核准的矿产保有储量报告;④初建矿山应具备矿山项目建设可行性报告;⑤具有完备的探矿权人、采矿权人投资财务决策报告资料。

贴现现金流量法适用于以下交易目的的矿产资源评估:二级转让市场的买断性转让;合资、合作性转让;闭坑、破产清算;出租、抵押采矿权;在勘察工作结束后放弃优先采矿权的探矿权转让。

2. 可比销售法

可比销售法是利用已知转让的采矿权成交价及可比的技术经济参数,与被评估的采矿权相对应的参数进行对比,从而评定被评估采矿权转让价的一种方法。评估时是将被评估的采矿权所具备的经济的、地质的、采选矿的各类信息差异要素,与参照的采矿权上述信息差异要素进行对比,由专家评判,得出差异要素评判值,通过加权平均,最后得出差异要素调整系数,如表 5-1 所示。然后利用调整系数计算被评估的采矿权价值。

表 5-1 差异调整系数差异要素评判表

项目		被评估采矿权	参照的采矿权
交通条件(25%)	公路类型	3	4
	与国道距离	2	5
	距火车站距离	1	5
	距市中心距离	2	4
	距公共设施距离	1	4
自然条件(20%)	地形环境	3	3
	水源状况	4	2
	气候环境	3	5
	土地状况	2	2
经济环境(25%)	劳动力状况	3	4
	供电供气状况	1	1
	农业状况	2	2
	所在地国民收入	3	3
	地方经济政策	3	3
地质采选条件(30%)	埋藏深度	3	5
	矿床工业类型	5	5
	矿石选冶性能	4	5
	水文、工程地质条件	3	3
	开采方式	4	4
	采选规模	8	6

可比销售法计算公式为:

$$P = P_X \times \mu \times \xi \times \phi \times \theta \quad (5-6)$$

式中,

P 为采矿权价值;

P_X 为参照的采矿权成交价格;

μ 为规模调整系数, $\mu = \dfrac{Q_{jb}}{Q_{js}}$, 其中, Q_{jb} 为被评估采矿权探明储量, Q_{js} 为参照的采矿权探明储量;

ξ 为品位调整系数, $\xi = \dfrac{C_{pb}}{C_{ps}}$, 其中, C_{pb} 为被评估采矿权精矿平均品位, C_{ps} 为参

照的采矿权精矿平均品位；

ϕ 为价格调整系数，$\phi = \dfrac{B_a}{B_s}$，其中 B_a 为被评估采矿权采用的矿产品价格，B_s 为参照的采矿权当时采用的矿产品价格；

θ 为差异要素调整系数，$\theta = \dfrac{A_b}{A_s}$，其中，$A_b$ 为被评估采矿权差异要素评判总值，A_s 为参照的采矿权差异要素评判总值。

应用可比销售法时，要对参照的采矿权价格进行矿床规模差异调整、品位调整、矿产品价格调整、采矿权差异要素调整。其中：

$$规模调整系数\ \mu = \frac{被评估的采矿权探明储量}{参照的采矿权探明储量} \quad (5-7)$$

$$品位调整系数\ \xi = \frac{被评估的采矿权精矿平均品位}{参照的采矿权精矿平均品位} \quad (5-8)$$

$$差异要素调整系数\ \theta = \frac{被评估的采矿权差异要素评判总值}{参照物的采矿权差异要素评判总值} \quad (5-9)$$

运用可比销售法应符合以下条件：

(1) 资源条件。在市场调查中，要坚持寻找矿种相同、自然成因类型相同、工业类型相似的参照采矿权，规模可以不要求一致。同时，为了准确对比分析被评估采矿权与参照采矿权的差异，要求矿石品位、有用有害成分的构成、采选性能等参数清晰、准确。

(2) 市场条件。参照采矿权成交价是在正常交易下形成的，成交时间、成交地点、使用情况、预期效果以及有关资料完备、可靠。

3. 约当投资——贴现现金流量法

约当投资——贴现现金流量法评估探矿权价值，是通过对新探矿权人未来开采投入的全部资产的未来预期收益现值进行估算，按原探矿人和新探矿人投资的比例对预期收益现值进行分割后，以原探矿人分割所得的预期收益现值来确定探矿权的评估价值。因此，约当投资——贴现现金流量法并不是直接对探矿权资产的未来预期收益进行估算。

第一步 贴现现金流量法的计算原理，计算新探矿权人资产收益现值。

$$W = \sum_{t=1}^{n}\left[W_t \cdot \frac{1}{(1+r)^t}\right] \quad (5-10)$$

式中，W 为资产收益现值；W_t 为第 t 年的收益额；r 为资本化率；n 为计算年限，且：

$$W_t = 年销售收入 - 年经营成本 - 年资源补偿费 - 资源税金 - 其他税金$$
(5-11)

第二步 计算原探矿权人、新探矿权人投资现值。原探矿权人投资现值 T_Y 可采用成本法计算,新探矿人的投资现值 T_X 可采用贴现法计算。

$$T_X = \sum_{t=1}^{n}\left[T_t \times \frac{1}{(1+r)^t}\right]$$
(5-12)

式中,T_X 为新探矿权投资累计现值;T_t 为第 t 年的投资值;n 为投资年限。

第三步 计算探矿权评估价值。其计算公式为:

$$P = \frac{T_Y}{T_Y + T_X} \times W$$
(5-13)

式中,P 为探矿权评估价值;T_Y 为原探矿权人投资现值;T_X 为新探矿权人投资现值。

4. 成本法

探矿权评估的成本法与一般资产评估的成本法基本相同,是在现行技术条件下,采用新的价格费用标准,获得的与被评估的探矿权具有相同勘探效果的探矿权重置价值,扣除技术性贬值来评估探矿权净值的方法。根据探矿权的地质勘察特点,主要采用有效实物工作量计算重置价值,其他投入按分摊的办法处理。其计算公式为:

$$P = P_b \cdot (1+f) \cdot (1-\xi) = \sum_{i=1}^{n}[U_{bi} \times P_{ui}] \cdot (1+\varepsilon) \cdot (1+f) \cdot (1-\xi)$$
(5-14)

式中,P 为勘探权评估值;P_b 为勘探权资产重置全价;f 为地勘风险系数,ξ 为技术性贬值系数;U_{bi} 为各类地勘实物工作量;P_{ui} 为相对应的各类地勘实物工作量现行价格;n 为地勘实物工作量项数;ε 为其他地质工作、综合研究及编写报告、岩矿实验、工地建筑等四项费用分摊系数。

运用成本法评估探矿权应符合以下条件:①具备地质勘察报告;②具备详细的各类勘察实物工作量原始记录;③具备各项勘察实物工作量的费用标准;④各类勘察实物工作量要有明确的使用背景和目的,以及详细的地质状况和各类指标描述;⑤可以不具备矿产储量。

5. 前景系数法

根据一般资产评估普遍采用的成本法评估原理,结合探矿权的实际情况,参考国外"勘察费用倍数法"评估"探矿权内在价值"的机理,趋于与国际接轨的构思,设计出适合于我国探矿权评估的前景系数法。前景系数的含义是显示被评估的探矿权勘察区内,找矿前景期望值的大小。期望值越高,前景系数就越大。因此,期望值的高低就成为确定前景系数的关键。根据评估的假设条件必须遵守地质客观规律、资源经济规律和预测的原则,首先要肯定凡是出让转让的勘察区,都具有一定的找矿前景,都有前景系数,只不过前景系数大小不同而已,不存在有与没有的问题。

一般资产评估的成本法是反映评估日期现实市场物价水平的一种方法。它是基于资产的价值取决于资产成本的原理,原始成本越高,其价值也就越高,反之则小,两者在质和量的内涵上是一致的。探矿权评估的前景系数法也是反映评估日期现实市场物价水平的一种成本法。它是基于资产的价值取决于资产成本的原理,但并不遵循成本越高价值越高,反之则小的规律。可能成本越高,反而价值越小甚至无价值。因为,探矿权是勘察、寻找矿产资源的权利,找到矿产资源的期望值越高,探矿权的价值越高,反之则小,与勘察投入、成本的多少并无正比关系。因此,探矿权评估的前景系数法是利用重置成本原理,在已知地质条件下,利用现行勘探技术及勘探规范,将原勘察所实施的各种勘探手段所用的有效工作量,用目前现行价格重置地质勘察费用,估算探矿权价值的一种特殊方法。

运用前景系数法评估探矿权的前提条件为:①找矿前景,要有足够的能满足判断找矿前景的资源信息;②各类实物工作量有详细的原始记录,足以说明各类实物工作量的有关性、有效性和质量状况;③可以不具备是否查明了矿产资源储量。

前景系数法主要适用于预查、普查探矿权出让、转让评估,适用于自置、自用资产保全性质的探矿权评估。

使用前景系数法关键是要掌握大量的矿产资源信息,要有较强的判断能力,但评估人员必定有一定的局限性,因此,使用中应注意以下几个问题:

(1) 前景系数法的判断存在一定的主观性,在判断实物工作量的有关性、有效性以及判断前景系数时,应充分陈述其依据,充分反映出其公正性。

(2) 重置全价所采用的现行市场勘察价格,是地区性的市场价格或取费标准,不是本单位自定的费用定额。在用物价指数调整时,采用地区物价指数。

(3) 利用前景系数法评估的探矿权,其投入的实物工作量是指商业性地质勘察投入,对于公益性地质工作投入的实物工作量不能进入重置计算。

(4) 地质勘察报告是探矿权评估的主要依据,除对报告中所记载的地质信息和矿产资源信息认真核实外,对报告本身的要求必须是正规的地质报告。对于那些非正规的地质报告,如只有几页纸的非印刷报告、地质简报、踏勘简报(报告)、物化探简报(报告)等,以及地质科研报告都不能作为评估的依据及附件。

(5) 自置、自用资产保全性质的探矿权评估,重置全价确定之后,无须再用前景系数进行调整,也不必做技术性贬值处理。

6. 地勘加和法

在探矿权评估中,如果只考虑地勘所注入的成本,因地勘劳动投入与其效益不成正比而出现地勘投入很少,而探明矿产资源丰度高,规模大,地质构造简单,因而获得大;相反,地勘投入大,探明的矿产资源的质量很差,则获利小。所以完全以地勘投入多少定价,有失公正。但是,长期以来,我国矿产品价格严重偏低,再加上区位的影响,采用纯粹的贴现现金流量法,往往会出现评估值偏低的情况,何况其超额收益部分不完全是地勘劳动的贡献,使评估结果脱离真实的价格,为此考虑到一项只有地勘成果的探矿权的价值评估受地理环境、地质条件、工程技术管理水平、职工素质等多种因素的影响,相当于一项整体资产评估。为此,我们采用地勘加和法来确定探矿权的评估价值,以弥补单纯采用成本法的不足,以此"显示良好的探矿权"的价值潜力,将所掌握的实际参数。宏观分析,测算的结果与地勘支出加和,作为评估结果,在西方国家有的将此法称为成本法,我国亦称为收益法,确切地说应称之为地勘加和法。

地勘加和法是利用价格的成本加利润的法则,对探矿权作价的方法。之所以采用"地勘"来定义加和法,是因为首先利用成本法,将地勘投入成本进行重置,再将它获得的分配利润,与重置全价加和,以区别一般加和法。这种方法将成本法和贴现现金流量法科学地结合起来,既考虑了探矿权投入的成本,也考虑了探矿权未来的获利能力,考虑了重置全价和合理分配利润,所以,它是一种比较完善的评估方法。其计算公式为:

$$P = P_x + L_n \tag{5-15}$$

$$L_n = M \times \frac{T}{T+G} \tag{5-16}$$

式中,P 为探矿权评估价值;P_x 为不含勘察风险的探矿权净价;L_n 为应分配的超额利润;M 为超额利润总额;T 为地勘总投资;G 为矿山建设总投资。

在上述计算基础上,按获利能力的大小来确定探矿权的转让价格:

(1) 当超额利润大于零时:

$$P = P_x + L_n \tag{5-17}$$

(2) 当超额利润等于零并小于平均利润时:

$$P = P_x \tag{5-18}$$

(3) 当平均利润小于零时,则探矿权无价或从探矿净价中扣除负值平均利润额,按经济性贬值评估探矿权的转让价值。

7. 地质要素评序法

地质要素评序法的原理，基本上遵从"地学排序法"的原理，即以基础购置成本为基数，以地质技术信息为标准（亚范畴分类），确定调整系数（价值因子），来评估探矿权的价值。因为矿产价值评估主要取决于四个主要地质因素，即区域地质构造定位，品位和矿化度，物化探异常强度及其类型，地质成因类型及规模。

地质要素评序法是将参与评估的地质要素分成基础购置成本、地质要素定性标志和地质要素定量标准三部分。将定性定量相结合，确定综合调整系数。

地质要素评序法适合于普查及普查前期找矿阶段的探矿权转让，勘察精度越高，评估结果越准确。其使用条件如下：

（1）基本条件是在勘察区内做过见矿异常验证，并做过成矿预测，有初步的评价。

（2）探矿权人在勘察区内必须有法律规定的最低勘察投入，当探矿权人行使探矿是在《矿产资源勘察区块登记管理办法》实行之前时，也应利用允许勘察范围，按区块登记面积，计算探矿权使用费。

（3）具备探矿权评估主管部门认定的有经验的地质专家系统，能够实施评序定值。

（4）构成地质要素的地质技术信息清晰，能够作出明确的定量判断。

使用地质要素评序法需要注意的几个问题：

首先，在评估参数中，没有设计诸如矿产品市场、探矿权转让市场、金融市场、财务和股票市场等其他调整系数参数。这是因为我国目前矿业市场还不具备使用这些参数的条件，随着矿业权市场不断发育和完善，使用的条件也会逐渐成熟，到那时若再应用地质要素进行评序时，则应该使用这些调整系数参数。

其次，这种方法仍然存在诸多问题，如选择价值指数参数时，如何使其更加客观，更符合实际，尚有待于进一步完善。

再次，在计算基础购置成本时，可以区块为单位进行计算，也可以面积为单位进行计算，视具体情况而定。但在南北长、东西窄的区域内进行计算时，应以面积为计算单位。

8. 联合风险勘察协议法

在市场经济条件下，矿产资源勘察将会逐渐向联合勘察开发发展，在联合勘察协议中必须体现出共同投资、风险共担、收益共享的权责利关系。联合风险勘察协议法，就是在这种关系基础上建立起来的。联合风险勘察协议法，是根据该勘察区已签订的联合风险经营协议的条款或根据类似的勘察区所签订的协议条款,按照参与公司所承诺的勘察投资及其所获得的相应股权,评估探矿权价值。它是将一项尚未实现的产权交易转化为正常的商业形式的现金交易,这也是国外常用的一种有效方法。我国在矿业制度上,虽然与国外有所不同,但在社会主义市场经济的今天,联合风险勘察的协议形式已经出现,并粗具雏形。利用此法的条件逐渐成熟,为了在矿业市场中逐步与国际接轨,可以采用此法。

联合风险勘察协议法的几点说明:

(1) 我国目前已经出现这种类型的协议,值得考虑采用此法。但须提醒的是:协议中有关投入和权益的条款是否公平合理,在我国还没有较为成熟的经验,可能会导致评估结果误差太大。为此,评估人员必须充分考查协议中条款的公平性与合理性。

(2) 在评估中除采用地勘支出参数外,对其评估结果产生影响的还有现金支付、探矿权使用费、买方的税收,以及股票支付等多种因素。评估人员需要认真加以分析和对待。

(3) 在我国存在联合风险勘察之前,联合风险勘探矿权人的勘察投入,如何对待这部分地勘支出,是值得评估人员认真考虑的问题。

9. 粗估法

在低精度勘察工作中,获得的数据很难达到理想程度,误差很大,有时资源信息量也达不到要求。此时,评估人员将根据长期积累的信息和数据,如从那些公开上市公司的地质信息报告中,定期或即将披露的地质资料中,对矿业市场和财务市场走势进行分析,包括价格与收益比、价格与现金流等比值的分析,对勘察区的探矿权粗估一个近似值,称为粗估法。

粗估法使用条件:

(1) 资源品级价值粗估法是建立在资源本身丰度基础上的估价方法,原矿产品含有用组分越高,售价越高,获得净收入越高,探矿权转让价格越高。能够利用资源品级确定价值的矿产,首先是金属矿产。为此,该方法主要适合于以金属矿产为勘察目的的探矿权评估。

(2) 以单位国土面积资源价值为基础的粗估法,适合于各类矿产资源勘察的探矿权评估。从勘察精度而言,更适合于对早期勘察阶段,即地质信息量(地质资源)很少的勘察区进行探矿权评估。

(3) 粗估法虽然很简单,但所需的参数数据取得很难。矿产品价格不断变化,资源品级价值也随之发生变化;资源量受开发利用程度的影响,也在变化,也就是说单位国土资源价值与单位资源品级价值都是动态参数,为此,采用此方法需要一个十分有效的信息系统支撑,否则难以取得较好评估效果。

第三节　森林资源性资产评估

一、森林资源性资产概述

森林资源是指以乔木为主体,乔、灌、草多种类森林植物和森林动物、微生物群集共生相结合,与其相应的水、土、气候共处一个空间范围内的自然资源综合体。

森林资源资产是林地上各种资源资产的总称,包括林地资产、林木资产、森林野生动植物资产、森林景观资产以及林地经营权、林木采伐权等无形资产。森林资源资产具有多样性和多效性,有时对它们很难确切地定量实际价值。但森林资源资产的大部分经济效益是从林地资产和林木资产中来的,因而森林资源资产评估通常是对林地资产和林木资产的评估。

(1) 林木资产。林木资产是指林地内所有的林木,包括幼龄林、中龄林和未成林造林地上的幼树;按林木的用途又可分为用材林、经济林、薪炭林、防护林、特种用途林和竹林。人工林和天然林统一纳入林木资产内评估。

(2) 林地资产。林地资产是森林生长的承载体,林地资产是指国家法律确认的用于林业用地中具有货币表现属性的资产。包括林地、疏林地、未成林造林地、灌木林地、采伐迹地、火烧迹地、苗圃地和国家规划的宜林地。

(3) 林地经营权无形资产。

(4) 森林景观资产。森林景观资产是指风景林(含森林公园)、部分名胜古迹和革命纪念林、古树名木等。

二、影响森林资源性资产价值的因素

从森林资源组成及其功能多样性来说,其价值应包括其经济价值、生态平衡价值、社会价值等。由于生态价值和社会价值的涉及面广,组成空间、时间不易量化,因此森林资源评估中只考虑其经济价值。同时由于森林资源中的野生动物和微生物,在不同的地区、不同乔木的森林资源中存在着明显的差别,使评估工作不宜规范化。在评估其经济价值时,通常是评估森林活立木价值,即将立木价值视为森林资源价值。立木价值以货币形式表现,可考虑下列影响因素:

(1) 宜林地地租。包括高于社会平均利润的绝对地租与优质林比劣质林利润高的级差地租两部分。

(2) 营林成本。营林成本是经营林地时付出的成本,一般包括造林费、经营费、管理费三部分。

(3) 营林的利税。与生产经营工业产品一样,经营林木也应获得一定的利润以及按有关法规交纳一定的税金,如资源税。

(4) 其他费用。除了上述费用外,为经营林木而发生的其他费用。如风、雷、火灾造成的损失以及政府有关部门规定交纳的其他费用。

三、森林资源性资产评估方法

林木资产评估方法要根据不同的林种,选择适用的评估方法和林分质量调整系统进行评定估算。目前主要的评估方法有市场法、剩余法、收益法和成本法等。林木资产评估中林分质量调整系数需综合考虑林分的生长状况、立地质量和经济质量等来确定。

1. 市场法

市场法是以相同或类似林木资产的现行市价作为比较基础,评估待估林木资产价值的方法。其计算公式为:

$$P = K \times K_b \times G \times Q \qquad (5-19)$$

式中,P 为林木资产评估值;K 为林分质量调整系数;K_b 为物价指数调整系统;G 为参照物单位蓄积的交易价格;Q 为被估林木资产的蓄积量。

所谓林分,是指内部特征大体一致而与邻近地段有明显区别的一片树林。一个林区的森林,可以根据树种的组成、森林起源、林相、林龄、疏密度、林型等因子的不同,划分成不同的林分。不同的林分,常要求采取不同的森林经营措施。

2. 剩余法

剩余法又称市场价倒算法,是用被评估林木采伐后所得的木材市场销售总收入,扣除木材经营所消耗的成本及合理利润后的剩余部分再加上林木资源的再生价值作为林木资产评估价值。其计算公式为:

$$P = W - C - F + S \qquad (5-20)$$

式中,P 为林木资产评估值;W 为销售总收入;C 为木材经营成本;F 为木材经营合理利润;S 为林木资源的再生价值。

3. 收益法

收益法又称收益净现值法,是将被评估林木资产在未来经营期内各年的净收益按一定折现率折现为现值,然后累计求和得出林木资产评估价值的方法。其计算公式为:

$$P = \sum_{t=1}^{n} \frac{(A_t - C_t)}{(1+r)^t} \qquad (5-21)$$

式中,P 为林木资产评估值;A_t 为第 t 年的年收入;C_t 为第 t 年的营林生产成本;n

为经营期;r 为资本化率。

4. 成本法

该种方法是按现时工价及生产水平,重新营造一块与被评估林木资产相类似的林分所需的成本费用,作为被评估林木资产评估价值的方法。其计算公式为:

$$P = K \cdot \sum_{t=1}^{n} C_t \times (1+r)^{n-t} \qquad (5-22)$$

式中,P 为林木资产评估值;K 为林分质量调整系统;C_t 为过去第 t 年以现时公允价及生产水平为标准计算的生产成本,主要包括各年投入的工资、物质消耗、地租等;r 为资本化率;n 为林份年龄。

四、森林资源性资产评估方法的适用范围

一般来说,市场法适合各种有交易的林木资源资产的评估,但是它不适合防护林的评估;剩余法特别适合于成熟龄林木资产的评估;收益法适合于有经常性收益的林木资产,如经济林资产、竹林资产、实验林资产等;幼龄林常常用成本法评估。

案　　例

评估西北某铜矿资源采矿权的价格,其参照的采矿权资产为华东某铜矿。参照的采矿权资产评估价格为 6150.25 万元,当期评估基准日(2005 年 6 月 30 日)矿产品精矿铜金属价为 16 512.00 元/(吨·铜),而被评估采矿权评估基准日(2007 年 7 月 30 日)矿产品精矿铜金属价为 13 239.00 元/(吨·铜)。两项资产的有关参数和差异要素情况见表 5-2。

表 5-2　资产相关参数和差异要素比较

项　目	华东某煤矿	西北某煤矿
成因类型	火山中低温热液似矿床	火山热液似层状矿床
矿体埋深及规模	埋深 200~600 m,单矿体长 300~500 m,厚度一般 5~15 m,最大厚度 50.71 m	埋深 800 m,单矿体长 1000 m,矿头厚度 10 m,矿体中部厚度 150 m
矿石分组及含量	伴生 Cu 平均品位为 0.96%,S 平均品位为 7.25%,Au 平均品位为 0.15 克/吨,Ag 平均品位为 4.55 克/吨;有害组分:As 含量 0.02%~0.05%	伴生 Cu 平均品位 2.46%,Zn 平均品位 2.93%,S 平均品位 27.66%,Pb 平均品位 0.4%,Au 平均品位 0.36 克/吨,Ag 平均品位 18.37 克/吨;有害组分:As 含量 0.13%

项 目	华东某煤矿	西北某煤矿
矿产储量	Cu矿石量6464万吨,金属量62.29万吨,Au 9.696吨(金属),Ag 294.112吨(金属)	Cu矿石量4406.12万吨,金属量108.12万吨;Zn矿石量1493.62万吨,金属量43.81万吨;Au金属量28.457吨;Ag金属量1466.55吨;Ca金属量338.48吨;Co金属量3541.73吨
技术效果	浮选:Cu精矿品位24.99%,产率3.39%,回收率87.26%;Cu精矿中含Au 3.94 g/t,Ag 117 g/t,As 1.18%	浮选试验:Cu精矿品位22.63%,产率2.6%,回收率85%,Cu精矿中含Au 1.25 g/t,Ag 105.16 g/t

评估思路 首先确定规模调整系数,再计算品位调整系数、价格调整系数,最后计算差异要素调整系数。

(1) 规模调整系数 $\mu = \dfrac{Q_{gb}}{Q_{gs}}$。其中,$Q_{gb}$为被评估采矿权探明储量,$Q_{gs}$为参照的采矿权探明储量。所以,规模调整系数

$$\mu = \frac{108.12}{62.29} = 1.7358$$

(2) 品位调整系数 $\xi = \dfrac{C_{pb}}{C_{ps}}$。其中,$C_{pb}$为被评估采矿权精矿平均品位,$C_{ps}$为参照的采矿权精矿平均品位。所以,品位调整系数

$$\xi = \frac{22.63}{24.99} = 0.9056$$

(3) 价格调整系数 $\varphi = \dfrac{B_a}{B_s}$。其中,$B_a$为被评估采矿权采用的矿产品价格,$B_s$为参照的采矿权当时采用的矿产品价格。所以

$$\varphi = \frac{13239}{16512} = 0.8018$$

(4) 差异要素调整系数 $\theta = \dfrac{A_b}{A_s}$。其中,$A_b$为被评估采矿权差异要素评判总值,$A_s$为参照的采矿权差异要素评判总值。所以,

$$\theta = 0.8333$$

据此,西北某铜矿资源采矿权的评估价格为:

$$P_x \times \mu \times \xi \times \varphi \times \theta = 6463.89 (万元)$$

小结

随着科技进步和生产力的发展,资源性资产在经济增长中的作用越来越重要。本章系统介绍了资源性资产的概念、特点、分类,资源性资产评估的特点,资源性资产的价格构成和相应的评估方法,重点介绍了矿产资源资产和森林资源资产的评估原理和常用的评估方法。

中英文关键术语

可再生资源	renewable resources
不可再生资源	non-renewable resources
矿产资源	mineral resources
森林资源	forest resources
景观资源	landscape resource
前景系数法	prospect modulus method

习 题

1. 简要叙述资源性资产的经济属性。
2. 什么是非耗竭性资源?
3. 资源性资产价格的主要构成因素有哪些?
4. 矿产资源资产主要有哪些评估方法?
5. 影响森林资源性资产价值的因素有哪些?

第六章

无形资产评估

学习目标 了解无形资产的概念、特征、类型,理解无形资产评估的特点和操作程序,掌握无形资产评估的收益法和成本法的评估原理,熟练掌握专利权、专有技术、商标权和商誉评估的基本理论和常用方法。

第一节 无形资产评估概述

一、无形资产的概念和特征

尽管国内外许多知名学者和会计职业团体都曾对无形资产的含义和特征进行过讨论,但对于什么是无形资产,迄今尚无一个统一的定义,更多地是以列举法来界定无形资产,即以无形资产的外延代替其内涵进行定义。如1927年,西方会计理论权威哈特菲尔德(H R Hatfield)在其出版的《会计学:它的原理与问题》一书中指出:"无形资产的含义是指专利权、版权、秘密制作法和配方、商誉、商标、专营权以及其他类似的财产。"1998年国际会计准则委员会颁布的《国际会计准则第38号——无形资产》中将无形资产定义为:"用于产品的生产和销售、用于出租或管理而持有的。没有实物形态的可辨认的非货币资产。"我国财政部2001年7月颁布的《资产评估准则——无形资产》第3条规定:"无形资产是指特定主体拥有和控制的,不具实物形态,对生产经营长期发挥作用且能带来经济利益的资源,它分为可辨认的无形资产和不可辨认的无形资产,可辨认无形资产包括专利权、专有技术、商标权、著作权、土地使用权、特许权等;不可辨认无形资产是指商誉。"

从经济学和评估学角度,无形资产具有以下特点:

1) 无形性

无形资产首先指的是一种没有实物形态的资产,即人们通过感觉器官不能感觉到的一种隐性资产。但这种隐性资产的无形性,或称为非实体性,并不等于非物质性,它仍然必须依靠一定的物质载体来表现其价值。例如,专利权与专有技术要与特定的工艺流程、机器设备组合等相结合,土地使用权要依赖于土地,商标权要依赖于注册商标,而商誉则寓于企业整体资产之中。尽管如此,并非所有不具实物形态的资产都是无形资产,如企业的应收账款、应收票据等资产也没有物质实体,但它们并不属于无形资产。因此,不具实物形态只是确定无形资产的必要条件,而非充分条件。

其次,无形资产的无形性还体现在无形资产在企业生产经营过程中并不直接作用于劳动对象来发挥作用,而是以特殊方式将其作用体现在有形资产和企业经营中,如原材料投料配方、特有的制造工艺、计算机软件、商标权等。通过它们的使用,可能在相当程度上提高了固定资产使用效率、节约了原材料、提高了产品质量等,从而降低了产品成本,增大了企业的利润。此外,无形资产的无形性也决定了无形资产在评估中不存在实体性贬值,而只存在无形损耗。

2)独占性

即垄断性,主要表现在无形资产的所有权只能由一个个体独享,对于重复开发的无形资产,法律不仅不授予其专有权,反而还将予以禁止。即在一个地区或者一个国家甚至全世界范围内均无相同型号、相同功能、相同性质、相同名称的同样无形资产存在。但相同的有形资产却可以在无数企业存在。无形资产的这种独占性可以借助于法律或契约、合同的保护来获得,如专利权、著作权、商标权、特许经营权等;也可以是通过企业自身保护实现,如经营诀窍。从研制和生产的角度看,由于无形资产的独创性和秘密性,使得社会上不会出现相同的无形资产,因而其价值不可能由社会必要劳动时间来决定,只能由使用无形资产所节约的社会劳动来衡量。在评估实务中,无形资产的独占性使得无形资产可比性较差,评估时难以在市场上找到参照物,在很大程度上限制了市场比较法的使用。

3)成本的虚拟性和弱对应性

无形资产研制是一种创造性活动,经历基础研究、应用研究和工艺生产开发等漫长过程,面临较大的随机性、偶然性和关联性。无形资产,特别是技术型无形资产的开发,通常要经历一系列努力与失败和投入与浪费后,才能偶然取得一些阶段性成果,也可能在大量的先行研究成果和积累基础上,产生一系列的知识资产。这些继起的研究成果是否应该和如何承担先行研究的投入费用,是很难明断的。即无形资产开发过程中所发生的支出与无形资产的成本并不总是一一对应的。这种弱对应性导致无形资产成本的相对性和虚拟性。如商标权,其成本核算范围包括商标设计费、注册登记费、广告费等,商标的内涵却是商品内在质量信誉的标志,形成商标所费成本只具象征性。无形资产成本的虚拟性和弱对应性为准确测定其成本增加了难度。

4)未来收益的不确定性

无形资产区别于有形资产的重要特征之一是它能在其经济寿命期内为企业提供超额收益,但无形资产的经济寿命及其所提供的经济利益由于受到技术进步、市场供求状况及保密程度和可多次转让性等因素的影响而具有较大的不确定性。其次,某些无形资产具有共享性,如专利权、商标权、专有技术、特许经营权等,可能为多个控制主体所利用,这就使无形资产为控制主体所提供的未来经济收益具有不确定性。另外,前已提及,无形资产收益能力的发挥还必须依赖其他资产共同作用,如果不具备或不完全具备相关条件,也会影响无形资产的未来获利能力。

二、无形资产的分类

对无形资产进行科学合理的分类,有利于我们全方位地把握和识别无形资产,提高评估的科学性和准确性。无形资产可以从不同角度进行划分,目前主要有以下几种常见的分类:

(1) 按取得方式划分,无形资产可分为自创无形资产和外购无形资产。

自创无形资产是由企业自行研制开发,或依靠企业自身努力而获得的无形资产。如企业自创的专利、专有技术、商标、商誉等。外购无形资产是企业以一定代价从资产所有者处购入的无形资产,如企业外购的专利权、土地使用权等。

(2) 按有无专门法律保护,无形资产可分为有专门法律保护的无形资产和无专门法律保护的无形资产。专利权、商标权和著作权等均受到国家专门法律保护,而专有技术则无专门法律保护。

(3) 按可否确指划分,无形资产可分为可确指的无形资产和不可确指的无形资产。

前者是指具有专门名称,可以个别确认,可以单独取得、转让或出售的无形资产。如专利权、商标权、专有技术和特许经营权等。后者指那些不可辨认、不可单独取得,离开企业就不复存在的无形资产,如企业的商誉。

(4) 按技术含量划分,无形资产可分为技术型无形资产和非技术型无形资产。

前者是指依靠一定技术载体才能发挥作用的无形资产,如专利权、专有技术、计算机软件等;后者是相对于前者而言的,主要包括商标权、特许经营权、商誉、土地使用权等。

(5) 按性质和构成内容划分,无形资产可分为知识型无形资产、权利型无形资产、关系型无形资产和不可确指无形资产。

知识型无形资产的构成主要是依靠高密集的知识、智力、技术和技巧带来高收益。知识型无形资产一般都属于技术型无形资产,如专利权、专有技术、计算机软件等。权利型无形资产主要是由契约或政府授权形成的无形资产,包括对物的权利(如土地使用权、矿产开采权、租赁权等)和行为权利(如专营权、出口许可证、生产许可证等)。关系型无形资产主要指企业在长期经营过程中与外界或内部员工之间形成的可以获得盈利条件的关系,如代理销售关系、原材料供应关系及雇员关系等。不可确指无形资产主要指企业商誉。

(6) 按是否具有明确的使用期限,无形资产可分为有期限无形资产和无期限无形资产。

前者是指法律或合同等明确规定了使用期限的无形资产,如专利权、著作权、特许经营权和土地使用权等;后者是指无法确定或无需确定使用期限的无形资产,如商誉等。

三、无形资产评估的特点

1. 评估对象的独立性

独立性是指无形资产评估的对象是特定的,单一的,而不是成批的,每一个评估对象都各具特色。无论是商标权、专利权、土地使用权等可确指的无形资产,还是商誉等不可确指的无形资产,都有其自身的特点,即使是同种类型的无形资产,也有许多不同之处。因此,无形资产评估是因不同评估对象而不同的。在选择评估方法时,不能将无形资产进行简单归类后笼统评估,而必须根据评估标的具体情况,并结合评估目的、交易方式等的要求,逐一评估各项无形资产。这样才能保证无形资产评估的科学性和准确性。

2. 复杂性

无形资产相对于有形资产,其评估复杂性主要体现在以下几方面:
(1) 无形资产种类繁多,且相互间可比性较低,故每评估一项无形资产都要仔细分析和研究其具体的性能、特点和经济技术指标等内容。
(2) 收益法是无形资产评估中最常用的方法,其中涉及无形资产收益额的预测、收益期限的预测和折现率的预测等工作。对于不同的无形资产,尤其是知识型无形资产,其无形损耗、使用风险等都较难准确预测和操作。
(3) 无形资产作用的发挥与客观经济环境关系密切,在评估无形资产过程中,需要收集多方面信息采用多种方法对其影响进行综合全面系统的分析与测算,这无疑增加了无形资产评估的复杂性和难度。

3. 预测性

由于无形资产评估值的大小往往并非取决于其研制或取得成本,而主要源于无形资产在有效收益年限内所带来的经济与社会效益。从而对无形资产未来收益年限和各年收益的预测便构成无形资产评估的基础性工作。这种以未来收益为主要依据对无形资产进行价值评估在其他类型资产的价值评估中并不多见,它是无形资产评估中一个十分显著的特点。

4. 动态性

无形资产评估的动态性是基于无形资产自身因素和外界环境的影响等多方面

造成的。首先,无形资产本身在不断地发展变化着,如商誉、商标可能因企业不断改进经营管理,提高服务水平和产品质量而更上一层楼,也可能因为其他某些原因而出现逆向变化。其次,无形资产所处的技术经济环境也是瞬息万变,任何一项技术经济成果最终必然会被更新的技术经济成果取代。社会的政治经济环境也都在不断变化之中,这些变化无疑也将会影响到无形资产的价值。同时,货币时间价值的变化对无形资产评估值也会形成必然影响。因此,在无形资产评估过程中,应把握无形资产发展全过程的特点和趋势,从动态角度评估无形资产价值,这样才能有效提高无形资产评估价值的准确性。

5. 关联性

无形资产在企业生产经营过程中并非直接作用于劳动对象发挥作用,而是附着于有形资产体现其功能。企业经济效益来自其占有的全部有形资产和无形资产,这些有形资产和无形资产从不同角度都对企业经济效益作出了贡献。在无形资产评估中,必须考虑其关联性特点,这是正确评估无形资产价值的必要条件之一。这种关联性主要表现在两个方面:一是无形资产与有形资产的关联;二是无形资产与其他无形资产的关联。例如,评估商标权价值时,首先需要对有形资产贡献和无形资产贡献进行分离,然后在无形资产贡献中剥离出商标权的贡献,以此作为商标权评估的依据。显然,关联性也是无形资产评估复杂性的又一个具体体现。

四、影响无形资产评估价值的因素

一般地,影响无形资产评估价值的因素主要有:

1) 成本因素

无形资产和有形资产一样,也具有成本。但是由于无形资产的成本具有明显的不完整性、弱对应性和虚拟性,其成本确认和计量均较有形资产困难和复杂。对企业无形资产而言,自创无形资产又较外购无形资产成本计量更困难。因为自创无形资产成本发生的一次性特点,使其发生的劳动耗费不具横向可比性。同时,无形资产的创造,与其投入、失败等紧密结合,而这部分成本很难确认。这部分成本一般包括创造发明成本、法律保护成本、发行推广成本等。在计量研制开发过程中的人工费用时,由于无形资产是科研劳动的成果,应采用倍加系数法测算研究人员的科研劳动。

2) 效益因素

无形资产的效益,包括经济效益和社会效益两方面内容。经济效益是指某项无形资产所具有的获利能力,社会效益是指使用某项无形资产后所产生的非货币效益。一项无形资产的获利能力越强,其市场竞争力就越强,其评估价值也就应该越高;反之亦然。如果一项无形资产的使用能给社会带来积极的效果,这将会对其评估价值产生正面影响,而且这种正面影响越大,评估价值越高;如果该项无形资产给社会带来不良后果,造成环境污染,影响生态系统的平衡,它将会对其评估价值产生负面影响,而且所产生的负面影响越大,其评估价值越低。在确定无形资产效益时,经济效益与社会效益必须结合起来,同时考虑和衡量。

3) 经济寿命

无形资产的经济寿命一方面反映无形资产的先进程度,另一方面反映无形资产的无形损耗的大小。无形资产的经济寿命直接影响无形资产的获利期限。它是评估技术型无形资产时需要特别关注的因素。一般来说,技术型无形资产的经济寿命越长,表明其获利时间越长,其评估价值就越高;技术型无形资产的经济寿命越短,表明同类技术的发展速度越快,其无形损耗越大,评估价值就越低。比如某项发明专利法律保护期为 20 年,但因无形损耗大,该专利实际能获取超额收益年限为 10 年,则此项专利权的经济寿命为 10 年。

4) 市场状况

市场因素包括市场供求状况和同类无形资产的价格水平两方面。无形资产的市场供求状况和无形资产的适用程度紧密关联。一般来说,一项无形资产的适用程度越高,其市场需求越大,评估价值就越高;反之亦然。同时,同类无形资产的市场供求状况也会影响到该项无形资产的评估价值,若该项无形资产供小于求,且无同类无形资产可以替代,则其评估价值就应该高一些;若该项无形资产供大于求,或者市场上有同类无形资产可以替代,则其评估价值就会低一些。此外,同类无形资产的市场价格和无形资产相关产品或行业的市场状况也会影响无形资产价值。相关无形资产的市场状况和市场价格直接制约待估无形资产的交易价,从而影响其评估值。

5) 转让条件和转让方式

无形资产的转让条件和转让方式也是影响评估价值的重要因素。无形资产的转让分为所有权转让和使用权转让。一般来说,所有权转让的价格要高于使用权转让的价格。无形资产的转让方式不同,其评估价值也各不相同。独占许可的评估价值高于普通许可,因为前种方式下无形资产受让方获得的权益更大,对技术的垄断性更强。此外,转让次数的增加不仅会使该项技术的垄断程度降低,而且还会导致该项技术所生产产品的市场缩小,从而影响到无形资产的评估价值。

除了上述因素以外,无形资产,特别是技术型无形资产转让的提成基数、提成比率、价款的支付方式等都会对无形资产的评估价值产生影响,评估时应对这些因素加以综合考虑,提高评估的准确性。

五、无形资产评估的程序

无形资产评估程序即无形资产评估的操作规程。它是提高评估工作效率和评

估结果科学性的保证。一般而言,无形资产评估需要经过以下几个环节:

1. 明确评估目的和评估对象

无形资产评估首先要明确评估目的。评估目的决定了评估的价值类型和评估方法的选择。无形资产的评估目的主要有:无形资产转让、投资;股份制改造;资产清算;法律诉讼中作为诉讼标的;纳税需要;保险需要及其他目的。只有在明确评估目的基础上,才能正确确定评估范围和评估对象。由于无形资产没有实物形态,看不见,摸不着,在评估过程中很容易被忽视和遗漏,造成评估值偏低,影响所有者权益。因此进行资产评估时,应该认真考察企业是否存在无形资产,拥有哪些无形资产,与评估目的有无关系等。凡是属于评估范围的无形资产,都应该逐项登记,将其列为评估对象。

2. 鉴定确认无形资产状况

由于许多无形资产并未列示于企业财务报表中,在进行无形资产评估时,必须鉴定无形资产状况,它直接影响无形资产评估范围和评估价值的准确性。无形资产鉴定主要包括以下内容:

1) 证明无形资产存在

可以通过收集无形资产内容、国家有关规定、专家评价、法律文书(如专利证书、技术鉴定书等)等资料,核实其真实性、可靠性和权威性;可以通过分析无形资产运用所要求的与之相适应的特定技术经济条件,鉴定其应用能力;另外,必须核实无形资产产权是否为委托者拥有,是否伪造、剽窃,并考察其存在的前提和要求,及是否符合国家有关规定。

2) 确定无形资产种类

主要是确定无形资产名称,特别是对于由若干项无形资产组合而成的资产,应采用一定方法加以确认和分离,避免重评和漏评。

3) 鉴定无形资产的性能

鉴定无形资产的性能是无形资产评估的一项最基本内容,直接影响到评估结果的科学性与合理性。只有在证实无形资产真实存在并掌握其主要经济技术指标后,才能确定其评估价值。这项工作主要包括:

(1) 确定无形资产的先进性。在评估时可以通过分析无形资产相关经济技术指标来确定其技术状况和成熟度。

(2) 了解无形资产的可靠性。通过掌握无形资产的实验、评价及实际应用效果,分析无形资产的优缺点及使用中的安全程度,从而了解无形资产的安全可靠性。

(3) 鉴定无形资产的适用性。通过分析无形资产使用所要求的与之相适应的特定的技术经济条件,鉴定其适用性和获取经济利益的情况。

4) 确定无形资产的取得成本

确定无形资产的取得成本是无形资产评估的一项重要内容,也是影响无形资产评估价值的重要因素之一。自创无形资产的成本主要是指研制和开发的成本支出,包括为研制新产品,改进老产品,改进工艺、设备、技术,提高产品质量和生产效率,增强获利能力等目的而发生的支出,这些支出可转化为专利或改良企业的生产方法和制造技术。外购无形资产的成本主要包括向外单位购入无形资产时实际支付的价款和购入后为保证该项无形资产正常投入使用而追加的其他投入。

5) 确定无形资产的有效使用年限(或经济寿命)

由于无形资产的特殊性,在确定其有效使用年限时应考虑到下列因素:

(1) 经济寿命是指无形资产能够为其控制主体带来超额收益的持续时间,与自然寿命无关。

(2) 无形资产的损耗主要是无形损耗,它与无形资产所依附的实物载体的有形损耗无关。

(3) 无形资产的剩余经济寿命与其实际使用状态和使用强度无关。导致无形资产经济寿命缩短的因素主要包括:新的可替代的先进适用的无形资产研制成功并投入使用和因传播面扩大而致使某项无形资产丧失其价格、成本优势等。

6) 预测无形资产的未来经济收益

无形资产的评估价值主要取决于其所带来的未来经济收益。无形资产的所有者或使用者关注的是无形资产的使用价值,即无形资产能为他们带来多大的经济收益。显然,无形资产所提供的未来经济收益与其评估价值正相关。在确定无形资产收益能力时,首先应分析其使用价值的计算依据,然后才能选择适当方法预测其未来收益能力。

3. 选择确定评估方法进行相关测算

应根据所评估无形资产的类型、特点、评估目的、价值类型和外部市场环境条件等具体状况,选择相应的评估方法。方法的选择和参数的选用,是一项复杂而艰苦的过程。各种方法的评估思路和计算公式都相对简单,而相关参数的确定却极复杂,评估师需要做大量的分析计算工作。

4. 整理并撰写评估报告书

无形资产评估报告书是无形资产评估过程的总结,也是评估师承担法律责任的依据。无形资产评估报告书中一般应说明以下内容:委托方及资产拥有方概况;评估目的;评估资产权属和价值类型;评估基准日;评估原则和假设前提;评估依据;评估方法;评估过程;被评估资产的功能鉴定方法和功能基本描述;评估估算过程说明；评估基本参数的选择依据、评估结论、需要说明的事项、评估报告法律效力、报告提出日期等。

第二节　无形资产评估的基本方法

一、收益法

以无形资产投资、转让为目的的评估适用收益现值标准。因为无形资产成本的弱对应性，以及无形资产转让或许可使用的市场条件的复杂性，限制了成本法和市价法在以投资、转让为目的的无形资产评估中的应用；同时无形资产的交换价值主要体现于它所提供的未来经济利益，因此，以投资、转让为目的的无形资产评估应该以资产的获利能力为评估对象。

(一) 基本应用公式

利用收益法评估无形资产的基本公式为：

$$无形资产评估值 = \sum_{i=1}^{n} \frac{K \cdot R_i}{(1+r)^i} \qquad (6-1)$$

$$无形资产评估值 = 最低收费额 + \sum_{i=1}^{n} \frac{K \cdot R_i}{(1+r)^i} \qquad (6-2)$$

式中，K 为无形资产分成率，R_i 为分成基数（即销售收入或销售利润的分成基数），i 为收益期限，r 为折现率。

式(6-2)较式(6-1)多一项最低收费额，是式(6-1)的变化形式，且式(6-2)在计算无形资产的分成率时，是按扣除最低收费额后测算的。公式中的最低收费额是在无形资产转让中根据购买方实际生产和销售情况并剔除各项风险后确定的"旱涝保收"的收益现值，可作为"入门费"的参考值，或作为拍卖竞标的底价。

由于无形资产具有独占性，当该项无形资产是购买方必不可少的生产经营条件时，或者购买方运用无形资产所增加的效益具有足够的支付能力时，无形资产转让的最低收费额主要由重置成本和机会成本决定。若买方和卖方共同使用该项无形资产，则由双方按使用的规模、受益范围等分摊重置成本。成本费用按评估时点重置。无形资产的转让，可能会引起该无形资产支撑的营业收益减少，也可能因买方成为竞争对手而减少了收益，或者卖方为保持竞争优势而需要增加再开发支出。这些构成无形资产转让的机会成本，应由买方承担。综合以上因素确定无形资产的最低收费额的公式为：

无形资产最低收费额 = 重置成本净值 × 转让成本分摊率 + 转让机会成本

$$(6-3)$$

其中，

$$转让成本分摊率 = \frac{购买方运用无形资产的设计能力}{运用无形资产的总设计能力} \times 100\% \quad (6-4)$$

转让机会成本 = 无形资产转出的净减收益 + 无形资产再开发净增费用

$$(6-5)$$

式中，"购买方运用无形资产的设计能力"可根据买方设计产量或按设计产量的销售收入确定；"运用无形资产的总设计能力"可根据运用无形资产的各方汇总的设计能力计算；"无形资产转出的净减收益"指在无形资产尚能发挥作用期间减少的净现金流量之和；"无形资产再开发净增费用"包括保护该无形资产所需追加的科研开发费用、员工再培训费用和其他相关费用。"无形资产转出的净减收益"和"无形资产再开发净增费用"一般运用边际分析法测算。

[例 6-1] 某机械制造企业欲转让一项生产技术，已知如下资料：一是该企业与购买企业共同享有该项技术，双方设计能力分别为 600 万和 400 万标箱；二是该技术系国外引进，账面价格 200 万元，已使用 2 年，尚可使用 8 年，2 年通货膨胀率累计为 10%；三是该项技术转出对该企业生产经营有较大影响，由于市场竞争加剧，产品价格下降，在以后 8 年减少销售收入按折现值计算为 80 万元，增加开发费用以提高质量、保住市场的追加成本按现值计算为 20 万元。试评估该项无形资产转让的最低收费额。

评估思路

（1）外购无形资产重置成本可根据通货膨胀率调整，并按使用年限计算成新率，该项生产技术重置成本净值为：

$$200 \times (1 + 10\%) \times \frac{8}{2+8} = 176.4(万元)$$

（2）按转让双方的设计生产能力计算转让部分重置成本分摊率为：

$$\frac{400}{600 + 400} \times 100\% = 40\%$$

（3）由于无形资产转让后加剧了市场竞争，在该无形资产寿命期间，销售收入减少和费用增加的折现值即为转让无形资产的机会成本，根据题中所给资料为：

$$80 + 20 = 100(万元)$$

（4）该无形资产转让的最低收费额按公式计算为：

$$176.4 \times 40\% + 100 = 170.56(万元)$$

(二) 收益法评估无形资产的过程分析

采用收益法评估无形资产价值的关键在于：正确预测由无形资产带来的收益；根据不同情况进行折现或资本化计算；合理确定评估参数；验证评估结果。

第一步 无形资产收益额的确定。

无形资产收益额是无形资产带来的超额收益。由于现行会计核算制度不能全面反映无形资产的构成和价值，评估师必须从总收益中剥离有形资产按社会或行业平均水平取得的收益，剩余部分即为无形资产带来的超额收益，是无形资产对企业收益的贡献。常用的计算方法有：

1. 直接估算法

通过对未使用无形资产与使用无形资产的前后情况对比分析，确定无形资产带来的收益额。从无形资产为特定持有主体带来的经济利益上看，无形资产一般可分为收入增长型和成本费用节约型。使用收入增长型无形资产，能使产品以高出同类产品的价格销售获得超额利润，或者在价格不变的情况下销量增加、市场占有率扩大，获得超额收益。

计算超额收益的公式为：

$$R = (P_2 - P_1)Q(1 - T) \tag{6-6}$$

式中，R 为超额收益；P_2 为使用无形资产产品的价格；P_1 为不使用无形资产产品的价格；Q 为产品销售量（此处假定产品销售量不变）；T 为所得税率。

计算销量增加情况下所获超额收益的公式为：

$$R = (Q_2 - Q_1)(P - C)(1 - T) \tag{6-7}$$

式中，R 为超额收益；Q_2 为使用无形资产产品的销售量；Q_1 为不使用无形资产产品的销售量；P 为产品价格（此处假定产品价格不变）；C 为产品单位成本；T 为所得税率。

使用费用节约型无形资产，能降低产品成本费用，带来超额收益。其计算公式为：

$$R = (C_2 - C_1)Q(1 - T) \tag{6-8}$$

式中，R 为超额收益；C_2 为使用无形资产的产品单位成本；C_1 为不使用无形资产的产品的单位成本；Q 为产品销售量（此处假定产品销售量不变）；T 为所得税率。

在评估实务中，无形资产所带来的超额收益往往是收入变动和成本费用变动的综合结果。比如使用了某项无形资产后，企业劳动生产率提高、成本费用节约、产品性能提高和市场销量扩大等。收入增加型和费用节约型的划分只具相对意义,在实际工作中应具体情况具体分析,科学测算无形资产带来的超额收益。

2. 差额法

当无法将使用了无形资产和没有使用无形资产的收益情况进行对比时,采用无形资产和其他类型资产在经济活动中的综合收益与行业平均水平进行比较,可得到无形资产的超额收益。具体评估思路为:

(1) 收集有关使用无形资产的产品生产经营活动财务资料,进行盈利分析,得到经营利润和销售利润率等基本数据。

(2) 对上述生产经营活动中的资金占用情况(固定资产、流动资产和已有账面价值的其他无形资产)进行统计。

(3) 收集行业平均收益率等指标。

(4) 计算无形资产带来的超额收益。基本公式如下:

$$\text{无形资产的超额收益} = \text{净利润} - \text{净资产总额} \times \text{行业平均收益率} \quad (6-9)$$

使用差额法求得的超额收益往往是无形资产组合收益,而非完全由被评估的某种无形资产带来,除非能够认定只有这种无形资产存在。因此,采用这种方法计算出的超额收益还需要进行分解处理。

3. 分成率法

在企业将无形资产单独进行投资或转让且受让方明确的情况下,可以比较受让方使用该无形资产前后的利润,将其差额作为使用该无形资产所获得的新增利润,再按照一定的分成比例计算无形资产转让方可获得的预期收益。即:

$$\text{无形资产收益额} = \text{销售收入(利润)} \times \text{销售收入(利润)分成率} \times (1 - \text{所得税率}) \quad (6-10)$$

式中的分成率包括销售利润分成率和销售收入分成率两种形式。实务中因为利润额不稳定且不易控制和核实,经常按下述公式进行变通,将利润分成率转化成收入分成率,俗称"抽头"。即:

$$\text{销售收入分成率} = \text{销售利润分成率} \times \text{销售利润率} \quad (6-11)$$

$$\text{销售利润分成率} = \text{销售收入分成率} / \text{销售利润率} \quad (6-12)$$

尽管销售收入分成率和利润分成率之间存在一定关系,并可以通过数学公式进行换算,但是必须明确销售收入分成率合理的基础仍然是利润分成率。可见,尽管按销售收入分成现实性和可操作性较强,但是却很难看出转让价格是否合理。因此在评估中仍然应以利润分成率为基础。其中,利润分成率的计算方法主要有两种。

1) 边际分析法

边际分析法是指利用企业使用某项无形资产后实现的利润增量与企业使用该项无形资产后实现的总利润的比例来确定利润分成率的一种方法。边际分析法的步骤是：

首先，分析无形资产边际贡献因素。如开辟新市场，垄断加价因素；成本费用降低因素；产品质量改进因素等；

其次，测算无形资产寿命期间的利润总量和追加利润总量，并折算为现值；

最后，按利润总额现值和追加利润现值计算利润分成率。这种方法的关键在于科学的分析预测使用无形资产后所实现的利润增量，计算公式如下：

$$\text{利润分成率} = \sum \text{追加利润现值} \Big/ \sum \text{利润总额现值} \qquad (6-13)$$

[例 6-2] 企业转让一项新技术，购买方用于改造年产 10 万吨的机器设备组合。经对无形资产边际贡献因素分析，测算在其寿命期间各年分别可带来追加利润 100 万元、120 万元、90 万元、70 万元，分别占当年利润总额的 40%、30%、20%、15%，试评估无形资产利润分成率。（假定折现率为 10%）

评估思路

(1) 计算各年利润总额现值之和为：

$$\frac{100/40\%}{1+10\%} + \frac{120/30\%}{(1+10\%)^2} + \frac{90/20\%}{(1+10\%)^3} + \frac{70/15\%}{(1+10\%)^4}$$

$$= 250 \times 0.9091 + 400 \times 0.8264 + 450 \times 0.7513 + 467 \times 0.6830$$

$$= 227.275 + 330.56 + 338.085 + 318.961$$

$$= 1214.881(\text{万元})$$

(2) 计算追加利润现值之和为：

$$\frac{100}{1+10\%} + \frac{120}{(1+10\%)^2} + \frac{90}{(1+10\%)^3} + \frac{70}{(1+10\%)^4}$$

$$= 100 \times 0.9091 + 120 \times 0.8264 + 90 \times 0.7513 + 70 \times 0.6830$$

$$= 90.91 + 99.168 + 67.617 + 47.81$$

$$= 305.505(\text{万元})$$

(3) 按公式计算无形资产利润分成率为：

$$(305.505/1214.881) \times 100\% = 25\%$$

2) 约当投资分析法

约当投资分析法是指在成本的基础上附加一定的成本利润率折合成无形资产约当投资，再按无形资产折合的约当投资额与购买方投入资产的约当投资额的比例确定利润分成率的一种方法，计算公式如下：

$$无形资产利润分成率 = \frac{无形资产约当投资量}{购买方约当投资量 + 无形资产约当投资量} \times 100\%$$
(6-14)

$$无形资产约当投资量 = 无形资产重置成本 \times (1 + 适用成本利润率)$$
(6-15)

$$购买方约当投资量 = 购买方投入总资产的重置成本 \times (1 + 适用成本利润率)$$
(6-16)

[例 6-3] 甲企业以一项自创技术向乙企业投资，该技术的重置成本为 100 万元，乙企业拟投入合营的资产重置成本为 8000 万元，甲企业无形资产成本利润率为 500%，乙企业拟合作的资产原利润率为 12.5%。试评估无形资产投资的利润分成率。

评估思路 如果按投资双方的投资品的成本价格折算利润分成率，就不能体现无形资产作为知识智能密集型资产的较高生产率。因而应采用约当投资分成法评估利润分成率。

（1）无形资产约当投资量为：

$$100 \times (1 + 500\%) = 600(万元)$$

（2）乙企业约当投资量为：

$$8000 \times (1 + 12.5\%) = 9000(万元)$$

（3）甲企业投资无形资产利润分成率为：

$$600 \div (9000 + 600) = 6.25\%$$

第二步 无形资产收益期限的确定。

无形资产收益期限是指无形资产发挥作用，并具有超额收益能力的时间。无形资产损耗的价值量，是确定无形资产有效期限的前提。无形资产没有物质实体，其价值不会因使用期限的延长而发生有形损耗，但是由于以下原因而会形成无形损耗：

第一，新的、更为先进、更经济的无形资产出现，这种新的无形资产可以替代旧的无形资产，使原无形资产价值减少以至丧失；

第二，无形资产传播面扩大，其他企业普遍合法掌握这种无形资产，使拥有这

种无形资产的企业获取超额收益的能力降低,其价值减小直至消失;

第三,企业拥有的某项无形资产所决定的产品需求大幅度下降,导致该无形资产价值减少直至完全丧失。

因此,无形资产具有超额获利能力的时间才是真正的无形资产有效收益期限。一般来说,无形资产的收益期限由其剩余经济寿命决定,但无形资产的法律保护期限也会对其收益期限产生影响。在无形资产评估中应遵循剩余经济寿命与法律保护期限孰短原则;若法律未规定有效期,企业合同或企业申请书中规定有受益年限的,则按照规定的受益年限确定;若法律或企业合同或申请书均未规定有效期限和受益年限的,按预期受益年限确定。预计受益年限可以采用统计分析或与同类资产比较得出。除此之外,还应充分考虑技术成熟程度与其所处生命周期、无形资产的转让期限以及市场供求状况等因素对收益期限的影响。

第三步 无形资产折现率或资本化率的确定。

折现率通常由无风险利率和风险报酬率两部分组成。由于无形资产投资的风险性较大,评估中采用的折现率往往高于有形资产评估的折现率。评估师应根据无形资产的不同类别,对未来收益的风险影响因素和收益获得的其他外部因素进行分析,科学测算其风险报酬率。另外,折现率的口径应与无形资产评估中采用的收益额的口径保持一致。

二、成本法

当无形资产确实具有现实或潜在的获利能力,但是难以量化,不满足收益法的适用条件时,应以无形资产的现行重置成本为基础来评估其价值。运用成本法评估无形资产,影响评估值的关键因素为无形资产的重置成本和贬值,后者主要指功能性贬值和经济性贬值。

采用成本法评估无形资产的基本评估公式为:

$$被评估无形资产价值 = 重置成本 - 功能性贬值 - 经济性贬值 \quad (6-17)$$

或

$$被评估无形资产价值 = 重置成本 \times 成新率 \quad (6-18)$$

(一) 无形资产的重置成本及其测算

无形资产重置成本是指在评估时点的经济技术条件下,重新取得该项无形资产所需支付的全部费用。自创无形资产和外购无形资产的取得方式不同,其重置成本所包含的内容和计量方法存在较大差别,在确定重置成本时应分别考虑。

1. 自创无形资产的重置成本构成与测算

自创无形资产的重置成本主要包括无形资产研制、开发、持有期间发生的全部物化劳动和活劳动支出。这些费用一般在当期发生,当期负担,企业资产账簿上不能直接反映出来。因此,评估前应认真查阅当时的费用记录,或专用基金等账户积累有关成本资料。

测算自创无形资产的重置成本可以采用以下方法:

1) 物价指数法

当自创无形资产已有账面价值,且在全部资产中所占比重不大时,可直接用物价指数进行调整得到重置成本。计算公式为:

$$无形资产重置成本 = 无形资产账面成本 \times \frac{评估时物价指数}{创造时物价指数} \quad (6-19)$$

2) 市价调整法

如果在评估时,市场上有类似无形资产出售,可按照类似无形资产的现行成本确定或按市场售价的一般比率,由类似无形资产的市场售价换算确定重置成本,再根据不同评估目的计算评估值。计算公式为:

$$无形资产重置成本 = 类似无形资产市场售价 \times 成本/市价比率 \quad (6-20)$$

式中,无形资产自制成本与市场售价的一般比率,可以根据本企业有代表性的无形资产的自制成本和市场售价的加权平均比率来确定。如果没有相应数据,可采用同类无形资产的销售成本率来代替。

[例6-4] 某企业拥有一种疾病诊断试剂的制备技术,假定按国家规定可估价摊销。现有类似技术上市,技术转让费80万元。又知该企业有三项专有技术,其开发成本分别为60万元、80万元和120万元,相应的市价为120万元、200万元和250万元。试按市价调整法评估该技术的重置成本。

解 已知同类技术的市价为80万元,只需乘以成本市价系数,即可求得该技术的重置成本。又知一组该企业专有技术的成本与市价的有代表性的数据,可按加权平均法求出成本/市价系数的经验数据。由题给条件得:

$$成本/市价系数 = \frac{60+80+120}{120+200+250} = 45.6\%$$

由于类似技术的市价为80万元,故该企业的这种疾病诊断试剂的制备技术的重置成本估价为:

$$80 \times 45.6\% = 36.5(万元)$$

[例6-5] 接上例,类似技术转让费为80万元,销售利税率为55%,尚无其他可供参考的成本/市价系数的经验数据,试评估该企业的这种疾病诊断试剂的制备技术的重置成本。

解 已知类似技术的销售利税率为55%,则销售成本率为:

$$1 - 55\% = 45\%$$

评估该企业的这种疾病诊断试剂的制备技术的重置成本为:

$$80 \times 45\% = 36(万元)$$

3) 倍加系数法

由于无形资产是创造性劳动的成果,考虑到这种复杂劳动所创造出的价值远远超过简单劳动所创造出的价值,因而在计算活劳动支出时设置一个创造性劳动的倍加系数。另外,无形资产在研制开发过程中面临较大的风险,往往在经历无数次的失败之后才得以研制成功,因此在评估自创无形资产的重置成本时引入适当的风险系数。自创无形资产的重置成本评估公式如下:

$$C = \frac{C_0 + B_1 Y}{1 - B_2} \qquad (6-21)$$

式中,C 为自创无形资产重置成本;C_0 为研发无形资产所消耗的物化劳动支出;Y 为研发无形资产所消耗的活劳动支出;B_1 为科研人员创造性劳动的倍加系数;B_2 为科研的平均风险系数。

[例6-6] 某公司自创一项专利技术,原材料、燃料动力、设备折旧和仪器仪表等费用 10 万元,人工费用 4 万元,其他费用 1.8 万元。其科研人员创造性劳动的倍加系数为 4.5,科研风险率为 25%。试估算该公司该项自创专利的重置成本。

解

$$C = \frac{10 + 4.5 \times 4 + 1.8}{1 - 0.25} = 39.73(万元)$$

即该公司的这项自创专利技术重置成本为 39.73 万元。

在评估实践中,由于大多数企业自创无形资产的成本数据都不完整,使成本法的应用受到一定的限制。当没有较完备的费用支出资料作为无形资产评估依据时,可以参照类似有形资产重置成本的确定方法,通过一些因素的调整来估测无形资产重置成本。

2. 外购无形资产的重置成本构成与测算

外购无形资产一般都有购置时的原始记录,因而相对于自创无形资产而言比较容易计量。外购无形资产的重置成本主要包括购买价格与购买费用。购买费用是指购买过程中发生的各种费用,包括技术资料费、技术服务费、交易过程中的差旅费以及有关的手续费等。外购无形资产重置成本的计算一般采用市价类比法和物价指数法。如果在无形资产交易市场能收集到类似参照物时,可以通过比较、调整其功能和技术先进性、适用性等差异,确定评估对象的现行购买价格。反之,当无形资产交易市场缺乏类似参照物时,可以评估标的账面历史成本为依据,用物价指数进行调整来估算其重置成本。

1) 市价类比法

其基本思路是在无形资产交易市场选择类似参照物,比较它们在功能和技术先进性、适用性等方面的差异,并调整差异得到评估对象的评估值。

[例6-7] 某机车制造公司购买德国某公司的高效磨削技术专利,原购价100万元。现有三家企业购买该项专利,买价分别为200万元、170万元和150万元,三种技术专利各有特色,与该厂购买的专利也有区别。四种技术专利功能系数分别为100、90、80和60(对应的购价分别是200万元、170万元、150万元和100万元)。购置费用相当于购买价的1%。试评估该企业购买高效削磨技术的重置全价。

解 由于该项无形资产类似的买价分别为200万元、170万元、150万元和100万元,说明买价和功能差别的相关度较高,可做功能价格的回归分析。运用最小二乘法求价格 F 与功能系数 X 的关系式:

$$F = a + bX \quad ①$$

已知:$F = 200、170、150$,$X = 100、90、80$,按最小二乘法得:$a = -51.57$,$b = 2.5$。即:

$$F = -51.57 + 2.5X \quad ②$$

又知被评估资产功能系数为60,按现行市价类比并考虑功能因素,代入式②,得:

$$重置购价 = -51.57 + 2.5 \times 60 = 98.43(万元)$$

该项无形资产实际购置费用相当于购买价的1%,故购置费用重估价为:

$$98.43 \times 1\% = 0.9843(万元)$$

$$该项无形资产的重置全价 = 98.43 + 0.9843 = 99.41(万元)$$

2) 物价指数调整法

由于无形资产通常不存在使用价值形态的再生产问题,它的补偿主要是价值形态的补偿。因此,可以根据物价指数对原始成本进行调整来评估无形资产重置成本。从无形资产价值补偿看,主要是物质消耗费用和活劳动消耗费用。前者与生产资料价格指数相关度较高,后者与生活费用价格指数相关度较高,并最终通过工资、福利标准的调整体现出来。不同的无形资产两类费用的比重可能有较大差别,一些需要利用现代科学和实验手段的无形资产,物质消耗的比重就较大。当生产资料物价指数与生活资料物价指数差别较大时,可以按两类费用的大致比例,结合适用的生产资料物价指数与生活资料物价指数分别估算。当两种物价指数较接近,且两类费用的比重有较大倾斜时,可按比重较大的费用类适用的物价指数进行估算。

(二) 无形资产的贬值和成新率的估测

由于无形资产本身不具有独立的物质形态,因而也就不存在实体性贬值。无形资产贬值的主要表现形式为功能性贬值和经济性贬值。功能性贬值计算的是无形资产在剩余经济寿命期内因功能落后所导致的销售利润的减少或生产成本的上升。一般地,土地使用权、商标权等无形资产不考虑其功能性贬值;而专利权、非专利技术等技术型无形资产的功能性贬值则很显著。经济性贬值是指由于外部客观条件的变化而造成的无形资产贬值。如一项摩托车节油技术的发明专利,当政府规定停止办理摩托车驾驶执照后,摩托车销量骤减,摩托车生产企业也纷纷转产。此时,即使该项节油技术很先进,其价值也会一落千丈。由于直接确定无形资产的功能性贬值和经济性贬值存在一定的难度,而这两方面的贬值又主要通过无形资产使用寿命的缩短来体现,因此无形资产的成新率可用下列公式计算:

$$无形资产成新率 = \frac{无形资产尚可使用年限}{无形资产尚可使用年限 + 无形资产实际已使用年限} \times 100\%$$

$$(6-22)$$

式中,"无形资产已使用年限"比较容易确定,"无形资产尚可使用年限"(即剩余使用年限)可以采用两种方法确定:

(1) 根据法定年限扣除已使用年限作为剩余年限,这种方法特别适用于受到国家法规保护的知识产权的评估。

(2) 无形资产的性质和技术进步的趋势,由评估师会同该无形资产技术领域的专家一起对待评估的无形资产的先进性、适用性进行预测和判断,从而确定其成新率。此法适用于那些无法确定年限的无形资产。

三、市场法

无形资产的市场法评估,是通过分析最近被售出或被许可使用所涉及的类似无形资产,并将这些成交的无形资产与待估无形资产进行对比,得到其评估值的过程。国际评估准则委员会颁布的《国际评估准则》(2005)评估指南4指出,"使用市场法必须具备合理的比较依据和可进行比较的类似的无形资产。参照物与被评估无形资产必须处于同一行业,或处于对相同经济变量有类似反应的行业。这种比较必须具有意义,并且不能引起误解。"进行比较分析的要素要能够体现其对无形资产价值的影响,一般包括被评估的财产权利、买卖动机、融资条款、交易时的市场状况、规模、属性和经济特征(地域范围、使用频率、市场潜力、超额获利的可持续时间等)。对于能在市场上找到具有合理比较基础的交易参照物的无形资产,如土地使用权、专利权、车辆牌照等,适宜采用市场法进行评估。但是,由于无形资产市场交易活动有限,市场狭窄,信息匮乏,很难找到符合要求的交易案例和确定调整事项,因此,在评估实践中应注意采用市场法评估无形资产的操作性和可行性。

第三节 专利权和专有技术的评估

一、专利权的概念和特点

专利权是经过政府专门机构认定,根据国家有关法律批准授予专利所有人在一定期限内对其发明创造所享有的独占使用权、转让权、许可权等权利。根据我国《专利法》规定,专利的保护对象有发明专利、实用新型专利和外观设计专利三种。其中,发明专利和实用新型专利特别强调创造性、新颖性和实用性。与其他技术资产相比,专利权主要具有如下特征:

(1) 专有性。专有性又称独占性或垄断性,即同样的发明创造只能授予一次专利,而且专利的所有者在保护期限内拥有排他性运用该专利的特权。任何单位和个人未经专利权人许可,都不得实施其专利。如果要实施其专利,必须与专利权人签订书面合同,向专利权人支付专利使用费。否则便构成侵犯专利权的行为,专利权人有权提出诉讼,依法要求侵权人停止侵权行为并赔偿损失。

(2) 地域性。任何一种专利只能在授予专利权的国家或地区内有效,超出这个范围就不具法律效力。因为在地域上,各国专利法都是国内法,按照某个国家的法律确认和保护的专利权,一般只在该国领域内有效。如果要在其他国家取得专利权就需要按照这些国家的法律规定分别得到这些国家的批准。

(3) 时效性。依法取得的专利权只在法定期限内有效,受法律保护。期满后,专利权人的权利就自行终止,专利技术就成为社会公共财富。各国专利法都对专利权的有效期做出一定限制,使专利制度既能保护发明人利益,又有利于整个社会。

(4) 可转让性。专利权可以转让,由当事人订立合同,并经原专利机关或相应机构登记和公告后生效。专利权一经转让,原发明人不再拥有专利权,买入者继承专利权。

二、专利权的评估目的

专利权评估依专利权发生的经济行为即特定目的选择其评估价值类型和方法。不同情形下的专利权以及不同的转让形式,确定的评估方法有所不同。专利权转让一般有两种情形:一是刚刚研究开发的新专利技术,专利权人尚未投入使用就直接转让给接受方；二是转让的专利已经过长期的或一段时间的生产，是行之有效的成熟技术。专利权转让形式一般可分为全权转让和使用权转让。专利使用权转让往往通过技术许可贸易形式进行，并在许可证合同中确认使用权的权限、时间期限、地域和纠纷处理程序等。按技术使用权限的大小，专利实施许可分为以下几种：

(1) 独占实施许可。许可人授予这种实施许可后，不仅不能再与第三人就同一专利技术订立任何实施许可，而且自己在规定期限和地区内也丧失了制造、使用或者销售该专利产品的权利。它实际上是许可人与被许可人就该专利技术划分市场的协议，许可人将合同规定地区的市场转让给被许可人。在这种转让中，被许可人需要支付的专利使用费相应也较高。

(2) 独家实施许可。又称排他实施许可，是指专利权人在规定的期限和地区内给予被许可人独占实施专利技术的权利，专利权人不能许可第三人在相同的期限和地区内实施该专利技术，但专利权人自己仍然享有实施该专利技术的权力。

(3) 普通实施许可。普通实施许可是指专利权人允许被许可人在规定的时间和地域内实施专利技术，同时保留自己使用该专利技术以及与第三人签订许可合同的权力，但专利权人只能与第三人签订普通实施许可合同，不得签订独占实施许可合同。

(4) 分许可实施许可。分许可实施许可是指专利权人除允许被许可人在规定的地区内实施专利技术外，还允许被许可人与第三人签订实施许可合同。在这种许可方式下，被许可人在规定的地区内几乎与专利权人享有相同的权力。同时，被许可人要对第三人的行为向专利权人负法律责任。

(5) 交叉实施许可。又称互换实施许可，是指双方专利权人就各自价值相当的专利，相互交换使用权或实施权的许可。这种许可方式多用于改进发明的专利权人与原基础发明的专利权人之间。若出让方按合同规定有权得到受让方在使用专利过程中的改进和发展成果，这种许可则称为回馈实施许可。

(6) 强制实施许可。强制实施许可是指不管专利权人是否愿意，专利机关强制专利权人许可第三人使用专利技术。如果专利权人在规定时间内不实施其专利技术，而且在无正当理由的情况下也不允许他人实施其专利技术，那么专利机关根据具备实施条件单位的申请，可以给予其实施该专利的强制许可。获准强制实施许可的单位也应向专利权人交纳使用费，其权利和义务与普通实施许可中被许可人的权利和义务相似。

专利权全权转让指所有权的转让，即专利权人作为出让方，通过与受让方签订转让合同向其转让该专利权，同时依照合同规定收取一定转让费用的行为。专利权全权转让与专利许可证贸易有着本质的区别：在专利权全权转让中，专利权的主体发生变更，受让方获得该专利的所有权而成为新的合法专利权人；而专利许可证贸易是有条件出让专利技术的使用权或实施权,专利权的主体并不发生变更。

三、专利权评估内容和程序

资产评估机构与委托方签订评估委托协议书后,一般按以下程序评估专利权:

步骤1 确认专利资产的存在。

一般应收集专利说明书、权利要求书、专利证书、有关法律性文件和专利年费缴费凭证等资料,从专利权的有效性、专利权的保护范围和专利权人三方面确认专利资产。

1) 有效性

专利资产凭借法定的垄断权,为特定权利主体带来经济收益。对专利资产有效性的分析,是对专利权的核实,也就是判断该技术是否享有法定的垄断权。对专利技术有效性的判断包括两个层次:

(1) 核实该专利是否为有效专利,著录项目是否属实。对专利权的核实,不能仅凭《专利证书》确知该专利的有效性。《专利证书》虽是依法授予专利权的凭证,但在授权以后,专利权随时可能因各种原因而失效,如未交年费或是经过无效程序都可能导致丧失专利权。根据我国专利管理制度,失效后的《专利证书》,国家并未收回,而是在《专利公报》上予以公告作废,但是作废的《专利证书》仍保留在原专利权人手中。因此,不能仅以《专利证书》证明专利权的有效性,还必须要求委托方提供专利局或省、直辖市、自治区、国务院有关部委专利管理机关出具的确权证明,或通过检索,确认该专利权的法律状态是否为有效。对于已向专利局提出专利申请并正在受理中的专利申请权,要核实中国专利局发出的《受理通知书》和缴费凭证等。

(2) 核实该专利是否具有专利性。由于我国对实用新型专利实行"初步审查"制度,很多已授权的实用新型专利是不符合专利法的实质性要求的。因此,即使是有效的实用新型专利,仍有可能因不具备"三性",经过无效程序,丧失专利权。在无效程序中,关键是对技术专利性的判断。实用新型专利的稳定性是不足的。评估人员在评估之前,必须对委估对象的权利稳定性进行分析。由于专利技术的专业性较强,在必要的情况下,应咨询有关该技术领域的专家,对专利技术进行分析。只有在确定专利权有效的前提下,才能够开展对技术的评估。对于丧失专利权的技术,实质上也就丧失了作为资产的条件,不再具有评估意义上的价值。对于评估人员而言,在对专利资产进行评估的过程中,应首先判断委估对象权利的有效性。

2) 保护范围

根据我国《专利法》的规定,专利权垄断的法定边界是专利权利要求书记载的范围,即专利资产的范围是由权利要求书确定的。由于有形资产具有确定的形态,它的资产范围是直观的,一般不需要通过额外的法律文件进行确认。对于专利资产而言,它的资产范围是依法获得的保护范围,因此需要通过对专利文件——权利要求书进行分析,确定它的资产范围。如果没有对权利要求书进行全面的分析,将导致评估对象与实际情况相差甚远。造成这种差异的原因,主要包括以下三种情况:

第一,由于专利文件的撰写质量问题,导致专利权利人希望获得的权利范围与实际获得的保护,存在明显的差异;

第二,根据《专利法》的规定,《专利法》保护的是技术方案,对于一些不属于技术方案的描述,《专利法》是不提供保护的;

第三,委估对象的权利要求中,存在侵害了"他人在先"权利的要求,不被《专利法》保护。由于目前普遍存在对专利的认识不足,仅从专利证书及权利人的介绍,确定专利的保护范围,而没有认真分析真正专利的权利要求书,这种做法,严重破坏了专利资产评估的科学性及准确性。评估人员在进行价值评估时,只能按照委估技术实际获得的保护范围进行。

3) 专利权人

专利证书中的专利权人是最初获得该专利权的权利人,而该专利权在日后是否已转让给他人,在专利证书中并没有记载,而往往需要通过查询登记簿来获得该专利权最新的专利权人情况。还应注意该专利权是否已转让,但未在国家知识产权局进行备案的情况。

步骤2 收集相关资料,确定评估方法。

依据无形资产评估的操作规范,我国专利资产评估一般采用三种方法:成本法、收益法、市场法。在评估专利资产时,由于专利资产的特性,实际选取评估方法时必须考虑其使用前提条件及评估的具体情况。特别是以下问题对评估方法选取的影响:

(1) 对处于研制阶段,对委估技术能否达到发明目的不确定的,不能确认为资产的技术,不能进行评估。

(2) 对处于研制、小试阶段,技术研制仍未完成,但可预见其技术能取得成功,但对未来市场参数、财务参数、投资参数不确定性较大时,不宜采用收益法进行评估。

(3) 对于委估专利支持的发明与研制成本无关而重要的是发明思想的情形,不应选取成本法评估。

在评估无形资产过程中,一般应收集以下资料:

(1) 技术资料。主要包括:①专利申请全套资料:专利证书或专利受理通知书、专利说明书、权利要求书、说明书附图;②技术总结报告;③技术产品检测报告;④技术产品简介;⑤技术鉴定报告;⑥专家咨询意见;⑦检索报告;⑧专利权转让、许可使用、专利权出资入股等合同书。

(2) 经济及市场资料。主要包括：①专利技术研制开发费用表；②以前年度该专利技术产品销售收入成本统计表；③企业现有的生产能力资料；④企业准备扩建的市场能力的资料；⑤企业的合同订单资料和销售网络资料；⑥项目的可行性研究报告；⑦企业的税收政策；⑧类似专利的转让公告；⑨委估技术产品所在的行业状况、市场容量、市场前景等资料；⑩国内外同行业投资收益率、平均成本利润率、资金利润率等。

(3) 法律法规质量。主要包括：①经济法律法规（特别是国有企业改制、合资合作、技术贸易等经济行为法规、合同法、公司法等）；②专利相关的法律法规；③支持评估法规；④委估对象所处的行业政策。

(4) 支持占有方管理方面的资料。主要包括：①企业合同、章程、简介、企业基本情况；②企业会计制度或会计核算方法；③内部管理制度（包括市场经营、劳动管理、工资奖励、劳保福利及财产物资管理制度等）；④企业所有权人及经营决策管理者关于与经营管理和财务会计有关的重要问题的历次决议及决定。

步骤3 资料核实与分析。

(1) 技术状况分析。主要包括：①技术所属领域分析；②替代技术分析；③技术先进性分析；④技术新颖性分析；⑤技术成熟度分析；⑥相关技术配合度分析；⑦技术应用范围分析；⑧技术防御力分析。

(2) 收益能力分析。包括是否具有获利能力，获利表现为收入增长型或成本费用降低型等分析。由于待估的专利资产存在尚未应用于生产实践和已实际应用两种情形，因此在预测销售成本时，应分为已实施专利和未实施专利两种情况。已实施的专利是指那些已经转化或正在转化为现实生产力的专利技术。这种专利技术较为成熟，其经济效果和市场前景都比较明朗，并且有一定的历史数据可供参考。因此，预测起来相对简单一些，可由预测学中的各种方法得到。一般步骤为：首先识别增长曲线类型，而后进行参数估计，得到拟合方程，最终对拟合方程的拟合度进行检验，并进行显著性检验，如果方程通过检验，则可以使用它进行未来销售收入的预测。

未实施专利由于没有经过实践检验，没有市场和效益的历史数据可供参考，所以这类专利资产的未来收益的预测比较困难。在专利权的被许可实施方或受让方还不确定时，一般采用从市场的总体出发，逐步分析，最后得出专利产品的销售情况。即首先明确专利产品所处市场的总规模，然后调查分析专利产品市场状况，也就是市场类型及规模经济程度。一般说来，不同的市场类型对应着不同的竞争程度，也影响着每个厂商可能占有的市场份额，而是否存在规模经济性，也决定着厂商的生产规模。最后结合专利产品自身的特性，确定专利产品在该市场上可能占有的份额，得出销售收入的预测值。在交易对象已经明确的情况下，可以根据被许可方或权利受让方的生产规划、生产能力、营销能力，结合产品市场规模，预测出产品在专利剩余经济寿命期内各年的销售情况。

（3）市场分析。包括应用该专利技术的产品市场需求总量分析、市场占有率分析。

（4）风险分析。主要包括技术风险、市场风险、经营风险和资金风险。

步骤4 确定评估参数，完成评估报告，并加以详尽说明。

评估报告是专利资产评估结果的最终反映，但这种结果是建立在各种分析、假设基础之上的，为了说明评估结果的有效性和适用性，评估报告中应详尽说明评估中的各有关内容。

四、专利权的评估方法

专利权评估主要采用收益法，特殊情况下也可采用成本法，也有兼顾两者的成本——收益双折现法。

1. 收益法

采用收益法评估专利权，关键是要确定出专利资产的收益额、折现率和获利期限。专利资产的收益额是由专利权直接带来的预期收益。根据专利权收益的来源差异可以将其分为收入增长型专利和费用节约型专利，直接测算超额收益，也可用分成率方法测算。

参照国际惯例，确定技术分成率的方法有三分法、四分法、LSLP（Licensor's Share of Licensee's Profit）等。三分法认为，企业所获利润是资金、技术和经营能力这三个因素综合作用的结果，技术贡献应占总利润的1/3左右。四分法认为企业所获利润是由资金、技术、劳动和管理这四个因素综合作用的结果，技术贡献应占总利润的1/4左右，并根据具体情况进行修正。联合国技术情报交流中心（TIES）在1982年底对印度等发展中国家20项引进技术转让合同中技术转让费、净销售额、提成率、净利润、利润分成率等LSLP值进行分析后认为，利润分成率（LSLP）在15%以下及30%以上的项目是少数，多数在15%~30%之间。联合国工业发展组织（UNIDO）调查、统计和分析后也认为利润分成率（LSLP）在16%~27%之间较合理。我国评估界通常认为利润分成率在25%~33%之间。

三分法、四分法和LSLP法只是确定了分出率的大致范围，在评估实务中，还需要根据专利权技术和交易双方的实际状况，结合转让环境，交易双方可能因此而产生的责任等，将专利权划分为四个等级，分别取15%、20%、25%、30%，从而细化分成率。详见表6-1。

表 6-1 技术分成率一般标准

等级	A	B	C	D
取值(%)	30	25	20	15
条件	技术水平先进；效益高；转让条件优惠	技术水平较先进；效益较高；转让条件较优惠	技术水平一般；效益一般；转让条件一般	技术水平较一般；效益较一般；转让条件较一般

此外，也可采用专家打分法确定技术分成率。

[例 6-8] 某项专利技术最高分成率确定为 30%，采用专家打分法得到综合评价表，见表 6-2。

表 6-2 某专利技术评分表

序号	评价指标	权重(X)	专家打分平均值(Y)	XY
1	技术水平	0.15	96.5	14.175
2	获奖等级	0.05	0	0
3	技术成熟程度	0.10	91.2	9.12
4	经济效益	0.30	98.3	29.49
5	市场前景	0.10	97.6	9.76
6	转让方式	0.05	100	5.00
7	社会效益	0.05	92.5	4.625
8	产业政策吻合度	0.05	95.6	4.78
9	风险	0.05	83.7	4.185
10	投入产出比	0.10	96.8	9.68
	合计	1.00		91.115

该专利技术的利润分成率 $= 30\% \times 91.115 \div 100 = 27.33\%$

测算出专利权的年净收益后，结合其有效使用年限和适用折现率，计算出专利权在有效使用年期内的净收益现值总额作为其评估值。

专利权全权转让评估，同样也适用收益法，但买方在转让成交后即成为新的专利权人，卖方不再享有转让标的资产的任何权益，卖方索价自然比许可交易要高得多。因此，在确定全权转让分成率时，不仅要考虑专利权带来的净收益，还要考虑专利权开发成本、机会成本、再开发追加费用等因素。

2. 成本—收益双折现法

无论是自创专利，还是外购专利，都有取得成本，结合创造性劳动价值和科研

风险等因素,将取得成本与评估对象获利能力折现累加作为该专利权的评估值。计算公式为:

(1) 对于外购专利权:

$$评估价值 = 外购成本现值 + 逐年收益现值总和 \qquad (6-23)$$

(2) 对于自创专利权:

$$评估价值 = 自创专利权总成本现值 + 逐年收益现值总和 \qquad (6-24)$$

其中,

$$自创专利权总成本现值 = \frac{(C_0 + B_1 V)(1 - B_2)}{(1 - B_3)} \qquad (6-25)$$

式中,C_0 为物化劳动消耗价值;V 为活劳动消耗价值;B_1 为科研人员创造性劳动倍加系数;B_2 为无形损耗率;B_3 为科研的平均风险损失率。

[例 6-9] 高创公司某项自创专利技术,花费原材料、燃料动力、设备折旧和仪器仪表等费用 10 万元,人工费用 2 万元,其创造性劳动倍加系数为 5,科研平均风险损失率为 20%,无形损耗率为 10%,该项专利技术的使用可为公司每年带来净增收益 30 万元,有效期尚有 4 年,假定适用的贴现率为 12%,试求该项专利权的评估值。

解 依公式计算:

$$自创专利权总成本现值 = \frac{(10 + 5 \times 2) \times (1 - 10\%)}{1 - 20\%} = 22.5(万元)$$

$$逐年收益现值总和 = 30 \times (P/A, 12\%, 4) = 30 \times 3.037 = 91.11(万元)$$

$$该专利权评估值 = 22.50 + 91.11 = 113.61(万元)$$

3. 成本法

运用成本法评估专利权,应重点分析计算其重置成本的构成、金额及相应的成新率。外购专利权的重置成本容易确定,自创专利权的重置成本一般由以下项目构成:

(1) 研制成本。包括在研制过程中直接发生的成本费用和与研制成本相关的间接成本费用。直接成本又包括直接材料费、直接人工费、专用设备费、资料费、咨询鉴定费、协作费、培训费、差旅费和其他费用;间接成本主要包括管理费、非专用设备折旧费和应分摊的公共费用及能源费用。

(2) 交易成本。即在技术交易过程中发生的成本费用,主要包括技术服务费、交易过程中发生的差旅费及管理费、手续费、税金等。

以上只是专利权重置成本基本构成项目,在评估实务中,应依据不同的评估目的和评估对象具体考虑。专利权评估中成新率的测算方法可参见第九章第三节的内容,此处不再赘述。

[例6-10] 兴昌实业有限公司拥有一项实用新型专利,2002年1月自行研制成功,现因企业经济效益不佳,被鸿港股份所兼并而需要对该项专利技术进行评估。

解 (1)确定评估对象。该项专利技术是兴昌实业有限公司自行开发研制并申请的专利权,该公司对其拥有所有权。被兼并企业资产中包含该项专利技术,因此确定评估对象为该项专利技术所有权。

(2)鉴定技术性能。该专利技术权证和技术检验报告均齐全。根据专家鉴定和现场勘察,表明该项专利技术的应用对于提高产品质量,降低产品成本均有较大作用,效果良好,与同行业同类技术相比,处于领先水平。企业经济效益不佳的原因,主要是因为企业管理人员素质低,管理混乱所致。

(3)选择评估方法。由于该公司经济效益欠佳,很难确切预测该项专利技术的超额收益;同类技术在市场上也尚未发现交易案例,因此,决定采用成本法评估。

(4)测算各项评估参数。

首先,分析测算其重置成本。该项专利技术是企业自创形成,可从企业获取各种成本费用资料。具体如下:

材料费为45 000元,工资费为10 000元,专用设备费为6000元,资料费为1000元,咨询鉴定费为5000元,专利申请费为3600元,培训费为2500元,差旅费为3100元,管理费分摊为2000元,非专用设备折旧费分摊为9600元。费用合计为87 800元。

鉴于专利技术难以复制的特性,各类消耗仍按过去实际发生定额计算,并按现行价格水平计算其价格。据考察、分析、测算,近两年生产资料价格指数分别上涨5%和8%。因生活资料物价指数资料难以获得,且在该专利技术开发中工资费用所占份额很少,因此,将全部成本均按生产资料价格指数进行调整,即可测算出重置成本。

$$重置成本 = 87800 \times (1+5\%) \times (1+8\%) = 99565(元)$$

然后,确定该项专利权的成新率。该项实用新型专利法律保护期10年,已过2年,还剩8年。但据专家鉴定,该项专利剩余使用寿命仅为6年,按照孰短原则确定剩余寿命为6年。

$$成新率 = \frac{6}{6+2} \times 100\% = 75\%$$

最后,计算评估值,得出结论。

评估值 = 99565 × 75% = 74673.75(元)

即该专利权的评估值为 74 674 元。

五、专有技术的概念、特点及评估时应注意的问题

专有技术也称为非专利技术、技术秘密、技术诀窍,是指生产经营活动中使用的、先进的、实用的、未经公开或未申请专利的知识和技巧。专有技术有狭义和广义之分,前者仅限于工业范围内的产品制造方法和相关的经验和技巧;而后者既包括工业技术,又包括商业技术和管理技术。其中,商业技术指有秘密性质的市场情况,如竞争公司的情况、销售市场及价格的情报等;管理技术指组织生产的秘诀。广义的专有技术主要包括设计资料、技术规范、工艺流程、材料配方、经营诀窍和图纸数据、特殊的产品保存方法、质量控制管理经验等。

专有技术一般具有以下特点:

(1) 秘密性。这是专有技术一个最明显的特点。专有技术是经过长期研究所得的不愿公开的方法、特长和经验。任何在报纸、杂志或其他出版物上公开发表,或者在公开场合进行展览、演示的东西,都不能成为专有技术。

(2) 经济性。专有技术在企业生产经营中采用后,能有效提高企业经济能力和生产水平,给企业带来较大经济效益。专有技术的经济性是经过生产实践检验过的,不能应用的技术或者不具备经济价值的技术不能称为专有技术。

(3) 可传授性和可转让性。专有技术可以传授和转让给他人,其传授方式除书面文字形式外,还可以口头或其他方式。传授和转让专有技术后的效果可以通过技术指标或质量指标进行检测。

专有技术和专利技术之间具有明显区别,主要表现为:

(1) 两者的公开程度不同。专有技术是保密的技术,是其竞争对手所不了解的;而专利技术是公开了的技术,在专利说明书中已将其内容公之于世。因此,专有技术从某种角度比专利技术更有经济价值。

(2) 两者取得难易不同。一般而言,专利技术较简单,别人经过努力也可获得。在这种情况下,发明者为维护自己的经济利益往往抢先申请技术专利。而专有技术难度较大,一般是较成熟的技术和经验,其他人不易突破。占有这种技术和经验能够在国际竞争中获取优势地位。

(3) 两者范围不同。专利技术的领域受到《专利法》的限制,而专有技术范围广泛,只要是企业特有的,能带来超额收益的技术管理、经营方面的知识、经验、数据、方法等均可包括在内。

(4) 专利技术受《专利法》保护,而专有技术则不受专门法律保护,如果别人仿制或钻研得到并使用这种技术,不会构成侵权行为。

(5) 专利技术有法定保护期限,超过法律保护期就自然失效,成为社会公有财

产。而专有技术没有法定保护期,由持有人自行保护,它将伴随技术和社会的发展不断更新。专有技术的使用期限取决于专有技术本身和企业的各种相关因素。

评估专有技术时应注意以下问题:

(1) 鉴定专有技术的存在。专有技术的秘密性使得鉴定专有技术存在较大困难。评估师在评估中需要和企业经营管理人员沟通交流,并约请该领域专家座谈,确认专有技术确实为企业带来了超额收益。如果在其他地域范围内也存在同样的或类似的技术,则该技术就因丧失保密性和垄断性而不能确认为专有技术。这是评估专有技术的首要环节。

(2) 鉴定专有技术所处生命周期或技术成熟程度。任何一项技术产品从开发研制到走向市场直至最终被新技术取代,一般都经历了发展、成熟和衰退等阶段。在不同阶段,技术成熟程度不同,带来的经济效益也不同,评估价值也有差异。一般在成熟阶段,专有技术能为企业带来较高的经济效益,其评估值应该高一些。

六、影响专有技术评估价值的因素

影响专有技术评估价值的因素很多,主要包括以下几类:

(1) 专有技术的使用年限。专有技术不同于专利权,它没有法定保护期限,但专有技术作为一种技术型资产,也会受技术进步和市场竞争的影响,一旦专有技术成为公认技术,或者被先进技术所取代,它就一文不值了。因此,评估时除了应根据双方合同规定期限或协议约定情况测算,还要约请该领域专家参与分析判断和估算。

(2) 专有技术的预期盈利能力。专有技术的预期盈利能力是评估其价值的基础。评估中应充分研究分析专有技术的直接和间接盈利能力,这是评估专有技术价值的关键和难点所在。一般可以通过比较企业专有技术所产生的利润率或投资回报率和其他竞争企业的利润率或投资回报率,也可以和行业平均水平进行比较来确定。

(3) 专有技术的市场情况分析。首先要分析专有技术的市场份额。市场份额越大,表明其需求越大,价格相应也高,反之则低。其次应分析专有技术的领先程度。在科技迅猛发展的时代,任何一项技术都不可能持久处于领先水平,而且随着技术更新速度加快,无形损耗也不断加大。另外,专有技术的成熟程度和可靠程度对其价值影响也较大,技术越成熟可靠,其盈利能力越强,风险越小,则卖价越高。

(4) 专有技术的取得成本。专有技术的取得成本包括专有技术的研究开发成本、维持其先进性所需的成本和将其商业化所需要的成本等。评估中应根据不同专有技术具体特点,分析其成本与价值的关系。

七、专有技术评估方法

专有技术和专利技术同属技术型无形资产,在评估思路和主要方法上与专利权评估基本一致。下面结合案例分析收益法和成本法在专有技术评估中的具体应用。

1. 运用收益法评估专有技术

[例6-11] A公司拟将一种饮料配方转让给B公司,现委托某评估公司对此配方进行评估。该配方有一定的技术先进性,能大大增加此种饮料的销量,评估公司预测此状况可持续5年,双方在订立合同时约定,B公司从使用该配方生产饮料的新增利润中提成40%给A公司,作为技术转让费,时间为5年。试据相关资料确定该配方的评估值。

解 (1)预测、计算未来5年的收益(假设评估基准日为2000年12月31日)。测算结果如表6-3所示。

表6-3 该饮料配方未来5年收益预测表

项目	2001	2002	2003	2004	2005	合计
销售量/件	35	45	45	45	45	215
销售单价/万元	2.2	2.2	2.2	2.2	2.2	—
销售收入/万元	77	99	99	99	99	473
减:成本费用/万元	21.48	27.935	27.935	27.935	27.935	133.58
利润总额/万元	55.16	71.065	71.065	71.065	71.065	339.42
减:所得税/万元	0	0	0	12.4425	12.4425	24.885
税后利润/万元	55.16	71.065	71.065	58.6225	58.6225	314.535
专有技术分成率/%	40	40	40	40	40	—
专有技术收益/万元	22.064	28.426	28.426	23.449	23.449	125.814

(2)确定折现率。根据银行利率确定安全利率为10%,根据技术所属行业及市场情况确定风险率为10%,因此折现率确定为20%。

(3)计算评估值。

$$\text{该酿酒配方的评估值} = \sum_{i=1}^{5} \frac{\text{该专有技术各年收益}}{(1+r)^i}$$

$$= 22.064 \times 0.8333 + 28.426 \times 0.6944 + 28.426 \times 0.5787 + 23.449 \times 0.4823 + 23.449 \times 0.482$$

$$= 75.3086(\text{万元})$$

2. 运用成本法评估专有技术

[例6-12] M公司现有不同类型设计图纸8万张需要进行评估。评估过程如下：

步骤1 分析鉴定图纸使用情况。

评估师分析了图纸尺寸和所给产品的种类、产品周期等，将这些图纸分为以下四类：

(1) 活跃/当前型：6.2万张。这是指现在正在生产，可随时订货的产品零件、部件、组合件的工程图纸及其他工艺文件。

(2) 半活跃/当前型：0.9万张。这是指目前已不再成批生产，但仍可订货的产品零件、部件、组合件的工程图纸及其他工艺文件。

(3) 活跃/陈旧型：0.7万张。这是指计划停止生产，但目前仍可供销售的产品零件、部件、组合件的工程图纸及其他工艺文件。

(4) 停止生产且不再销售的产品零件、部件、组合件的工程图纸及其他工艺文件，计0.2万张。

根据以上分析得出可继续有效使用的图纸共有7.1万张。

步骤2 测算图纸的重置成本。

根据图纸设计、制作费用及现行价格水平分析确定，这批图纸每张成本为120元。

$$整批图纸的重置成本 = 71000 \times 120 = 8520000(元)$$

步骤3 测算图纸的贬值。

采用年限法计算。假设由活跃/当前型图纸控制产品的剩余使用年限为5年，总使用年限为12年，则其成新率为：

$$5/12 \times 100\% = 41.67\%$$

依照此法计算各类图纸的成新率，最终估算出这批图纸的综合成新率为48%。

步骤4 计算这些图纸的价值。

$$8520000 \times 48\% = 4089600(元)$$

第四节 商标权评估

一、商标及其分类

商标即商品标记，是标明一种商品区别于其他商品而采用的任何文字、图形、符号、设计或其他组合,但这种标记并不是产品或商品性能、型号、产地、特点等方面的标记,而是生产、销售它的企业的标记。即商标是一种商品归属标记,人们据此可以立即知道这种产品是哪个企业生产的。例如,"茅台酒"中"茅台"是商标,"酒"是产品名称。根据我国 2001 年 10 月修改的《中华人民共和国商标法》第 3 条、第 8 条的规定:经商标局核准注册的商标,包括商品商标、服务商标、集体商标和证明商标;商标注册人享有商标专有权,受法律保护。

从不同的角度考虑,商标可以划分为以下几类:

(1) 按照不同的构成,商标可分为文字商标、图形商标和组合商标。

文字商标是指只由文字构成的商标,可以用汉字、拼音字母、外文字母、数字、少数民族文字等组成。图形商标是指由图形构成的商标,这种商标形象鲜明、生动,有吸引力。而组合商标是指由文字、图形和其他方式组合而成的商标。

(2) 按照不同的用途,商标可分为商品商标和服务商标。

商品商标是指自然人、法人或其他组织对生产、制造、加工或经销的商品所取得的专用标记。服务商标是提供服务的经营者,为将自己提供的服务区别于他人而使用的专用标记。《中华人民共和国商标法》(1993)中规定:"企业、事业单位和个体工商业者,对其提供的服务项目,需要取得商标专用权的,应当向商标局申请服务商标注册。"这表明我国已经对服务商标提供注册保护。

(3) 按照不同的使用者性质,商标可分为制造商标、销售商标和集体商标。

制造商标又称生产商标,主要标明商品由谁生产,其使用者为该商品的生产制造者。销售商标也称商业商标,是指销售者为推销商品所使用的商标。集体商标指以团体、协会或者其他组织名义注册,供该组织成员在商事活动中使用,以表明使用者在该组织中的成员资格的标志。我国法律规定,经商标局核准注册的集体商标受法律保护。

(4) 按照有无商标专用权,商标可分为注册商标和未注册商标。

注册商标是指依照法定注册程序,经过国家有关商标管理部门注册登记,法律对使用者拥有的专用权给予保护的商标。未注册商标是指未经核准注册,使用者不享有专用权的商标。

(5) 按照不同的使用目的,商标可分为联合商标、防御商标和证明商标。

联合商标是指商标所有者在其同一商品上注册的相似商标或在其同类的不同商品上注册的相似商标,这些商标中通常有一个主商标,其他商标则称为联合商标。防御商标是指商标所有者在其不同类商品上将其商标分别注册,防止他人在不同类别的商品上使用其商标,这种商标一般是具有独创性的驰名商标。如"海尔"商标在全部 45 个大类都注册。注册防御商标主要起防御作用,以保护驰名商标。证明商标是由对某种商品或者服务具有监督能力的组织所控制,而由该组织以外单位或者个人使用于其商品或服务,用以证明该商品或服务的原产地、原料、制造方法、质量或者其他特定品质的标志。如国际羊毛局的全羊毛标志就是一种证明商标。我国法律规定,经商标局核准注册的证明商标受法律保护。

二、商标权及其特点

商标权属于工业产权的一个部分。我国法律规定,对于商标局核准注册的商标,商标注册人享有商标权,受法律保护。商标权主要包括以下几方面内容:

(1) 独占权或专有权。商标的独占权是一种排他性的专用权,商标经过注册后,受国家法律保护,法律禁止其他企业或个人在同类商品上使用和注册与某种注册商标相同或近似的商标。但是,第三者如果不是在相同或类似的商品上使用同注册商标相同或近似的商标,则不影响商标的专有性,注册商标所有人无权请求加以排除。同时,第三者还可以将该商标申请注册,取得商标权。可见,商标权的专有性不同于专利权的专有性。发明人一旦取得专利权,则绝对排除了第三者的同一发明在同一国家再次取得专利权。

(2) 使用权。注册商标的所有者有权在其注册商标所核定的商品上使用该商标并从中取得合法经济利益。

(3) 转让权。注册商标所有人有权依照法定程序,将其注册商标有偿或无偿转让给他人,也有权将其赠予他人。我国现行《商标法》规定:"转让注册商标的,转让人和受让人应当共同向商标局提出申请。受让人应当保证使用该注册商标的商品质量。""转让注册商标经核准后,予以公告。"

(4) 许可使用权。注册商标所有者在保证商品质量相同的前提下,依法有权有偿或无偿地通过商标使用许可合同许可他人使用注册商标。我国现行的《商标法实施条例》规定:"商标注册人许可他人使用其注册商标,必须签订商标许可使用合同(并且使用标准格式的商标许可合同文本)。许可人和被许可人应在许可合同签订之日起3个月内,将许可合同副本交送其所在地县级工商行政管理机关存查,由许可人报送商标局备案,并有商标局予以公告。"

商标权作为一项无形资产,除具有无形资产一般属性外,还具有如下特点:

(1) 商标权必须经过商标注册的法定程序才能取得。

(2) 商标权具有专用性。商标权是一种排他性的专用权,只有商标的所有者才有这一注册商标的专用权利,并有权向任何侵权人要求停止侵权行为并赔偿损失。

(3) 商标权具有可转让性。注册商标的所有者可以向他人转让商标使用权,也可以通过签订许可合同,许可他人使用其注册商标。

(4) 商标权具有法定保护期限。我国法律规定,注册商标的有效期为10年,自核准注册日起计算。注册商标有效期满,需要继续使用的,应当在期满前6个月内申请续展注册,每次续展的有效期为10年。但商标法也规定若商标注册后连续

3年未使用,商标所有者将丧失其商标权。

（5）商标权具有地域性。商标权只在法律认可的一定地域范围内受到保护,不同国家具有不同的商标保护原则,商标权并非在任何地方都受到保护。商标所有者享有的商标权,只能在授予国生效。如果需要得到其他国家的法律保护,必须按该国法律规定,在该国申请注册,或向世界知识产权组织国际局注册。即使某国参加了保护商标的国际公约,其涉外商标权能否得到缔约国的保护仍取决于缔约国的法律。因此,我国在出口商品上使用的商标应当及时在商品销售的国家和地区申请注册。

三、影响商标权价值的因素

商标权作为一项无形资产,其价值并非仅由设计、制作、申请、保护等耗费形成。在市场经济下,商标代表了企业商品的质量、性能、服务等综合效应,具有使资本价值增值功能放大的特殊使用价值,通过商标的独占使用和许可转让,可给商标所有者带来巨大经济效益。影响商标权价值的因素很多,评估师在评估前,需要认真分析各种影响因素,以确定合理的评估程序和方法,为商标权交易提供公正的交易价格基础。

（1）商标的法律状态,包括商标注册情况和商标权的灭失和续展。由于我国实行的是"不注册使用与注册使用并行,仅注册才能产生专有权"的商标专有权制度,因此只有注册了的商标才具有经济价值。未注册的商标即使能带来经济效益,也不能确认其经济价值。其次,商标注册的地域范围也会影响其价值。如前所述,商标具有严格的地域限制,同一商标在不同国家和地区注册后所带来的收益显然不同。此外,商标注册的商品种类或范围也会影响商标权的价值。由于商标注册申请实行"一类商品、一个商标、一份申请"的原则,因此评估时应明确商标注册的商品或服务的种类与范围,考察其使用范围与注册范围是否相符,对于超出注册范围的商标权不受法律保护,其收益也不应计入评估对象的预期收益中。

注册商标在我国有效期为10年,期满未申请续展的,则商标权的注册将被注销,商标权就会灭失。此外,如果自行改变、自行转让注册商标;或者自行改变注册商标的注册人名义、地址或其他注册事项的;或者连续三年停止使用的,均会导致商标权灭失。商标权一旦灭失,则失去评估对象,原商标不再具有价值。商标权只有在合法续展的情况下,才可以成为永久收益性无形资产。一般而言,商标创立时间越悠久,其价值越高。

（2）商标的知名度。不同的商标可为商标权人带来不同的收益。驰名商标按照《保护工业产权巴黎公约》、世界贸易组织的《知识产权协议》及多数国家的商标法,都享有特殊保护权利。显然,驰名商标的价值要高于普通商标的价值。而且商标的知名度、美誉度越大,所带来的收益越高,其价值越大。

(3) 商标权所依附的商品或服务。商标权作为一项无形资产,其价值是依附于有形资产产生的。具体而言,商标所带来的经济效益是依托于相应的商品或服务体现出来的。首先,商品或服务所处的行业发展状况和前景直接影响商品或服务的规模、价格、利润率等指标,进而影响商标权价值。其次,商标权所依附的商品所处的生命周期也会影响商标权价值。一般而言,处于发展或成熟阶段的商品,盈利能力强,相应地,其商标权价值也高;而处于衰弱阶段的商品,盈利能力弱,其商标权价值相应也低。此外,商标权所依附的商品或服务的市场占有率和竞争状况对商标权价值也有重大影响。商品或服务的市场占有率,标志着商标权的价值范围。占有率越大,价值范围越广,商标权价值越高。竞争状况同样影响商标权价值。竞争越激烈,其他知名商标越多,商标权价值越低。

(4) 评估目的。从商标权转让方的角度,商标权评估目的可分为商标权转让和商标权许可使用。商标权转让是指商标所有者在法律允许的范围内,在一定条件下将其注册商标转让给他人所有。注册商标一旦转让,转让方不再享有注册商标专用权。我国法律规定:"转让注册商标的,转让人与受让人应当共同向商标局提出申请。受让人应当保证使用该注册商标的商品质量。"商标使用许可是指转让方在不放弃注册商标所有权的前提下,通过签订合同许可他人使用其注册商标。受让方获得注册商标使用许可后,可以利用该注册商标的声誉,迅速进入市场,降低市场风险,提高市场份额。注册商标许可使用的关键在于有效控制相关商品的质量和销售条件。我国法律规定:"商标注册人可以通过签订商标使用许可合同,许可他人使用其注册商标。许可人应当监督被许可人使用注册商标的商品质量。被许可人应当保证使用该注册商标的商品质量。经许可使用他人注册商标的,必须在使用该注册商标的商品上标明被许可人的名称和商品产地。"可见,商标权转让和商标权许可使用的行为方式不同,所带来的经济价值也会不同。

(5) 商标的设计与推广。商标设计的基础在于商标名称的创意和设计,好商标不仅要求设计美观,还要求能彰显产品的特色和风格。商标设计一般应具有显著特点和丰富深刻内涵,并尽量简单明了且涵盖广泛恰当。商标的推广主要采用广告形式,这是扩大商标知名度和影响力的重要因素。企业通过广告宣传刺激和维持消费需求,扩大产品销量,创造更多经济价值。

(6) 宏观经济状况。商标权价值与宏观经济形势密切相关。经济形势高涨时,评估值高,经济低迷期,评估值较低。此外,宏观经济政策,如财政政策、货币政策和商标所处行业政策的变动都会影响商标权的价值。

除上述影响商标权价值的因素外,商标的取得成本、维持和推广费用、商标的扩展潜力和利用潜力等对商标权价值也构成重要影响,评估时也应予以考虑。

四、商标权评估程序

商标权评估一般按照以下程序进行操作:

步骤 1 明确商标权评估目的。

商标权评估最主要的需求体现在产权变动行为中。它不仅包括以商标作为单项资产进行投资、转让、购买、参股等产权变动行为,而且包括以商标所在企业整体发生的产权变动行为。在这些产权变动行为中,商标权都可以作为所有者的一项资本投入,因此需要有一个合理的评估价值,以保障所有者的合法权益。

商标权评估需求还体现在以商标许可使用为目的的企业行为中。这种行为在市场经济环境下也是非常普遍的。特别是当前股份制改造或股份公司上市时,出于股本结构、出资要求等原因,往往将商标权许可使用,这样既保证了股份制企业正常运营,又不影响其股权结构和出资规定。在这种情况下,不仅要评估商标权价值,还应评估出许可使用费标准,作为签订许可使用合同的依据。

商标权评估还可以服务于商标的法律诉讼和企业管理的需要。由于目前财务报表不能提供商标权等无形资产真实信息,企业管理者必须通过价值评估才能获取所需信息,为制定企业发展战略提供依据。此外,在商标遭到侵权,需要界定损害和索赔时,商标权评估也可起到参考作用。

步骤 2 向委托方收集有关资料。

这些资料主要包括:委托方概况(包括经营历史、经营现状),经营业绩(包括前3~5年财务报表);商标概况,包括商标注册有关的法律性证件、注册时间、注册证书号、注册证书号、保护内容、商标适用范围、商标种类、商标的法律诉讼情况、商标的知名度、商标有无其他协议等;商标产品的历史、现状与展望,包括市场环境、同业情况、商标产品的信誉、市场占有率等;商标的广告宣传情况;委托方未来经营规划;未来财务数据预测,包括生产、销售预测,成本费用预测,损益预测等;相关产业政策、财税政策等宏观经济政策对其影响。

步骤 3 市场调研和分析。

主要包括:产品市场需求量的调研和分析;商标现状和前景的分析;商标产品在客户中的信誉、竞争情况的分析;商标产品市场占有率的分析;财务状况分析,主要分析判断商标产品现有获利能力;市场环境变化的风险分析;其他相关信息资料的分析。

步骤 4 确定评估方法,收集确定有关指标。

商标权评估主要采用收益法,但倍率法和市场法也有一定应用空间。运用收益法时,需要分析确定收益额、折现率和收益期限三项指标。运用倍率法评估时,需要确定商标历史加权收益和倍率两个参数,采用市场法评估,应注意可比参照物的选择,慎重使用。

步骤 5 计算、分析、得出结论,撰写评估报告。

这是商标资产评估的结论阶段,应利用前面收集整理的资料,进行核查、比较、归纳综合评价分析等,并邀请有关人员讨论,提出意见和建议,最终得出评估结论,撰写评估报告。商标资产评估报告一般包括以下内容：商标资产评估概要；评估的类型和项目范围；评估的方法和程序；经济分析和评价；主要问题和原因；商标资产生产能力和建议等。

五、商标权的评估方法

1. 市场法

在商标交易和技术市场、资本市场较发达的国家和地区，市场法是一种较常用的方法。它主要是通过在商标交易市场选择相同或近似的资产作为参照物，比较、调整标的资产和参照物资产的差异，分析各项调整结果，确定标的商标资产的评估值。采用市场法评估商标权价值，关键是选择可比参照物。一般而言，参照物商标应具备以下条件：

（1）同行业商标。

（2）使用商标的产品或服务的范围应基本相同。

（3）商标许可的限制条件明确，无本质差异，可以相互比较，如许可形式一致，同为独占、排他或普通许可等。

（4）商标许可发生的时间接近，有可比性。

（5）商标许可双方的情况具有可比性。

（6）商标的发展潜力有相似之处。

运用市场法评估商标权最常见的是许可使用费收益资本化法。在许可使用费收益资本化法中，需要参考假设标的商标在公平交易中被许可使用时所产生的使用费收益金额。此时，应选择与标的商标具类似风险和投资报酬率的许可证协议作为参照物，预测出标的商标权的公平许可使用费率。再用标的商标的公平许可使用费率乘以其产生的预期净收入，即得到标的商标使用费收益。然后，将此收益视为年金，选择适当的资本化率予以资本化，即得到标的商标权的公平市场价值。

总体而言，采用市场法评估商标权，由于受到市场环境和信息条件的限制，选择参照物较困难。如果评估时能克服以上障碍，市场法仍不失为一种客观有效的评估方法。

2. 倍率法

倍率法是英国专门评估商标权的 Interbrand Group 经多年实践总结出来的一种比较有特色的商标权评估方法。倍率法的基本评估公式为：

$$商标权评估价值 = 商标历史加权收益 \times 倍率 \quad (6-26)$$

运用倍率法的关键是确定商标历史加权收益和倍率两个基本参数。为避免由于对商标未来收益预测产生的误差，采用企业会计账目中体现的商标历史收益，并对商标历史收益进行加权平均处理,以此作为商标收益的基础。商标的历史收益一般选取评估基准日前三年的资料进行分析,得到这三年的商标年收益值,按1、2、3权重(离评估日越近,权重越大)作加权平均,最后算出商标的历史加权收益(税后利润)。权重的选取考虑了收益的发展趋势,因为离评估基准日越近的收益越能代表商标的真实收益状况。倍率是由商标历史加权收益计算商标价值所用的比率,一般大于1,因而称为倍率。商标倍率的概念与股票市场上市盈率的概念类似。

$$商标收益倍率 = \frac{商标权价值}{商标权净收益} \quad (6-27)$$

评价商标收益倍率分以下两步:

第一,对商标实力(全面考虑商标的优点、缺点及发展潜力)进行打分,从而确定商标实力强弱。Interbrand Group 的商标实力评分体系如下表 6-4 所示。

表 6-4 Interbrand Group 的商标实力评分表

评价因素	最高得分	评价因素	最高得分
商标的领导力	25	商标的发展趋势	10
商标的稳定性	15	对商标的投资	10
商标的国际性	25	对商标的保护	5
商标的市场状况	10	合　　计	100

第二,建立商标实力评分与商标收益倍率的对应关系图。这可以通过对大量商标转让案例的统计分析得到。

3. 收益法

收益法是商标权评估中使用最多的一种方法。下面根据商标权交易方式的不同对收益法的运用进行具体分析。

1) 商标权转让价值的评估

评估商标权转让价值通常采用超额收益法。计算商标的超额收益一般有两种方法:

(1) 当使用某一商标与不使用该商标相比,商品或服务价格(或销售量)有差别时,可以直接测算商标的超额收益。

(2) 通过和同行业平均水平相比较测算商标的超额收益。

测算出超额收益后,利用以下公式计算:

$$商标权的评估价值 = \sum_{i=1}^{n} \frac{R_i}{(1+r)^i} \quad (6-28)$$

式中，R_i 为商标权第 i 年带来的超额收益，r 为折现率，n 为收益期限。

由于商标权的盈利能力是由很多因素决定的，如商标所代表的商品或服务的质量、企业的信誉等，它带来的未来超额收益具有极大的不确定性，这是采用超额收益法进行商标权评估的一个难点；此外，由于注册商标的使用年限可以无限续展，因此历史越悠久的商标，其评估值相应越高。采用超额收益法评估商标权价值时，应结合各方资料综合分析，合理预测商标权收益期限。

2) 商标权许可使用价值评估

在商标权许可使用中，许可使用费通常并非一次付清，而是按照利润分享原则从使用商标所获得的超额收益中提成。因此，评估商标许可使用权价值同时也是分成率的评估和测算。具体计算公式为：

$$商标权许可价值 = \sum (各年销售利润折现值 \times 利润分成率) \quad (6-29)$$

或

$$商标权许可价值 = \sum (各年销售收入折现值 \times 收入分成率) \quad (6-30)$$

第五节 商誉评估

一、商誉的概念和特点

商誉是一种很典型的无形资产，是无形资产中最无形的资产。由于商誉是一种构成复杂、不可确指的无形资产，目前对商誉尚无统一的定义。但通常认为商誉是企业在资产运营中获得的高于正常投资报酬率所形成的价值，具体表现为一个企业所获得的超过同行业一般盈利水平的能力。具体而言，商誉有以下特点：

(1) 商誉是一种不可确指的无形资产。商誉不具独立的存在形式，只能依附于企业整体而存在，不能单独进行交易。评估时必须考虑企业全部有形资产和可确指无形资产的价值，从中得出商誉对企业获利能力的影响程度，从而得到商誉价值。

(2) 商誉是多项因素共同作用的结果，但形成商誉的个别因素，不能以任何方法单独计价。如一个企业优越的地理位置、悠久的历史、高素质的管理人员等都能提高企业劳动生产率，获取超额收益，形成企业商誉。但是对于这些形成商誉的个别因素，却不能用任何方法或公式单独计价，而只能将企业视为一个整体，按总额确定。

(3) 商誉本身不是一项单独的、能产生收益的无形资产，而只是超过企业可确指的各单项资产价值之和的价值。商誉不像商标权、专利权、特许权那样可以分割而且在分割后不影响其使用价值,商誉可以视为一种组合而成的无形资产,只有在企业持续经营条件下才具有价值。

(4) 商誉是企业长期积累起来的一项价值,其形成是一个历史的过程。企业在长期经营实践中,常常会形成自己的独特经营管理模式,如"海尔"模式。这种独特模式必然会在社会上形成一种形象,使顾客或用户产生信任和好感,这种信任和好感常被认为是形成商誉的主要因素之一。

(5) 商誉有可能为负值,这是商誉区别于其他资产的一个显著特点。商誉是各种资产的组合效应,其价值高低与企业盈利能力成正相关关系。如果企业社会公众形象很差或因经营管理不善而面临破产倒闭,或者因各种资源配置严重不合理而产生负效应时,其商誉价值可能等于或小于零。在考察企业商誉时,需要取得相关的同行业其他企业资料,将该企业盈利水平与其他同类企业进行比较,然后得出该企业是否具有超额收益能力。当该企业具有较同类企业更高收益时,其商誉为正值;当该企业盈利能力与同类企业水平相当时,商誉为零;否则,商誉为负值。

二、商誉的构成因素

商誉是企业所获得的超过同行业一般盈利水平的能力,决定这种能力的因素是多方面的。有些学者根据这些因素构成上的特点,将其分为六类:

(1) 企业所处地理位置优势。
(2) 企业经营管理优势。
(3) 企业社会评价优势。
(4) 企业历史传统优势。
(5) 企业技术创新优势。
(6) 企业人员优势等。

分析商誉构成因素,还应区分自创商誉和外购商誉。

自创商誉是企业在经营管理过程中自己创立和积累起来的各种优越条件和无形资源。这些优越条件和无形资源使其能较其他同类企业获得更高收益。但由于自创商誉形成的不确定性,在会计处理上,将形成自创商誉的各种费用支出,如广告费、培训费、开发与研究费等都作为期间费用处理了,因此对于自创商誉,只能估算其价值。

外购商誉是企业联合时,预期被购买企业因其存在的优越条件和无形资源在未来能获取超额收益而对被购并企业确认的商誉。

显然,自创商誉是外购商誉的基础,外购商誉是自创商誉的转化形式,两者本质上一致。但自创商誉与外购商誉的构成因素有差别。由于企业联合,形成企业自创商誉的某些有利因素可能会失去其原有价值,而原来不被认为是企业优势的因素可能会转化为新的优势因素,成为购买商誉的构成因素。

三、商誉的评估方法

1. 超额收益法

超额收益法的基本思路是将企业收益与按行业平均收益率计算的收益差额作为评估对象,将此收益差额进行资本化处理得到商誉价值。该法较好地体现了商誉是企业超额收益的资本化价格这一根本性质,但超额收益法涉及对目标企业超额收益的量化和资本化,评估结果受主观因素影响较多。

在实际评估中,应注意商誉的评估值是企业收益与按行业平均收益率计算的企业收益之间的差额的本金化价格,而非企业收益与行业平均收益之间的差额的本金化价格。商誉的评估值可正可负,具体取决于企业收益额是大于还是小于按社会平均收益率计算的收益额。根据企业经营状况和收益的稳定性大小,超额收益法又可分为超额收益本金化法和超额收益折现法。

1) 超额收益本金化法

当预期企业所获超额收益较稳定,并能长期持续下去时,可将企业超额收益进行本金化处理得到商誉价值。超额收益本金化法的基本操作步骤为:

(1) 评估有形资产和可确指无形资产价值。
(2) 调查测算行业平均收益率。
(3) 考察企业历史和现状,预测未来平均年收益。
(4) 确定适当的本金化率。
(5) 计算商誉价值。其基本计算公式为:

$$商誉价值 = \frac{企业预期年收益额 - 行业平均收益率 \times 该企业单项资产评估值之和}{适用本金化率}$$

(6-31)

或

$$商誉价值 = \frac{企业单项资产评估值之和 \times (企业预期收益率 - 行业平均收益率之和)}{适用本金化率}$$

(6-32)

式中,

$$被评估企业预期收益率 = \frac{企业预期年收益额}{企业单项资产评估值之和} \times 100\% \quad (6-33)$$

[例6-13] 某企业预期年收益额为20万元,该企业各单项资产评估值之和为80万元,企业所在行业平均收益率为20%,并以此作为适用资产收益率。试估算该企业商誉。

方法 1　商誉价值 = (20 − 80 × 20%)/20% = 4/20% = 20(万元)

方法 2　商誉价值 = 80 × (20/80 − 20%)/20% = 80 × (25% − 20%)/20%
　　　　　　　 = 20(万元)

2) 超额收益折现法

当企业预期超额收益不稳定,且只能维持有限期时,可将企业超额收益逐期折现累加得到商誉价值。计算公式为:

$$商誉价值 = \sum_{i=1}^{n} \frac{R_i}{(1+r)^i} \qquad (6-34)$$

式中,R_i 为第 i 年企业预期超额收益;r 为折现率;n 为收益年限。

[例 6-14]　某企业预计今后 5 年内具有超额收益能力。2003~2007 年超额预期收益额分别为 90 万元、120 万元、140 万元、110 万元、100 万元,该企业所在行业的平均收益率为 10%,评估基准日为 2002 年 12 月 31 日。试评估该企业商誉的价值。

解　商誉价值 = 90 × (1 + 10%)$^{-1}$ + 120 × (1 + 10%)$^{-2}$ + 140 × (1 + 10%)$^{-3}$
　　　　　　　+ 110 × (1 + 10%)$^{-4}$ + 100 × (1 + 10%)$^{-5}$
　　　　　　 = 90 × 0.9091 + 120 × 0.8264 + 140 × 0.7513 + 110 × 0.6830
　　　　　　　+ 100 × 0.6209
　　　　　　 = 81.8 + 99.2 + 105.2 + 75.1 + 62.1 = 423.4(万元)

2. 割差法

割差法的基本思路是先运用收益法评估出企业整体资产价值,再运用各种适宜的单项资产评估方法评估出各类有形资产和可确指无形资产价值,最后用企业整体资产价值减去各类有形资产和可确指无形资产价值,其差额即为商誉评估值。计算公式为:

商誉价值 = 企业整体资产价值 − 有形资产价值 − 可确指无形资产价值
$$\qquad (6-35)$$

企业整体资产评估值可以通过预测企业未来收益并进行折现或本金化处理得到,也可按股票市价确定;有形资产价值可用成本法或其他方法单独评估;土地使用权价值可用成本逼近法、剩余法、基准地价修正法等进行单独评估;可确指无形资产可采用超额收益法、市场法、成本法等单独评估。

运用割差法的基本依据是:企业价值与企业净资产价值是两个不同概念。两个企业净资产价值相当,但因经营业绩悬殊,预期收益悬殊,其企业价值自然迥然不同。构成企业价值的资产,包括有形资产和可确指的无形资产,均可独立存在和转让,其评估价值在不同企业应相同。但不同的组合、不同的使用情况和管理,使之运行效果不同。各类资产组合后产生的超过各项单项资产价值之和的价值,即为企业商誉。

割差法的基本评估程序如下:
(1) 全面考察企业经营环境和经营历史与现状。
(2) 评估企业整体资产。
(3) 评估企业各项有形资产价值。
(4) 评估土地使用权和可确指的无形资产价值。
(5) 计算商誉价值。

运用割差法应注意:只有当企业的收益水平足以支持各项有形资产和可确指无形资产并有剩余时,才可用割差法来计算商誉价值。但因该方法要经过企业整体资产评估和各类有形资产和可确指无形资产价值评估,最后又通过割差求取商誉,计算量很大,方法较烦琐。这种方法得出的评估结论准确与否主要取决于有形资产和可确指无形资产价值评估的准确性。

四、商誉评估应注意的问题

问题1 不是所有企业都有商誉,商誉只存在少数长期具有超额收益的企业之中。

因此,在商誉评估中,必须掌握被评估企业及其所属行业的收益水平,进行比较分析和确认,而不能根据企业并购中实际支付价格与被并购企业公允市价的差额确认企业商誉。

问题2 评估商誉必须始终坚持预期原则。

预测企业未来超额收益是商誉评估的基础。对于目前亏损的企业,经分析预测,如果其未来超额收益潜力很大,则该企业也会有商誉存在,这在评估时需要综合分析和预测。商誉形成过程中投入的劳务费用会影响商誉评估值,但它是通过未来预期收益的增加得以体现的。商誉评估值的高低与其形成过程中投入的费用和劳务没有直接联系,不能采用投入费用累加的方法进行评估。此外,企业现在亏损与否,是否负债与企业商誉也没有直接关系。商誉评估值大小取决于企业预期资产收益率,资产收益率受制于投资方向、规模和投资过程中的组织管理措施等多种因素。负债经营是市场经济环境下企业融资策略之一,并不直接影响资产收益率,不能据此得出负债企业没有商誉的结论。

问题3 商誉与商标权是两个不同的价值范畴,拥有驰名商标的企业不一定就有商誉。

商誉与商标权的区别主要体现在以下几方面:

(1) 从产生方式看,商标权是通过设计文字或图案的标志,并通过特定法律程序而依法获取的专有权,其标志受商标法保护。而商誉则没有特定的文字或图案标志,其产生与企业所处的优越地理位置、悠久的历史,卓越的经营管理等因素有关。

(2) 从性质上看,商标权是企业一项可确指的无形资产,有自己的名称和内容,能够单独取得、转让或特许使用,在会计报表上可以单独列示价值;而商誉作为不可确指的无形资产,没有确定的内容,与企业及其超额盈利能力紧密结合,无法单独存在,也不能脱离企业整体单独转让,在企业会计报表上也无法单独列示。

(3) 从作用上看,商标权是为使用户或消费者识别不同的商品生产者或服务提供者,同时,商标是产品质量的保证,是企业开拓市场、保护自己、战胜竞争对手的有力武器。其价值源于它所代表的产品的超额盈利能力。而商誉则与企业密切相关,并不能表明产品的市场占有情况,其价值来源于企业整体的超额收益能力。

虽然商誉和商标权有许多明显的区别,但是由于两者之间经常存在互相包含的因素,如与商誉相对应的企业超额收益中包含商标作用的因素等,因此在评估实务中必须注意仔细分析确定。

第六节　其他无形资产评估

一、特许权评估

(一) 特许权的概念和种类

特许权,最早为国王特别允赐的权利,是国家行政权力的一种延伸,是一种能产生垄断性经济效益的经营权利的授予。近代的特许权仍有相当部分是依赖国家行政特许的,但随着市场经济的发展,纯商业性的特许经营逐渐兴起,并得到了迅速发展。特许权通常有狭义和广义之分。狭义的特许权,即人们常说的特许经营权。美国商务部对特许经营权的定义是:"主导企业把自己开发的产品、服务的营业系统(包括商标、商号等企业形象的使用,经营技术、营业场合和区域)以营业合同的形式授予加盟店在规定区域内的经销权或营业权。加盟店则缴纳一定的营业权使用费,承担规定的义务。"欧洲特许经营联合会(EFF)的定义是:"特许经营是一种基于法律和财务上分离和独立的当事人(特许人和他的单个受许人)之间紧密而持续的合作基础之上的营销产品和服务或技术的体系,依靠特许人授予其单个受许人权利,并附加义务,以便根据特许人的概念进行经营。此项权利经由直接或间接财务上的交换,给予并迫使单个受许人在双方一致同意而制订的书面特许合同框架内,使用特许人的商号和(或)商标和(或)服务标记、经营诀窍、商业和技术方法、持续体系及其他工业和(或)知识产权。"广义的特许经营权是指政府或企业所给予法人或自然人在一定时间和一定地域范围内生产经营或销售某项业务或某类产品的特别权利,这种特许生产经营权的占有者可以凭借该项特权获取额外经济利益。

作为无形资产的评估对象,特许权可以分为六类。

1) 特种行业经营权

特种行业是指要得到特别准许才能开业的行业,在我国是对旅馆业、旧货业、修理业、印铸刻字业、按摩业等行业的总称。由于种种原因,这类特种行业往往受到政府特殊限制和严格监管。

2) 专卖垄断经营权

专卖垄断经营权是指国家对某种商品的生产、销售和进出口依法实行垄断经营的权利,这是一种政府的专卖权。专卖一般由法律确认,较专营更为规范,其目的是调节消费、稳定秩序,增加国家收入。如我国对烟草的生产、销售和进出口依法实行的垄断经营。

3) 实施许可证制度行业的经营权

实施许可证制度行业的经营权是指对某些保护或限制性生产、经营或其他活动实施许可制度的行业的经营权,主要包括生产许可证、进出口许可证、狩猎许可证以及水产捕捞许可证。

4) 资源性资产开采特许权

资源性资产是指特定主体所占有的具有排他性的自然资源。存在于自然界,对人类有用的天然物质财富和自然要素中具有有限性且被特定主体排他性占有的就属于资源性资产,如各种矿产资源和森林资源。资源性资产开采特许权主要指采矿权。

5) 纯商业性的特许经营权

纯商业性的特许经营权主要体现为总公司(店、商号)给予加盟公司(店、商号)以特许生产权或特许营销权,并收取一定的费用。如可口可乐特许经营、"麦当劳"等现代商业连锁店等。

6) 其他特许权

其他特许权主要包括专用铁路线或公路两侧设施使用权、出租汽车营运牌照等。

(二) 特许权的特点

特许权作为一种无形资产,除了具有无形资产应具备的基本特征外,还有其独有的、与其他无形资产相区别的特点。

(1) 授权主体的唯一性。任何一种特许权都只能有一个特许权的终极所有者——政府或者企业。特许经营权的唯一授权主体是政府,企业特许经营权的唯一授权主体是拥有商标权、专利权等全部产权的企业。特许权的受许人只拥有对特许权的使用权和部分收益权,而不享有对特许权的所有权和处置权。

(2) 特许权的约束性。特许权权利双方在整个受让过程和权利行使过程中始终有特定的法律法规或合同规定加以约束。例如,参照国际惯例,特许权的许可人在特许经营期间有权根据合同规定对受许人经营活动进行必要干预,如限定零售价格,规定销售商品和提供服务应达到的质量要求等;对于纯商业性的特许经营权,特许权的许可人有义务向受许人提供必要的、优质的、长期持续的指导和服务,如专业培训、服务和商品等;特许权的受许人则必须严格按照许可人的规定(行政、法律上的规定或商业合同中的约定)进行操作,并支付一定报酬。

(3) 特许权的风险和收益共担性。这一点在纯商业性特许权中体现最为明显。对于纯商业性特许权而言,特许人选择特许经营方式,可以安全、迅速、低成本地拓展业务,享受到受许人网络扩大带来的财务资源和人力资源上的好处。特许人在扩大网络的同时,也分散和降低了经营风险和财务风险。特许权的受许人也可以利用特许人通过试点经营积累的经验和提供的长期业务指导,极大地降低企业创业期可能面临的经营风险。

(三) 特许权的评估方法

特许权的受许人在行使特许权期间所获取的超额经济收益是特许权价值的基础。因此,特许权评估的基本思路是分别评估特许权所带来的收益和支付的成本费用,其现值的差额就是特许权的评估价值。根据特许权评估目的的不同,可以采取收益法、市价类比法和成本法。在特许权转让、联营、入股等资产业务中,通常采用收益法。但如果存在近期交易的可比性强的参照案例,可以采用市场类比法。若是将特许权获取全价列入开办费入账,或者将其作价进入股本,则可采用成本法。即:以实际取得费为依据,考虑市场前景、行业平均利润水平、银行利率、通货膨胀率和特许期限、剩余有效期限等因素,对原始成本进行调整处理,确定评估值。

(四) 特许权评估中应注意的问题

1. 特许权与商标权、专利权及专有技术许可的关系

由于商标权、专利权及专有技术也常采用许可方式进行转让,在评估中很容易将这些许可交易与特许权混淆,在此有区分必要。一般而言,商标权、专利权及专有技术的许可往往指单独一项资产的许可使用,只需要分析单独一项资产产生的未来收益状况就可以确定其评估值;而特许权,特别是政府授予的特许权,很多是不能转让的,并且还要承担某些公共职能,如调节消费秩序等,即使是可转让的特

许权,也有严格的时间和区域限制,而且对于企业授予的经营特许权,往往是包括商标权、专利权及专有技术在内的"一揽子"整体经营模式。

2. 政府特许权和企业经营特许权之间的区别

如前所述,特许权有广义和狭义之分,广义的特许权包括政府特许权和企业经营特许权,狭义的特许权只包括企业授予的特许权。两者授权主体不同,性质也有差异。政府授予的特许权授权主体是政府,具有行政垄断性,特许人授权的目的主要不是为获取分成收益,而是出于政府行使社会管理职能的目标,获得这种特许权的受许企业不能随意转让特许权,但可以依靠这种垄断权获得超额收益,可以将这种特许权作为企业一项无形资产,在实际评估中,也是评估这种特许权对受许方的价值。但这种特许权受政府政策影响较大,不存在公允的交易市场。企业授予的特许权包括授权主体的商标权、专利权和专有技术等一整套经营管理模式,授权主体是为了获取分成收益。这种特许权可以在公开市场合法交易,受市场因素影响较大。

3. 注意不同特许方式对特许收费的影响

特许权授权方式很多,不同的授予方式下,受许人享有的权利范围不同,特许权的价值也有较大差异。受许人享有的权利范围,从大到小依次为:独家许可、独占许可和普通许可,相应地,它们的价值从大到小依次为:独家许可、独占许可和普通许可。

二、版权与计算机软件的评估

(一) 版权的基本概念和特征

版权也称著作权,是指文学、艺术作品和科学作品的创作者依照法律规定对这些作品所享有的各项专有权利。版权一般具有以下特征:

1) **独占性**

即版权的主体或者是所有人在行使版权时所享有的一种绝对权和支配权(排他权)。根据《中华人民共和国著作权法》(2001)的规定,著作权人包括作者,其他依照本法享有著作权的公民、法人或者非法人单位。独占性意味着不可能有两个完全一样的知识产品或者说知识财产享有完全相同的著作权或者是知识产权。但在各自独立创作的情况下,有可能对同样一个作品拥有两个和两个以上的著作权,即出现所谓的耦合和巧合的问题。由于知识产权保护的对象是非物质性的知识财产,很容易产生权利纠纷,必须凭借法律的特点来保护。

2) **自动保护性**

即作品一旦产生,作者便享有版权,登记与否都受法律保护。随着版权纠纷越来越多,许多作者要求将自己的作品交版权管理部门登记备案。作品办理自愿登记后,则有了一个法律的初步证据。在版权的评估实践中,作品登记证书可以作为该版权稳定性、可靠性的依据。

3) 地域性

即指版权的国家领土性。一般来说,版权和其他知识产权只是在一个国家授权的范围内有效,如果版权要在其他地方得到保护,必须依照国民所在的国家与要求保护的国家共同参加的国际公约来确定。但由于版权的获得采用"自动保护"原则,可以通过国际公约,在世界各国获得保护。随着国际公约、国际保护体系的形成,地域性的限制大大削减,但是版权乃至整个知识产权地域性质的特征并没有完全消除,这是因为保护的方法、保护的水平只要不违反国际公约的规定,各国还有自己的规定方法,所以地域性的特质依然保留。

4) 时间性

知识产权有保护期的规定,公民的一般作品保护期是作者有生之年加死后 50 年,其他作品的保护期是 50 年。超过保护期的作品则成为全人类的共同财富。在版权评估中,还必须了解其经济寿命。经济寿命除与法律保护期有关外,还和作品的种类、作品的内容、作者的知名程度、作品的衍生品等因素有关。

（二）版权的保护对象

版权的保护对象是文化、艺术和科学作品,具体表现形式包括软件、电影、音响、图书、工艺美术、室内设计等作品。作品一般由内容和表现形式两个部分构成。《著作权法》保护的是作品的表现形式,而不保护作品中所表述的思想、情感、观念等内容。也就是说,版权只是为某些思想、观点的原创表达形式提供法律保护,但并非保护这些思想本身,这是它区别于《专利法》的重要特征。但并不是所有的作品都能够享有版权,必须符合法律规定的两个条件:

1) 独创性

即要求作品是作者独立创作的,而不是抄袭、仿冒、剽窃或者是模仿。独创性并不排除耦合、巧合,不排除两个和两个以上的作者可能创作出相同和类似的作品。

2) 可再现性或可复制性

作品是一种精神内在的东西,必须通过一定的物质表现形式再现,为创作者以外的其他人所知晓。比如我们的感官,视觉、听觉或者借助一定的仪器和设备如网络作品、CD、光盘等再现。

（三）版权的内容

1) 复制权

复制是指以印刷、复印、临摹、拓印、录音、录像、翻录、翻拍等数字化或非数字化方式将作品制作一份或者多份的行为。它的特征是复制的作品与原作品相比在内容和形式上没有任何变化,复制权是权利人决定实施或不实施上述复制行为或者禁止他人复制其受保护作品的权利。

2) 发行权

发行是传播作品的重要途径,也是版权人获得经济收益的重要手段,发行权是指向公众提供作品复制件的权利由版权人享有。

3) 出租权

出租权是指有偿许可他人临时使用电影作品和以类似摄制电影的方法创作的作品、计算机软件的权利。

4) 展览权

展览权是指公开陈列美术作品、摄影作品的原件或者复制件的权利。在此需要说明的一点是,当美术作品原件转移后,它的展览权也随之转移,即它的展览权由作品的持有人所有。

5) 表演权

表演是指通过演员的声音、表情、动作在现场直接公开再现作品,以及通过放映机、录音机、录像机等技术设备间接公开再现作品或者作品的表演的行为。表演权是与复制权相对应的一种权利,版权人可以自己表演,也可以授权他人表演。

6) 放映权

即通过放映机、幻灯机等技术设备公开再现美术、摄影、电影和以类似摄制电影的方法创作的作品等的权利。

7) 播放权

播放权,即以无线方式公开广播或者传播作品,以有线传播或者转播的方式向公众传播广播的作品,以及通过扩音器或者其他传送符号、声音、图像的类似工具向公众传播广播的作品的权利。虽然在原《著作权法》中也规定了播放权,但同时规定:"广播电台、电视台非营业性播放已经出版的录音制品,可以不经著作权人、表演者、录音制作者许可,不向其支付报酬"。按照这一规定,电台、电视台不必向音乐版权人支付报酬。在国外,音乐版权人的收入主要来源于广播电视系统,英国电视台年收入的5%~6%都用来支付所播放作品的使用费。然而中国的作曲家却不能从国内的广播电视台拿到任何报酬。在2001年新修改的《著作权法》中,这一条已被修改为"广播电台、电视台播放已经出版的录音制品,可以不经著作权人许可,但应当支付报酬。当事人另有约定的除外。具体办法由国务院规定。"根据新的《著作权法》,播放权将成为音乐作品等著作权人获得收益的重要保障。

8) 信息网络传播权

信息网络传播权,即通过互联网向公众提供作品,使公众可在其个人选定的时间和地点获得作品的权利。这个权利也是在2001年修改的《著作权法》中新增加的,它明确了把作品上网是版权人的权利。今后,未经版权人的许可,把其作品在网上传播,就将构成侵权,要承担法律责任。有了这些"网络版权"的规定,网络将不再是"盗版者的天堂",版权人可以依法主张自己的权利,获取应得的收益。

9) 摄制权

即以摄制电影或者以类似摄制电影的方法首次将作品固定在载体上的权利。

10) 改编权

即在原有作品的基础上,改变原作品的表现形式,创作出具有独创性的新作品的权利。

11) 翻译权

即将原作品从一种语言文字转换成另一种语言文字的权利。

12) 汇编权

即将原作品或者作品的片段通过选择或者编排,汇集成新作品的权利。

对于摄制、改编、翻译及汇编后的作品,它的版权由上述工作完成者所有,或由依据法律享有版权的公民或组织所有,因此评估人员对版权进行评估时,不应将摄制、改编、翻译及汇编后作品的收益计算在内。而对于摄制、改编、翻译及汇编作品版权的价值进行评估时,评估人员应该注意,这种作品的权利人有权自行禁止他人复制、发行或以其他方式使用有关作品,却无权单独许可他人使用自己的作品,他必须得到原作品权利人的许可。这类作品享有的版权受到原始作品版权人的约束。另外,著作权法为了避免出现遗漏,同时规定应当由版权人享有的其他权利。版权人可以许可他人行使前款规定的各项权利,并依照约定或者本法有关规定获得报酬。版权人可以全部或者部分转让规定的经济权利,并依照约定或者本法有关规定获得报酬。

(四) 计算机软件的概念和特点

国际标准化组织(ISO)将计算机软件定义为:"电子计算机程序及运用数据处理系统所必需的手续、规则及文件的总称。"我国《计算机软件保护条例》规定:"计算机软件是计算机程序及其有关文档。"因此,计算机软件是为了管理、维修和开发计算机所编制的各种程序的总和,它一般包括:各种语言的汇编或解释、编译程序;计算机的监控管理程序;调试程序;故障检查和诊断程序;程序库;操作系统;应用程序以及各种文档资料等。计算机软件按程序代码可分为执行程序和源代码程序。

软件是人们思想、创意的一种表述方式计算机化,涉及的相关权利主要是著作权、专利权和专有技术。从软件的产权关系和评估价值角度,计算机软件具有智力成果性、实用性、思想与表现不可分割性、应用的多层次性、可复制性、可改编性、寿命较短、侵权的隐蔽性等特点。依照我国法律规定,计算机软件的保护年限为25

年。但是经济寿命一般是3~5年,很少超过10年。

计算机软件作为单项无形资产进行价值评估,一般发生在软件转让时。转让方式通常有两种:

(1) 计算机软件与硬件一起转让,包括:软件作随机软件与硬件一起出售;软件的转让发生在包含计算机系统或计算机控制的设备交易中,在全套计算机系统的"交钥匙合同"中。

(2) 单纯的计算机软件转让,包括:专用软件的转让;通用软件的转让等。作为无形资产评估对象的计算机软件仅指单纯的软件转让,软硬件相结合的转让不在此范围内。

(五) 计算机软件的评估方法

1. 成本法

成本法是以测算软件的开发成本为基础进行评估的方法。其基本公式为:

$$评估价值 = 重置全价 - 贬值 \tag{6-36}$$

对于大型系统软件,一般可采用成本法进行评估。当用于计算机软件产品定价,或者以计算机软件合资入股,确定计算机软件价值时,可以考虑采用成本法。

成本法评估计算机软件价值的基本模型有开发成本要素、开发过程成本或语句行数三种成本评估模型。国内的评估界,在采用成本法评估计算机软件的时候,将以上三种方法结合起来,并参考国外评估理论,总结出一套操作性较强,目前评估实际应用比较广泛的计算机软件成本评估模型——参数成本法模型。该模型对于系统软件,大型专业应用软件,或刚开发完成还没有进入市场的计算机软件产品,以及不存在交易市场的自有计算机软件,都可采用。基本公式为:

$$P = C_1 + C_2 \tag{6-37}$$

式中,P 为计算机软件成本评估值,C_1 为计算机软件开发成本,C_2 为计算机软件维护成本。

计算机软件开发成本 C_1 由计算机软件工作量 M 和单位工作量成本 W 所决定,其公式为:

$$C_1 = M \times W \tag{6-38}$$

式中,C_1 为计算机软件开发成本,M 为工作量(单位:人·月),W 为单位工作量成本。

此处,计算机软件工作量 M 为在现时以及现有条件下,重新开发此计算机软件所需工作量,为一般水平下的计算机软件劳动工作量。单位工作量成本 W 为待估软件开发公司实际投入的成本除以该计算机软件实际工作量,体现的是该软件公司开发该计算机软件的实际生产能力。因此,可以认为系统软件的开发成本按其工作量及单位工作量成本来测算是可行的。

计算机软件开发工作量 M 的确定,主要采用 COCOMOII 模型。COCOMO(construction cost model)模型是由美国 Barry Bohem 于 1981 年在其著作"Software Engineering Economics"中提出,该模型是对美国加州 TRW 公司 63 个不同应用领域中的软件开发项目进行详尽分析基础上建立的一个分层次的结构化测算模型。COCOMOII 模型引入了 15 个比较重要的成本影响因素。这 15 个成本影响因素是通过一百多个影响因素进行统计分析而确定下来的,分为四类:产品属性、硬件属性、开发人员属性和开发项目属性等。每一影响因素可分为很低、低、中等、高、很高、极高六个级别,并对 15 个因素的不同级别分别规定因子值($F_i = 1, 2, \cdots, 15$),见表 6-5。

表 6-5 人力费用乘值

类型	因素	很低	低	中等	高	很高	极高
产品属性	可靠性	0.75	0.88	1.00	1.15	1.40	—
	数据库规模	—	0.94	1.00	1.08	1.16	
	产品复杂性	0.70	0.85	1.00	1.15	1.30	1.65
计算机属性	执行时间限制	—	—	1.00	1.11	1.30	1.66
	主存限制			1.00	1.06	1.21	1.56
	虚拟计算机可变性		0.87	1.00	1.15	1.30	
	计算机响应时间		0.87	1.00	1.07	1.15	
人员属性	分析员能力	1.46	1.19	1.00	0.86	0.71	—
	应用经验	1.29	1.13	1.00	0.91	0.82	
	程序员能力	1.42	1.17	1.00	0.86	0.70	
	虚拟机经验	1.22		1.00	0.90		
	编程语言经验	1.14	1.07	1.00	0.95	—	
项目属性	现代编程实践	1.24	1.10	1.00	0.91	0.82	
	软件工具使用	1.24	1.10	1.00	0.91	0.83	
	规定的开发进度表	1.23	1.08	1.00	1.04	1.10	

用中级模型测算软件成本的过程如下:首先,按照表 6-6 中第二列公式计算名义工作量(MM);然后,利用表 6-5 和待开发软件的实际情况,分别确定 15 个

成本影响因素的等级及相应的因子值($F_i = 1, 2, \cdots, 15$),从而求得调整后的工作量;最后,按照表6-6第三列公式计算开发工期的测算值。

表6-6 中级模型的计算公式

开发方式	名义工作量	调整后的阶段	工期(月)
有机方式	$MM_1 = 3.2 \times (KDSI)^{1.05}$		$TDEV = 2.5 \times (MM)^{0.38}$
半分离方式	$MM_1 = 3.0 \times (KDSI)^{1.12}$	$MM = MM_1 \times \prod_{i=1}^{15} F_i$	$TDEV = 2.5 \times (MM)^{0.35}$
嵌入方式	$MM_1 = 2.8 \times (KDSI)^{1.20}$		$TDEV = 2.5 \times (MM)^{0.32}$

COCOMO模型是迄今为止描述和论证得最为详尽的软件成本测算模型之一。其基本模型能进行快速而粗略的估算,但是只考虑了程序量(KDSI)和开发方式两个方面,测算精度太低,适用于中、小型软件开发;中级模型引入了15个成本影响因素,根据实际开发环境的不同设定相应的因子值,由此对项目的名义工作量进行调整,使得成本测算精度得到改善;详细模型进一步将造成成本影响因素所对应的因子值按不同的开发阶段分别设定,同时按模块/子系统/系统的系统层次结构对上述成本影响因素进行分层处理,使得COCOMO模型能适用于大、中型软件系统的成本测算。

2. 市场法

采用市场法评估计算机软件,主要是通过计算机软件市场或技术市场、资本市场上选择相同或近似的资产作为参照物,针对各种价值影响因素,主要针对计算机软件的功能类比,将被评估计算机软件与参照物计算机软件进行价格差异的比较调整,分析各项调整结果,确定评估计算机软件资产的评估值。计算公式如下:

$$V = \alpha\beta V'$$

式中,V 为委托评估计算机软件的价值;α 为生产率调整系数;β 为价值调整系数;V' 为参照物计算机软件的价值。

3. 收益法

采用收益法评估软件价格时,要特别考虑三个因素:

(1) 市场需求,市场情况好,能满足客户急需,或大量用户的需求时价格要高。

(2) 软件产业,目前软件的开发创造的价值大,往往可达到系统总价的80%左右。

(3) 软件的更新率高,除少数极限技术外,一般每年都会有新的版本出现,因此计算的收益期应较短。

[例6-15] 阳光软件公司根据与一外商签订的软件开发合同,已生产并向该外商独家转让了可供批量生产的软件。现拟对该软件价值进行评估。该公司对这一软件未来5年的销售收入、成本、利润进行了预测,并选定折现率为15%,采用收益法得出该软件价值为40.95万元。具体评估过程参见表6-7。

表6-7 利用收益法评估计算机软件的基本步骤　　　　　　　单位:万元

年　份	2005	2006	2007	2008	2009
销售收入	50	53	54	52	51
成　本	32.5	34.45	35.1	33.8	33.2
利　润	17.5	18.55	18.9	18.2	17.8
税后利润	11.73	12.43	12.7	12.2	12
折现系数	0.8659	0.7561	0.6575	0.5717	0.4917
收益现值	10.2	9.4	8.35	7	6
评估值			40.95		

说明:

(1) 软件折现系数的选取。因为是独家转让,相对风险较低,折现率定为15%。如果面向市场参与竞争,因市场上软件公司之间竞争激烈,新软件推陈出新速度很快,风险回报率可适当提高,在20%~25%之间。

(2) 根据评估公司对软件经济寿命的认定为5年,结合我国现阶段计算机公司发展很快、软件版本更新迅速的状况,本项软件有效寿命期定为5年。

(3) 软件的预测值。软件的使用者对新推出软件的适用性和稳定性有一个认识过程,所以第一年收益相对较低,第二年有所回升,第三年达峰值,以后由于功能更强的新一代软件推出,先进性相对减弱,收益发生下滑。

(4) 软件行业所具有的特殊性。行业竞争激烈、新产品推出速度快、未来市场难以把握等一系列的特点,带来收益预测准确性低、有效经济寿命短、市场风险大等情况,因此,对于自行研发生产、独家转让并可投入生产的软件均可采用收益法评估。

以下是运用收益法对专利技术的价值评估实例。

(一) 背景介绍

S公司是我国某种专用仪器设计制造技术领域内的主要研究单位,公司聚集了大量高级科研人员,经过多年的研制、开发,取得了多项科研成果,围绕某种专用仪器的设计制造申请了多项专利。现公司决定凭借自身的技术优势,引进外资,进行大规模生产。

评估目的 S公司委托对拟投入合资企业的该种专用仪器的各项专利进行评估,以确定技术的现时价值,作为组建合资企业时确定股权结构的依据。评估基准日为2000年12月31日。

(二) 技术概况

评估师首先对拟投入合资企业的技术进行了全面分析调查。通过与S公司工程技术人员座谈,掌握了技术的第一手资料,同时走访了国内该技术领域有关专家,并到国家专利局进行了检索,从而了解了该技术的特征、性能、国内外发展状况等,基本掌握了该专利技术的先进性、适用性以及经济性等特征。鉴于技术资料的保密性,有关技术性能和用途方面的说明从略。

(三) 市场需求分析

通过对该技术产品近几年国内外市场需求和发展趋势的分析,预测该技术产品的市场容量在未来几年将会有较大增长,尤其是国内市场年增长率将达30%左右。

(四) 风险分析

1. 优势分析。

S公司在国内同行业(或研究单位)中具有以下几个优势:

(1) 人才和信息优势。S公司在研究该技术方面有多年的历史,聚集了一大批各种专业的有经验的高、中级技术人才,是国内该方面综合实力最强的单位。同时,S公司还是国内外有关该技术交流活动的中心,已接待国外同行专家和企业界人士百余次,与国内外学术界建立了广泛的联系,因而信息灵通,能及时把握该项高新技术的发展动向。

(2) 专用设备的优势。S公司拥有一批自行设计制造的特殊设备,研制生产了一批用于测定产品性能参数的专用仪器设备,这些设备构成了公司独具特色的生产能力,使其在国内同行中遥遥领先。

(3) 技术上具有垄断的优势。S公司以多年来系统的研究成果作为生产、开发和进入市场的坚实基础。公司掌握从材料、配方、制造工艺到产品组件、装置的生产直到应用工程系统设计与建造的整个过程的理论与实践,并有人才、信息和专用设备作保证,因而公司在技术上具有垄断优势,国内同行在短时间内无一可与之抗衡。

(4) 价格的优势。从技术水平看,S公司的技术已达到或接近发达国家的技术水平,而产品价格与国外同类产品相比却低很多。另外,我国的劳务费用、配套产品价格都较低。总的来说,技术产品价格一般只有国外同类产品价格的60%~

80%。所以，S公司技术产品在国内市场上仍占主导地位，在国际市场上也具有一定的竞争力。

2. 风险分析。

S公司的技术产品未来生产经营的风险主要表现在以下几个方面：

(1) 管理风险。S公司技术产品同国外产品的比较优势主要在于其价格便宜。随着我国对国际市场的开放，在未来竞争中，必须进一步加强管理，降低成本消耗，才能保持价格优势，立于不败之地。另外，S公司目前正面临从小批量到中等规模生产的调整，如何很好地完成过渡，管理是重要的因素，其中存在一定的风险性。

(2) 资金风险。依据公司财务资料，2000年与1999年相比，销售增长速度约为20%，低于平均增长速度，其主要原因是受资金与现有生产场地的制约，出现了产品供不应求的局面。因此，组建新企业后，要想保持继续增长的趋势，必须加强资金筹措，合理运用资金，加速资金周转。如何以较少的资金完成预计的超额收益或如何筹措足够的资金以支持预期的生产规模，其中存在一定的不确定因素，因而具有一定的风险性。

(3) 市场风险。目前，S公司产品的国内市场占有率已达50%，但随着国外产品涌入，竞争与冲击在所难免，为此公司应尽快改变经营模式，增强市场意识，加大技术产品应用的宣传力度，提高竞争力。企业如何改变传统的计划经济模式以适应市场经济的发展规模是当前每个企业所面临的新课题，对S公司来说也不例外。

综上所述，可以认为，S公司的专利技术是一项在我国应用领域广泛，市场前景广阔的很有发展前途的技术。在今天的市场经济大潮中，S公司如能聚集人才，筹集必要的资金，加强市场意识，改善经营管理，则该技术将为公司和投资者带来较好的经济收益，社会效益也很显著。

鉴于该技术开发周期较长，S公司又对该技术具有明显的垄断优势，但有一定管理和财务风险，综合风险一般，因而本次评估将预测期取定为7年。风险报酬率确定为12.56%。

(五) 评估过程

1. 评估方法。

专利技术作为一种无形资产，其评估方法与有形资产的评估有显著区别。一般而言，技术研制开发成本，往往与产生的收益没有直接的对应关系，而且研制的成本也难以核算，评估不宜采用成本法。另外，国内外尚没有该类技术的交易市场，市场法也不适用。因此，本次评估采用利润分成率法，即从该技术未来产生的收益入手，通过计算超额收益，确定该企业实施该技术后将取得的未来收益在基准日的公允价值，再通过一定的分成率，即技术在未来的超额收益中的应占份额，得出该技术的现时公允价值。鉴于评估目的是为引进外资组建合资企业服务的，因此所计算的超额收益是以我国社会平均收益率为比较基础的。超额收益法计算公式是：

$$P = \sum_{t=1}^{n} \frac{Y_t - D_t}{(1+r)^t}$$

式中，P 为技术的评估值，Y_t 为拟合资企业第 t 年税后净利润，D_t 为拟合资企业第 t 年生产占用资金按社会平均利润率取得的净收益，r 为折现率，n 为预测期（2001～2007 年），t 为预测年度（取 2001 年为 $t=1$）。

2. 评估过程。

1）预测期的确定。

依据有关资料分析，近几年来技术进步的速度愈来愈快，机械、电子行业技术平均经济寿命一般为 3～5 年，有的甚至只有 1～2 年，但经过对 S 公司所拥有的专利进行认真分析，我们认为，该公司经过多年积累，已从单一的科研发展到逐步具备了生产组件，甚至生产成套装置的能力。此次拟投入合资企业的专利技术已形成一个严谨的技术体系，接近或达到国际水平，在国内相当长时期内能居于领先地位，较之于一般单项技术的经济寿命要长。综合以上因素，确定此次评估的预测期为 7 年（2001～2007 年）。

2）折现率的选取。

经过对公司拥有的技术状况、国内外市场环境及未来经营风险的分析，确定该项技术实施的风险一般，经测算风险报酬率为 12.56%，折现率取定为 17.56%。

$$折现率 = 安全利率 + 风险报酬率 = 5\% + 12.56\% = 17.56\%$$

3）收益的预测。

（1）销售收入预测。S 公司自 1990 年成立至 2000 年底，年销售额增加了 1446 万元，年平均销售递增约 50%，2000 年底销售收入达 2220 万元，从而预测 2001 年销售收入为 3675 万元。自 2001 年起，公司引入外资，加大投资力度，扩建厂房，增加设备和流动资金。另外，在 2001～2003 年三年中，相继投入新技术产品。因此，2001～2003 年销售收入增长较快。在 2004～2007 年，依据经济发展的规模效益理论，取年平均递增速度 20% 较为合适。综合上述诸因素，编制出销售收入预测表，见表 6-8。

表 6-8　销售收入预测表　　　　　　　　　　单位：万元

年　份	2001	2002	2003	2004	2005	2006	2007
销售收入	3 675	6 316.25	9 832.75	14 749.13	17 698.96	21 265.75	25 486.50

（2）生产总成本预测。依据 S 公司历年财务资料分析，不同的组件及装置的材料费，占销售收入比例在 30%～40% 之间。此次评估过程中，从稳健性原则出

发,按40%的比例,预测材料成本。

根据公司近三年工资情况分析,工资占销售比例为9.8%。考虑到2001年生产规模扩大以后,劳动生产率提高,工资总额占销售收入比例相对下降,但随着国民经济发展,劳动价值的再生产费用逐年递增。所以,在工资总额测算中,以2001年工资总额为基础,按年递增率20%的比例预测。

参照《工业企业财务制度》中有关折旧年限的规定,分别确定房屋、设备的折旧年限为25年、14年。根据评估小组对S公司拟投资的房屋、设备的评估值和预测期固定资产投资计划编制生产总成本预测表,见表6-9。

表6-9 生产总成本预测表　　　　　　　　　　　　　单位:万元

年份	2001	2002	2003	2004	2005	2006	2007
材料	1 506	2 526.50	3 933.10	5 899.65	7 079.58	8 495.50	10 194.60
工资	261.07	313.28	375.94	451.13	541.35	649.63	779.50
折旧	135.98	192.32	192.32	241.46	316.67	429.49	429.49
期间费用	367.50	631.63	1 474.91	2 212.37	2 654.84	3 185.81	3 822.98
税金及附加	422.43	708.68	1 103.23	1 654.85	1 985.82	2 382.93	2 859.59
合计	2 692.98	4 372.41	7 079.50	10 459.46	12 578.26	15 143.36	18 086.16

(3)税后利润预测表。综合销售收入、生产总成本预测表,编制税后利润预测表,见表6-10。其中,所得税率为15%,前两年免征,后三年减半征收。

表6-10 税后利润预测　　　　　　　　　　　　　单位:万元

年份	2001	2002	2003	2004	2005	2006	2007
销售收入	3 675	6 316.25	9 832.75	14 749.13	17 698.96	21 265.75	25 486.50
生产总成本	2 692.98	4 372.41	7 079.50	10 459.46	12 578.26	15 143.36	18 086.16
利润总额	982.02	1 943.84	2 753.25	4 289.67	5 120.70	6 122.39	7 400.34
所得税	—	—	206.49	321.73	384.05	918.36	1 110.05
税后利润	982.02	1 943.84	2 546.76	3 967.94	4 736.65	5 204.03	6 290.29

(4)社会平均利润预测。根据合资企业预测年度的年平均资金占用量和平均利润率(假定为12.56%),测算平均利润额,编制社会平均利润额预测表,见表6-11。计算公式为:

社会平均利润额=年平均资金占用量×平均利润率

　　　　　　=(年平均固定资产占用量+年平均流动资金占用量)×平均利润率

表 6-11　社会平均利润额预测　　　　　　　　　　　　　单位：万元

年　份	2001	2002	2003	2004	2005	2006	2007
平均资金占用额	4 382.86	5 597.41	5 763.29	7 060.52	9 038.70	12 065.68	13 289.49
平均利润额	550.49	703.03	723.87	886.80	1 135.26	1 515.45	1 669.16

（5）超额利润预测。在上述预测基础上，编制出超额利润额预测表，见表6-12。

表 6-12　超额利润预测表　　　　　　　　　　　　　　单位：万元

年　份	2001	2002	2003	2004	2005	2006	2007
税后利润	982.02	1 943.84	2 546.76	3 967.94	4 736.65	5 204.03	6 290.29
社会平均利润	550.49	703.03	723.87	886.80	1 135.26	1 515.45	1 669.16
超额利润	431.53	1 240.81	1 822.89	3 081.14	3 601.39	3 665.64	4 621.13
折现系数	0.851	0.724	0.615	0.524	0.445	0.379	0.322
收益现值	367.23	898.35	1 121.08	1 614.52	1 602.62	1 389.28	1 488.00
超额利润现值合计				8 481.08			

（6）评估值的确定。经用折现率 17.56% 将超额收益折现为现值，其收益值合计为 8481.08，即应用该技术后企业预期获取的全部超额收益。

鉴于该技术的投入属于一个已形成系列群，且生产上已通过工业化试验阶段，属于成熟技术，不需要投入二次开发费用，其垄断性较强，获利能力高，是未来合资企业获得超额收益的主要因素。根据国际公认的 LSLP 原则，一般技术转让中，技术的利润分成率在 15%～30% 之间。根据对 A 公司的专利技术的分析，确定其最高分成率为 30%，然后根据专家打分法确定其技术分成率。采用专家打分法进行综合评价结果见本节收益法评估中技术分成率确定方法举例。该技术的利润分成率为 27.33%。

因而，A 公司拟投入合资企业的专利技术的评估值为：

$$8481.08 \times 27.33\% = 2317.9(万元)$$

小结

本章介绍了无形资产评估的基本理论和方法，重点介绍了收益法的应用，并详细介绍了专利权、专有技术、商标权、特许经营权、版权、计算机软件、商誉等无形资产的评估理论和评估方法。

中英文关键术语

无形资产	intangible assets	特许经营权	franchises
专利权	patent	专有技术	know-how
商标权	trademark	版权	copyright
计算机软件	software	商誉	goodwill

习 题

一、简答题

1. 何为无形资产？对无形资产可做哪些分类？
2. 无形资产有哪些特征？无形资产评估有哪些特点？
3. 影响无形资产评估价值的因素有哪些？
4. 简述无形资产评估程序。
5. 如何确定无形资产收益期限？
6. 自创无形资产和外购无形资产重置成本的确定各有哪些方法？它们的基本评估思路是什么？
7. 什么叫商誉？应当怎样正确、全面地理解商誉的含义？
8. 专利技术评估的对象和目的是什么？它和版权有何区别？
9. 专利技术评估的操作程序与工作内容包括哪些方面？
10. 什么叫专有技术？其内容主要有哪些方面？简要说明其产权的法律性质和它的基本特点。专有技术评估适用什么方法？
11. 什么是商标？何谓商标权？商标权与专利权有什么不同？
12. 什么是特许权？特许权可分为哪些基本类型？特许权评估的经济依据是什么？

二、计算分析题

1. 某企业转让其开发的一项生产技术的专利使用权，有关资料如下：①该专利技术的重置成本为48万元，专利保护期尚有12年；②该专利的使用许可将使本企业减少市场份额，售价下降，12年中专利权人将减少净收益折合现值共80万元，增加开发费折合现值为16万元；③专利许可人与被许可人的生产能力构成为65％与35％。要求：计算该专利技术的重置成本净值、转让成本分摊率、专利使用许可的机会成本和入门费评估值。

2. 某企业所使用的一项新技术，使其产品售价每件高出30元，年销量达50万件。经预测分析，该技术及产品的经济技术寿命尚可维持7年，产品价格将趋下降。未来1～3年仍可维持现价水平,未来4～5年单位售价将平均下降10元,未来6～7年则将再降10元。其生产成本大体稳定,所得税率为15%,折现率为12%。要求:采用超额收益法计算该项技术的评估值。

3. 某企业将其注册的神风牌注册商标使用权转让给乙企业使用5年,按商标使用所增加利润的30%分成。乙企业使用该商标后,每件产品可新增销售利润5元。预计乙企业使用该商标的产销量在未来5年中分别为30万件、35万件、40万件、50万件、60万件。设所得税率为17%,折现率为13%。求该商标使用权转让价格的评估值。

4. 某外贸进出口公司将一份两年期摄像机进口许可证转让给W商场直接进口,其进口配额为每年5万部摄像机。该型号进口机每台销售利润为3000元,利润率为40%,商业企业的平均资金利润率为10%。合同规定,受让方要以两年进口所得纯收益的30%分成付现成交。所得税率为33%,折现率采用行业平均资金利润率加3%的风险报酬率,求该项特许证转让的成交价格。

5. 某企业商誉良好,为实行股份制改造已采用收益法评估出企业整体资产的评估值为12 000万元。该企业分类资产与负债的评估值分别如下:

固定资产(含机器设备、房屋建筑物及土地)	5640万元
流动资产(包括货币类与实物类流动资产)	2820万元
对外投资	940万元
无形资产(全部可确指无形资产)	1692万元
负债总额	3600万元

求该企业商誉的评估值。

6. 某公司各单项资产评估值之和为8800万元,其年收益率在15%左右,所在行业平均收益率为12%。以行业平均收益率作为资本化率,求该公司的商誉评估值。

第七章

长期投资性资产评估

学习目标 理解长期投资性资产的概念以及长期投资性资产评估的特点,掌握长期债券投资、长期股票投资、其他长期投资性资产的评估原理及方法。

第一节 长期投资性资产评估概述

一、长期投资性资产的概念和评估特点

长期投资性资产是指企业不准备随时变现、持有期在一年以上的投资性资产。长期投资性资产根据其投资的性质可分为三类:长期股权投资、长期债权投资和其他长期性资产。长期股权投资是为了获取其他企业的权益或净资产所进行的投资,如对其他企业的股票投资、为获取其他企业股权所进行的联营投资等。股权投资是一种永久性投资,较之债权投资,股权投资方式具有风险高、收益大、可转让但不退还股本的特点。长期债权投资是指企业通过购买债券的方式向外投资形成的长期债权,如购买其他公司的债券、购买国库券、购买金融债券等。购买债券仅能获得规定的利息收入,无论企业购买另一单位的债券比例多少,都不可能对被投资企业的生产经营决策产生任何影响。因此,这种投资具有风险低、收益低、责任小、可转让的特点。其他长期性资产是指流动资产、长期股权投资、长期债权投资、固定资产、无形资产等以外的资产。

长期投资性资产是以对其他企业享有的权益而存在的,因此,长期投资性资产评估具有以下特点:

(1) 长期投资性资产评估是对资本金的评估。尽管长期投资的出资形式多种多样,但是,一旦投资方把自身拥有的各类资产投入到其他企业或特殊资产项目中,该资产即发挥着资本金的功能,因而长期投资性资产评估实质上是对资本的评估。

(2) 长期投资性资产评估是对被投资企业或单位收益能力和偿债能力的评估。一项长期投资作为资产,其价值的高低主要取决于该项投资所能带来的收益,

这取决于被投资企业的获利能力以及与此相联系的风险。从某种意义上讲,长期投资评估已经超出了对被评估企业自身的评估,而需要评价被投资企业的获利能力和偿债能力。

二、长期投资性资产评估程序

长期投资性资产评估一般按以下程序进行:

(1) 明确长期投资性资产的具体内容。例如,投资种类、原始投资额、评估基准日、投资收益的计算方法、长期投资占被投资企业实收资本的比重以及相关的会计处理方法等。

(2) 判断长期投资性资产投入资金和收回本金或利得计算的合理性和正确性,判断被投资企业财务报表的准确性。

(3) 根据某项具体的长期投资性资产的特点,选择合适的评估方法。上市交易的股票和债券一般采用市场法进行评估,按照评估基准日的收盘价格确定评估价格;非上市交易的股票和债券一般采用收益法,根据综合因素确定合适的折现率,以确定其评估价格。

(4) 评定测算长期投资,得出评估结论。根据长期投资性资产的不同类别,选择相应的评估方法,得出相应的评估结论。

第二节 债券评估

一、债券概述

债券是表明债权债务关系的一种书面凭证,它证明债券持有者有按约定的条件取得利息和收回本金的权利。大多数债券都是固定收入证券,即在债券的有效期内,各期的利息收入相等。但也有些债券能带来可变的收入,这些债券被称为浮动利率债券。

通常债券具有以下基本要素:

(1) 票面价值,也叫到期价值或面值。它是债券上所记载的金额,亦是发行人同意在到期日支付的金额。

(2) 到期日或到期期限。到期日是指债务停止存在、借款人清偿所借全部金额的日期。到期期限是指距到期日的年数。

(3) 息票利率。债券息票是债券持续期内对债券持有人的定期利息支付。也有一些债券在合同有效期内没有进行定期利息的支付,而是在到期日将本金与利息一起支付,这种债券叫零息债券。息票利率又叫票面利率,指债券上标明的利率。例如,息票利率为13%表示发行人每年要向债券持有人支付的利息额等于债券面值的 13%。

债券发行人有义务在特定日期支付给持有人一定量的资金。对投资者来说，债券的优点在于：它们是投资者收入的良好来源，并且这种投资方式相对安全，发生巨额损失的可能性较小。另外在公司清算时，债券投资者将优先于股东获得补偿。债券投资的主要缺点在于潜在的收益有限，并且债券价格对利率的变化很敏感，利率变化越大，潜在的损失或收益越大。

根据债券发行主体的不同可将债券分为政府债券、公司债券与金融债券。这三类债券的风险程度各有不同。政府债券一般会保证本息的返还兑付，信誉高、风险小，有"金边债券"之称。公司债券一般期限长，风险比政府债券及金融债券要大。金融债券期限一般为 1~5 年，其利率略高于同期定期存款。金融债券的风险很大程度上取决于发行主体的性质，信誉好的银行发行的债券风险较低，若是非国有银行或金融机构发行的债券，则其风险与公司债券相当。

债券作为有价证券或资本证券的一种，从理论上讲，它的市场价格是其收益现值的市场反映。当债券可以在市场上自由买卖、贴现，债券的现行市价就是债券的价格。但是，如果有些债券不能在市场上自由交易，其价格就需要通过一定的途径和方法来评估。下面按债券能否上市流通分别叙述。

二、上市债券的价值评估

上市债券是指能够在市场上流通交易、自由买卖的债券。一般情况下，上市债券评估采用市场法，按照评估基准日的收盘价确定评估值。同时，评估人员应在评估报告中说明所用的评估方法和结论，并申明该评估结果应随市场价格变动而予以调整。如果在特殊情况下，某种可上市交易的债券市场价格严重扭曲、不能代表实际价格时，则按非上市债券进行评估。

[例 7－1] 某评估公司受托对某企业的长期债权性投资进行评估，该长期债权性投资账面余额为 10 万元（持有 2005 年发行的 3 年期债券 1000 张，面值 100 元/张，年利率 10%），已上市交易。2007 年 9 月 5 日评估时，其市场收盘价为 110 元/张。据评估人员分析，该价格较合理，其评估值为：

$$1000 \times 110 = 110000(元)$$

三、非上市债券的价值评估

非上市债券是指不能进入市场流通的债券。由于无法直接通过市场判断非上市债券的市场价值，因此，采用收益法评估非上市债券的市场价值是一种比较好的途径。债券的基本价值取决于投资者对未来利息预期收入的相对吸引力和到期收回本金的前景的评估。

估算债券的价值，首先要计算截止到期日收取的利息的现值，并将其与最终本金支付的现值相加。根据非上市债券还本付息的方式,把债券分为每年支付利息到期还本债券和到期一次性还本付息平时不支付利息债券两大类。对每一类债券采取不同的具体评估方法。

1. 每年(期)支付利息,到期还本债券的评估

债券的价值等于一系列预期现金流的现值总和。债券的现金流量是向债券持有者支付的利息和在到期日归还的本金。评估债券价值所用的贴现率是必要收益率,它包括名义无风险利率和债券的风险溢价。其中名义无风险利率可以用国库券利率表示。

到期期限为 n 个时期的债券,每期支付一次利息,其现值的计算公式为:

$$P = \sum_{t=1}^{n} \frac{R_t}{(1+r)^t} + \frac{A}{(1+r)^n} \tag{7-1}$$

式中,P 为债券评估值;R_t 为第 t 期债券的预期利息;r 为折现率;A 为债券面值;n 为从评估基准日到债券到期日的期限。这里的定期支付假定为"每年支付一次"。如果一年内多次付息,则上述公式变为:

$$P = \sum_{t=1}^{nm} \frac{R_t \cdot \frac{1}{m}}{(1+\frac{r}{m})^t} + \frac{A}{(1+\frac{r}{m})^{nm}} \tag{7-2}$$

式中,m 为每年支付利息的次数。

[例 7-2] 某企业购买甲公司 2 年期债券,总额为 10 000 元,债券票面利率 17%,每年付息一次。当时的国库券利率为 8%,评估时债券购入时间已满一年,债券发行企业的风险报酬率是 2%,债券的评估价为多少?

(1) 该债券的折现率=无风险利率+风险报酬率=8%+2%=10%
(2) 债券的评估值=10000×7%/(1+10%)+10000/(1+10%)=1067(元)

2. 到期一次还本付息债券的评估

这类债券是指平时不支付利息,到期后连本带利一次性支付的债券。评估时,应将债券到期时一次性支付的本利之和折现,求得评估值。计算公式如下:

$$P = \frac{F}{(1+r)^n} \tag{7-3}$$

式中,P 为债券评估值;F 为债券到期时本利和;r 为折现率;n 为从评估基准日到债券到期日的期限。

本利和 F 的计算还区分单利和复利两种计算方式:

(1) 采用单利计算时:

$$F = A(1+mr) \tag{7-4}$$

（2）采用复利计算时：

$$F = A(1+r)^m \tag{7-5}$$

式中，A 为债券面值；m 为计息期限；r 为债券利息率。

[例 7-3] 上例中，若该债券不是每年付息一次，而是到期一次还本付息，且按单利计算。则该债券的评估值为：

$$F = 10000 \times (1+2 \times 10\%) = 12000(元)$$

$$P = 12000/(1+10\%)^2 = 9917(元)$$

第三节 长期股权投资评估

一、股票投资评估

（一）股票概述

股票是股份有限公司发行的，用以证明投资者股东身份及权益，并据以获得股息和红利的有价证券。股票在理论上的偿还期是无穷大的，其收益性体现在公司的红利分配以及股票买卖过程中的差价。股票的收益波动受多种因素的影响，因而风险性较大。

股票可以从不同的角度进行分类，但从资产评估的需要出发，可以根据股票持有人享有权利和承担风险的大小分为普通股和优先股。

普通股是股份有限公司最基本、数量最多的股份，普通股的股东所享有的权利与承担的义务最为广泛。其享有的权利包括：投票表决权、收益分配权、优先认股权、剩余财产分配权。普通股具有股息不固定、价格波动幅度大、风险性强等特点。优先股既类似于普通股，又类似于债券。其股息一般固定，且较债券收益高，但同时不享受公司利润增长的收益。它比普通股优先分配股息，在公司解散时优先于普通股分配公司剩余财产。只有在特殊情况下，优先股股东才有权参加股东大会。

股票价格是股票在进行市场交易时自身价值的体现。资产评估中需要了解和辨识的股票价格概念有以下几种：

（1）票面价格，是指公司发行股票时，股票票面所标明的价格。票面价格的基本功能是可以确定每一股份占公司资本量的比例。

（2）发行价格，是公司在发行股票时的出售价格。股票发行采用面额发行、溢价发行、折价发行方式，发行价格分别等于、高于、低于票面价格。一般同一种股票只能有一种发行价格。

(3) 账面价格,又称净值,是指通过会计方法在账面上得出的普通股的价格。其计算公式为:

$$普通股每股账面价格 =(资产净值-优先股面值)/普通股总股数 \quad (7-6)$$

股票的账面价格反映的是每股股票实际代表公司资产的价值,反映了股东利益,它又被称为"股东权益"。因此计算普通股的账面价格,对判定公司的信誉、股票的发行价格和市场价格等都是相当重要的。

(4) 清算价格,是指公司清算时每一普通股的实际价格。从理论上讲,每一普通股的清算价格与账面价格应当是一致的。但实际情况常常并非如此。在公司清算中,只有当资产的实际销售价格与财务报表上所反映的账面价格一致时,普通股的清算价格才会等于账面价格(如果考虑到要从资产的销售收入中减去清算成本,那么清算价格仍将小于账面价格)。在大多数情形下,由于公司的许多资产在清算中只能压价出售,所以每一普通股的清算价格常常小于账面价格。

(5) 市场价格,是指股票在市场交易中所形成的价格。在股票交易中,股票的市场价格是人们分析股票市场行情和制作股市行情图表的基本数据,因而是人们最为关注的股票的价格。

(6) 内在价格,是一种理论价值或模拟市场价值。它是根据评估人员对股票未来收益的预测折现得到的股票价格。股票内在价格的高低,主要取决于企业的发展前景、财务状况、管理水平以及获利风险等因素。

由于股票有上市和非上市之分,股票评估也分为上市股票评估和非上市股票评估。

(二) 上市股票的评估

在正常情况下,对于公开上市的股票一般采用市场法进行评估。这里的"正常情况"是指股市发育正常,股票能自由交易,有较完备的相关法规体系和健全的信息网络与管理体系,不存在非法炒作现象。这样的市场价格可以代表评估时的股票价值,否则,股票交易不正常时,市场价格就不能作为评估的依据,这时应采用收益法对其进行评估。另外,以控股为目的而持有的上市公司股票一般采用收益法评估。

用市价法对上市股票进行评估的公式是:

$$股票评估值 = 股票股数 \times 该股票评估基准日市场收盘价 \quad (7-7)$$

股票是一种特殊的商品,其价格不仅仅取决于该股票的未来收益,还受市场以及人们的心理预期等因素的影响,因此依据市场法得出的评估值,应在评估报告中说明所用方法,并申明该评估结果应随市场价格的变化而予以相应调整。如果企业是以控股为目的持有上市公司的股票,则一般采用收益法进行评估。

(三) 非上市股票的评估

非上市股票的评估可以不考虑股票的市场因素,一般采用收益法评估。即综合分析股票发行企业的经营状况及风险、历史利润水平和分红情况、行业收益等因素,合理预测股票投资的未来收益,并选择合理的折现率确定评估值。非上市股票按普通股和优先股的不同而采用不同的评估方法。

1. 优先股的价值评估

正常情况下,优先股在发行时就已确定了股息率,所以优先股的风险主要在于股票发行主体是否有足够的税后利润用于优先股的股息分配。因此在对优先股进行评估时必须首先对股票发行企业生产经营情况、利润实现情况、股本构成中优先股所占比重、企业收益分配政策及负债情况等进行全面了解,然后再确定风险报酬率,进而确定折现率。

如果股票发行企业资本构成合理,实现利润可观,具有很强的支付能力,那么优先股就基本上具备了"准企业债券"的性质,这时可以用事先确定的股息率计算出优先股的年收益额,然后进行折现,得出评估值。计算公式如下:

$$P = \sum_{t=1}^{\infty} \frac{R_t}{(1+r)^t} = \frac{A}{r} \qquad (7-8)$$

式中,P 为优先股的评估值;R_t 为第 t 年优先股的收益;r 为适用的折现率;A 为优先股的年等额股息收益。

包含不同权利的优先股其评估方法有所不同,以下作简要介绍。

1) 累积优先股的评估

累积优先股的收益是额定股息。若持有者不打算转让,则计算公式同式(7-8)。若持有者打算若干年后转让其持有的优先股,则计算公式为:

$$P = \sum_{t=1}^{\infty} \frac{R_t}{(1+r)^t} + \frac{P_{n+1}}{(1+r)^{n+1}} \qquad (7-9)$$

式中,P_{n+1} 为预期优先股的变现价格;n 为优先股的持有年限。

[**例 7-4**] 某被评估企业拥有甲企业累积优先股 800 股,每股面值 100 元,股息率 15%,假设市场无风险利率为 8%,甲企业风险报酬率 2%,甲企业打算持有 3 年后将这些优先股出售,试评估这批优先股的价值。

分析 由于是股息率固定的累积优先股,故各期股息额不变。贴现率为无风险利率+风险报酬率,等于 10%。在企业盈利相对稳定的情况下,假设该股息能够一直持续下去,可以采用永续年金折现法评估该优先股 3 年后的市场价格。

(1) 该优先股 3 年后的每股市价为:

$$P_{n+1} = \frac{100 \times 15\%}{8\% + 2\%} = 150(元)$$

(2) 该优先股的评估值为:

$$P = \sum_{t=1}^{3} \frac{100 \times 800 \times 15\%}{(1+10\%)^t} + \frac{150 \times 800}{(1+10\%)^3}$$
$$= 29842.23 + 90157.77 = 120002(元)$$

2) 参与优先股的评估

参与优先股的现金收益分为两部分:额定股息、额外红利。由于额外红利的风险大于额定股息,故其风险报酬率也大于额定股息的风险报酬率。参与优先股的评估公式是:

$$P = \sum_{t=1}^{n} \frac{R_t}{(1+r)^t} + \sum_{t=1}^{n} \frac{R'_t}{(1+r')^t} \qquad (7-10)$$

式中,R_t 为第 t 年额定股息;R'_t 为第 t 年额外红利;r 为额定股息适用的贴现率;r' 为额外红利适用的贴现率,一般 $r' > r$。

3) 可转换优先股的评估

可转换优先股的收益有两部分:一是转换前的股息收益;二是转换后的普通股票或债券的价格。其估价公式为:

$$P = \sum_{t=1}^{\infty} \frac{R_t}{(1+r)^t} + \frac{P_{n+1}}{(1+r)^{n+1}} \qquad (7-11)$$

式中,P_{n+1} 为优先股转换为普通股或债券的时价,其计算公式为:

$$P_{n+1} = P_0(1+P')^{n+1} \cdot K \qquad (7-12)$$

式中,P_0 为评估基准日普通股市价,K 为优先股和普通股按票面转换的比例,P' 为普通股股价上涨率。

2. 普通股的价值评估

对非上市普通股的价值评估,实际是对普通股预期收益的预测,并折算成评估时点的价值。因此,需要对股票发行公司进行全面、客观地分析与了解。首先,应了解被评估公司历史上的利润水平;其次,了解公司的发展前景,所处行业前景、盈利能力、企业管理人员素质和创新能力等因素;再次,应分析被评估公司的股利分配政策。因为公司的股利分配政策直接影响着被评估股票价值的大小。股份公司的股利分配政策,通常可以划分为固定红利型、红利增长型和分段型等三种类型。在不同类型的股利政策下,其股票价值的评估方法也不完全相同。

1) 固定红利型股利政策下股票价值评估

固定红利型是假设企业经营稳定,分配红利固定,并且今后也能保持固定水平。在这种假设条件下,普通股股票评估值的计算公式为:

$$P = R/r \tag{7-13}$$

式中,P 为股票评估值;R 为股票未来收益额;r 为折现率。

[例 7-5] 假设被评估企业拥有甲公司的非上市普通股 10 000 股,每股面值 1 元。在持有期间,每年的收益率一直保持在 20% 左右。经评估人员了解分析,股票发行企业经营比较稳定,管理人员素质高、管理能力强。在预测该公司以后的收益能力时,按稳健的估计,今后若干年内,其最低的收益率仍然可以保持在 16% 左右。评估人员根据该企业的行业特点及当时宏观经济运行情况,确定无风险报酬率为 4%(国库券利率),风险报酬率为 4%,则确定的折现率为 8%。根据上述资料,计算评估值为:

$$10000 \times 16\% \div 8\% = 20000(元)$$

2) 红利增长型股利政策下股票价值评估

红利增长型适用于成长型股票的评估。成长型企业发展潜力大,收益率会逐步提高。该类型的假设条件是发行企业并未将剩余收益分配给股东,而是用于追加投资扩大再生产,因此,红利呈增长趋势。在这种假设前提下,普通股股票价值评估值公式为:

$$P = \frac{R}{r-g} \tag{7-14}$$

式中,P 为股票评估值;R 为股票未来收益额;r 为折现率;g 为股利增长率。

股利增长率 g 的计算方法有:

(1) 统计分析法。即根据过去股利的实际数据,利用统计学的方法计算出的平均增长率,作为股利增长率。

(2) 趋势分析法。即根据被评估企业的股利分配政策,以企业剩余收益中用于再投资的比率与企业净资产利润率相比确定股利增长率。

[例 7-6] 某评估公司受托对 D 企业进行资产评估,D 企业持有某非上市公司的普通股股票 20 万股,每股面值 1 元,在持有股票期间,每年股票收益率在 12% 左右。股票发行企业每年以净利润的 60% 用于发放股利,其余 40% 用于追加投资。根据评估人员对企业经营状况的调查分析,认为该行业具有发展前景,该股票发行公司至少可保持 3% 的发展速度,净正常收益率将保持在 16% 的水平,无风险报酬率为 4%,风险报酬率为 4%,则该股票的评估值为:

$$P = 200000 \times 12\% \div [(4\% + 4\%) - 40\% \times 16\%] = 1500000(元)$$

3) 分段型股利政策下股票价值评估

分段模型的计算方法是：将股票的收益期分为两个阶段，第一阶段，评估师能够比较客观地预测股票的未来收益；第二阶段，以不易预测收益的时间为起点，将两段收益的现值相加，得出评估值。实际计算时，第一段的预期收益可以直接折现；第二段的收益可以采用固定股利假设或红利增长假设进行预测。

[例7-7] 某公司拥有另一股份公司非上市普通股股票10万股，每股面值1元。在持有期间，每年股利收益率均在15%左右。评估人员对该股份公司进行调查分析，认为前3年保持15%的收益率是有把握的；第4年一套大型先进机器设备组合交付使用，可使收益提高5个百分点，并将持续下去。评估时国库券利率为10%，行业风险利率为2%，折现率为12%，则该公司的这批股票的评估值为：

P = 前3年折现值 + 第4年后折现值

$= 100000 \times 15\% (P/A, 12\%, 3) + (100000 \times 20\% \div 12\%) \times (1+12\%)^{-3}$

$= 15000 \times 2.4018 + 20000/12\% \times 0.7118$

$= 154660 (元)$

二、股权投资的评估

股权投资是投资主体以现金资产、实物资产或无形资产等对被投资企业进行权益投资的投资行为。这种权益投资一般是有限期的长期投资。投资双方的权利和义务，特别是投资方投资收益的分配形式和投资本金的处理办法都是由投资协议明确规定的。

投资收益的分配形式常见的类型有：①按投资额占被投资企业实收资本的比例，参与被投资企业净利润的分配；②按被投资企业销售收入或利润的一定比例提成；③按投资方出资额的一定比例支付资金使用报酬等。

投资本金的处置方法首先取决于投资是否有期限，无期限的长期投资不存在本金处置问题；协议中规定有期限的投资，在投资期限届满时，就需按照协议中规定的办法处置。常见的处置方式有：按投资时的作价金额以现金返还；以实物资产返还；按期满时的实投资产的变现价格作价以现金返还等。

评估股权投资，必须了解具体投资形式、收益获取方式和占被投资企业实收资本或使用者权益的比重，根据不同情况，采取不同的评估方法。

(一) 非控股型股权投资(少数股权)评估

非控股股权通常是指股权投资占被投资企业全部资本投资的25%～50%之

间。对于非控股型股权投资评估,可以采用收益法,即根据历史上收益情况和被投资企业的未来经营情况及风险,预测未来收益,再用适当折现率折算为现值得出评估值;对于合同、协议中明确约定了投资报酬的长期投资,可将按规定应获得的收益折为现值,作为评估值;对到期收回资产的实物投资情况,可按约定或预测出的收益折为现值,再加上到期收回资产的现值,计算评估值;对于不是直接获取资金收入,而是取得某种权利或其他间接经济效益的,可通过了解分析,测算相应的经济效益,折现计算评估值;对于明显没有经济利益,也不能形成任何经济权利的投资则按零价值计算。在未来收益难以确定时,可以采用重置价值法进行评估。即通过对被投资企业进行评估,确定净资产数额,再根据投资方所占的份额确定评估值。如果进行该项投资的期限较短,价值变化不大,被投资企业资产账实相符,则可根据核实后的被投资企业资产负债表上净资产数额,再根据投资方所占份额确定评估值。

(二) 控股型股权投资评估

控股股权通常是指投资企业的股权投资数额超过被投资企业全部资本投资的50%,或者事实上达到能够影响甚至决定被投资企业的生产经营的出资。因此,控股股权的评估,原则上要对被评估企业进行整体评估,按整体评估后的企业价值和投资企业股权投资比例计算控股股权的价值。

评估控股型和非控股型股权投资,都有单独计算评估值,并记录于长期股权投资项目下,不能将被投资企业的资产和负债与投资方合并处理。评估人员再评估股东权益价值时,应在适当及切实可行的情况下考虑由于控股权和少数股权等因素产生的溢价和折价,并在评估报告中予以披露。

第四节 其他长期性资产的评估

一、其他长期性资产的构成

其他长期性资产是指流动资产、长期股权投资、固定资产、无形资产等以外的资产,主要包括具有长期性质的待摊费用和其他长期资产。长期待摊费用是指企业已经支出,但摊销期在一年以上的各项费用。包括股票发行费用、筹建期间费用(也称开办费)等。其他长期资产主要包括特准储备物资、银行冻结存款、冻结物资及涉及诉讼的财产等。

二、其他长期性资产的评估

评估其他长期性资产,必须了解其合法性、合理性、真实性和准确性,了解费用支出和摊余情况,了解形成的新资产和剩余权利情况,根据评估目的实现后资产的占有情况和尚存情况,并剔除其与其他评估对象的重复计算部分,采用相应的方法进行评估。

1. 开办费

开办费是企业在筹建期间发生的、不能计入固定资产或无形资产价值的费用,主要包括:筹建期间人员的工资、员工培训费、差旅费、办公费、注册登记费以及不能计入固定资产或无形资产购建成本的汇兑损益、利息支出等。根据现行会计制度的规定,企业筹建期间发生的费用,应于开始生产经营起一次计入开始生产经营当期的损益。因此,如果企业不是在筹建期间评估,则不存在开办费的评估问题。如果企业是在筹建期间评估,由于开办费的尚存资产或权利的价值难以准确计算,故可按其账面价值计算其评估值。

2. 其他长期待摊费用

其他长期待摊费用,如股票发行费用,其影响可能延续到以后若干年,从理论上讲,对这类项目的评估,应依据企业的收益状况、收益时间及货币的时间价值,以及现行会计制度的规定等因素确定评估值。货币的时间价值因素因受益时间长短而定。一年内的一般不予考虑,超过一年时间的要根据具体内容、市场行情的变化趋势处理。但从实践看,由于这些费用对未来产生收益的能力和状况并不能准确界定,如果物价总水平波动不大,可以将其账面价值作为其评估值,或者按其发生额的平均数计算。

小结

长期投资性资产主要包括长期股权投资、长期债权投资和其他长期性资产。上市债券和股票可以按评估基准日收盘价估算其评估值,非上市债券和股票可以采用收益法和市场法进行评估。评估股权投资,主要采用收益法。对控股股权投资进行评估时需要先对被投资企业的企业整体价值进行评估。对于开办费、其他长期待摊费用等其他长期性资产的评估应了解其合法性、合理性、真实性和准确性,根据评估目的实现后资产的占有情况和尚存情况,并剔除其与其他评估对象的重复计算部分,采用相应的方法进行评估。

中英文关键术语

| 长期投资 | long-term investment | 债券 | bond |
| 普通股 | ordinary shares | 优先股 | preferred shares |

习 题

一、选择题

1. 股票投资的评估原则有( )。
   A. 内在价值原则   B. 收益本金化原则
   C. 实际变现原则   D. 市场价值原则
2. 投资风险的主要来源有( )。
   A. 利率风险   B. 市场风险
   C. 违约风险   D. 购买力风险

二、简答题

1. 长期投资性资产评估的特点是什么?
2. 债券评估的方法有哪些?
3. 股权投资如何进行评估?
4. 其他长期性资产如何进行评估?

三、计算题

1. 某被评估企业购买了面值为10万元的3年期公司债券,票面利率为10%,每年末付息,到期还本,评估时债券购入已满一年,第一年利息已收,当时2年期银行储蓄存款利率为9.5%。评估人员分析债券发行单位的经营风险、财务风险后预测风险报酬率为2.5%,试评估该项债券投资的价值。

2. 某被评估企业拥有对甲公司的股票投资,去年每股红利0.2元,预计未来5年为超常增长期,股利增长率为10.8%,之后进入零增长阶段,超常增长阶段股东要求的报酬率为12%,平稳阶段贴现率为10%,请评估该项投资的价值。

第八章 流动资产和其他资产评估

学习目标 理解流动资产的评估特点,掌握应收账款、预付账款、应收票据、待摊费用及预付费用的价值评估方法,并能够运用成本法和市场法评估实物类流动资产的价值。

第一节 流动资产评估概述

一、流动资产的含义及特点

(一) 流动资产的含义

流动资产是指企业可以在一年内或者超过一年的一个营业周期内,变现或者运用的资产,包括现金及各种存款、存货、应收及预付款项、短期投资等。具体来讲,现金是指企业的库存现金,其中包括企业内部各部门周转使用的备用金;各种存款是指企业的各种不同类型的银行存款;应收账款是指企业因销售商品、提供劳务等,应向购货和受益单位收取的款项,它是购货单位所欠的短期债务;预付款项是指企业按购货合同规定,预付给供货单位的购货定金或部分货款,以及企业预交的各种税、费等;存货是指企业的库存材料、在产品、产成品、商品等;短期投资是指企业购入的各种能随时变现、持有时间不超过一年的投资,包括不超过一年的股票、债券、基金等有价证券和其他投资。另外,还包括除以上资产之外的流动资产。

(二) 流动资产的特点

流动资产是企业资产的重要组成部分。和固定资产相比,流动资产具有以下特点:

1) *流动性强*

流动资产在生产经营活动中不能固定在一种使用形态上,而是随着生产过程的不断进行,不断地由一种形态转化为另一种形态。流动性强是流动资产的主要特点,这一特点要求在进行流动资产评估时,必须合理确定评估时点,并且严格在规定时点上进行资产清查,确定被评估资产数量,避免发生重估、漏估的现象,以致影响评估的准确性。

2) 周转速度快

流动资产具有周转快、时间短的特点。由于流动资产的价值在使用中是一次性全部转移的,一般不存在有形损耗,更无须考虑功能性贬值等因素,因此在价格变化不大的情况下,资产的账面价值基本上可以反映出流动资产的现值。

3) 形态多样性

流动资产在周转过程中不断改变其形态,并且各种形态的流动资产在企业中同时并存,分布于企业的各个环节,因此对于流动资产,应该按照单项资产进行评估。又由于流动资产数量大、种类繁多,所以评估前还必须对流动资产进行认真仔细的资产清查,同时又要分清主次,掌握重点。

二、流动资产的分类

流动资产形态多种多样,为便于进行流动资产评估,必须对其进行合理的分类。

1. 按流动资产所处领域分类

(1) 生产领域的流动资产。指在产品生产过程中发挥作用的流动资产。例如,原材料、辅助材料、低值易耗品、包装物、在产品及自制半成品等。

(2) 流通领域的流动资产。指在商品流通过程中发挥作用的流动资产。例如,产成品、购销过程中的结算资金和货币资金等。

2. 按现行会计制度分类

(1) 货币资金。例如,现金、银行存款、其他货币资金。

(2) 应收及预付款项。例如,应收票据、应收账款、应收内部单位款、其他应收款、预付货款和预付费用等。

(3) 短期投资。指能随时变现,持有时间不超过一年的投资,主要是有价证券。

(4) 存货。是企业在生产经营过程中为销售或耗用而储备的资产。例如,产成品、在产品、原材料、低值易耗品等。

3. 按流动资产在生产经营中的形态和作用分类

(1) 储备资产。指处于生产准备阶段的流动资产。例如,原材料、低值易耗品、包装物等。

(2) 生产资产。指处在生产过程中的流动资产。例如,在产品、自制半成品、待摊费用等。

(3) 成品资产。指处于产品待销过程中的流动资产。例如,产成品等。

(4) 结算资产。例如,发出商品、各种应收账款和应收票据等。
(5) 货币资产。例如,银行存款、库存现金等。

4. 按流动资产存在的形态分类

(1) 货币类流动资产。例如,现金、各种存款。
(2) 实物类流动资产。例如,各种材料、在产品、产成品等。
(3) 债权类流动资产。例如,应收账款、预付账款等。
(4) 其他流动资产。指除以上资产之外的流动资产。

三、流动资产评估的程序

(一) 确定评估对象和范围

弄清被评估流动资产的范围,是确保资产评估工作顺利进行的重要条件之一。为此,应正确划分流动资产与其他资产的界限,防止将机器设备作为低值易耗品而列入流动资产,也不得把属于流动资产的低值易耗品作为其他资产,以避免重复评估和漏评;其次,应查核待评估流动资产的产权,企业受托加工的材料,代保管的材料物资,已作为抵押物的流动资产均不能列入流动资产的评估范围。

(二) 清查核实流动资产,并对实物类流动资产进行质量检测和技术鉴定

流动资产种类繁多,流动性强,为保证评估结果的客观真实性,评估人员必须对清单所列的流动资产进行局部或全部查实,以做到账账相符、账实相符。同时对于实物类流动资产(如原材料、产成品等)还应进行质量检测和技术鉴定,以便了解该被评估资产的质量状态,确定其是否还有使用价值,并核对其技术情况和等级状态与被评估资产清单的记录是否相符。技术检测是正确评估资产价值的重要基础,因此评估时必须考虑资产的内在质量因素。

(三) 调查分析债权类流动资产

根据以往的资信情况确定其风险,对企业的债权债务应逐笔落实,综合分析应收账款、应收票据等债权回收的可能性,回收的时间,将要发生的费用及风险,并对呆账、死账作相应的处理。

(四) 选择合理的评估方法

资产评估的主要方法有收益法、成本法和市场法等。评估人员应该根据评估的目的和不同种类流动资产的特点,选择适当的评估方法进行评估。一般而言,对

于实物类流动资产,可以采用市场法和成本法。对存货中价格变动较大的要考虑市场价格。对买入价较低的要按现价调整。对买入价较高的,除考虑市场价格外,还要分析最终产品价格是否能相应提高,或存货本身是否具有按现价出售的现实可能性。对于货币类流动资产,其清查核实后的账面价值就是现值,不需采用特殊方法进行评估,仅仅应对外币存款按评估基准日的国家外汇牌价进行折算。对于债权类流动资产只适用于按可变现值进行评估。

(五) 评定估算流动资产,出具评估结论

根据掌握的资料和技术检测结果,按选定的方法评定估算,并对评估初步意见进行适当调整,产生最终评估结果。

第二节 实物类流动资产的评估

实物类流动资产的评估主要包括各种材料、在产品、产成品及库存商品等的评估,其适用的方法主要是成本法和市场法。

一、材料评估

(一) 材料评估的内容

企业中的材料,可以分为库存材料和在用材料。由于在用材料在再生产过程中形成产品或半成品,它不再作为单独的材料存在,故对材料评估就是对库存材料的评估。内容包括各种主要材料、辅助材料、燃料、修理用备件、包装物、低值易耗品等。

(二) 材料评估的步骤

库存材料具有品种多、数量大、性能差异大,以及计量单位、计价方式、购进时间、自然损耗等方面各不相同的特点。根据库存材料的这些特点,可按下列步骤进行评估:

(1) 核实账、表与实物数量是否一致,查明有无变质、霉烂、毁损等质量问题,有无超储呆滞的材料等。

(2) 根据不同评估目的和待估流动资产的特点,选择适当的评估方法。

(3) 运用企业库存管理的 ABC 管理法,按照一定的目的和要求,对材料排队,分清重点,着重对重点材料进行评估。

(三) 材料评估的方法

1. 近期购进库存材料的评估

近期购进的库存材料,在市场价格变化不大的情况下,其账面值与现行市价基

本接近。评估时,可以采用成本法,也可以采用市场法。

[例8-1] 企业中某材料是两个月以前从外地购进,数量500吨,单价150元/吨,当时支付的运杂费为2500元。根据原始记录和清查盘点,评估时库存尚有100吨这种材料。根据上述资料,可以确定该材料的评估价值为:

$$材料评估值 = 100 \times (150 + 2500 \div 500) = 15500(元)$$

2. 购进批次间隔时间长,价格变化大的库存材料的评估

对这类材料评估时,可以采用最接近市场价格的材料价格或直接以市场价格作为其评估值。

[例8-2] 某企业要对其库存的某种钢材进行评估。该种钢材是分两批购进的,第一批购进时间是2007年1月,购进1000吨,每吨2500元;第二批是2007年9月购进的,数量500吨,每吨3500元。2007年11月1日评估时,经核实2007年1月购进的此种钢材尚存500吨,9月购进的尚未使用。因此,需评估的钢材数量是1000吨,价格可采用每吨3500元计算,则评估值为:

$$该钢材评估值 = 600 \times 3500 = 2100000(元)$$

在本例中,值得注意的是如果近期内该材料价格变化很大,或者评估基准日与最近一次购进时间间隔期较长,则评估时应采用评估基准日的时价。

3. 购进时间早,市场已经脱销,没有准确市场现价的库存材料的评估

这类材料的评估,可以通过寻找替代品的价格变动资料来修正材料价格。计算公式为:

$$材料评估值 = 库存数量 \times 替代品现行市价 \times 修正系数 \quad (8-1)$$

也可以在市场供需分析的基础上,确定该项材料的供需关系,并以此修正材料价格。计算公式为:

$$材料评估值 = 库存数量 \times 单位进价 \times 市场供需指数 \quad (8-2)$$

还可以通过市场同类商品的平均物价指数进行评估。计算公式为:

$$材料评估值 = 库存数量 \times 单位进价 \times (1 + 同类材料市场价格变动指数)$$
$$(8-3)$$

4. 超储积压物资的评估

对这类库存材料的评估,应首先对其数量和质量进行核实和鉴定,然后区别不同情况进行评估。对其中失效、变质、残损、报废、无用的,应通过分析计算,扣除相

应的贬值额后,确定评估值。

5. 盘盈、盘亏材料的评估

评估时应按有无实物存在为原则进行。对于盘盈材料,可以按该材料的现行市价进行评估。若无法取得现行市价,可通过寻找替代材料的现行市价并加以调整的方法估算价值。

(四) 低值易耗品的评估

低值易耗品是指单项价值在规定限额以下,或使用期限不满一年但能多次使用且基本保持其实物形态的劳动资料。如管理用具、劳保用品、玻璃器皿等。低值易耗品按使用情况,可分为在库低值易耗品和在用低值易耗品,进行资产评估时,应区分不同情况分别评估。

对于在库低值易耗品,其评估方法与库存材料的评估方法一样,可根据具体情况分别用成本法和市场法进行评估。

对于在用低值易耗品,可以采用成本法进行评估。计算公式为:

$$在用低值易耗品的评估值 = 全新成本价值 \times 成新率 \qquad (8-4)$$

其中,"全新成本价值"可以直接采用账面价值(价格变动不大),也可以采用现行市场价格,有时还可以在账面价值基础上乘以其物价变动指数来确定。另外,低值易耗品分外购和自制两种形式,确定评估价值时,在细节分析上有所不同,评估者应视具体情况分析计算。

在对低值易耗品评估时,由于其使用期限短,一般不需考虑其功能性损耗和经济性损耗。因此成新率计算公式为:

$$成新率 = \left(1 - \frac{低值易耗品实际已使用月数}{低值易耗品可使用月数}\right) \times 100\% \qquad (8-5)$$

一般而言,评估人员确定低值易耗品的成新率时,不能按照其摊销方式来确定,而应该按其实际损耗程度来确定。因为低值易耗品的摊销目的在于有效地计算成本费用,基本不反映其实际损耗程度。

[例 8-3] 某企业某项低值易耗品购进时原价为 540 元,预计使用 9 个月,实际已使用 6 个月,该项低值易耗品现行市价为 480 元,由此确定其评估值为:

$$在用低值易耗品评估值 = 480 \times (1 - 6/9) \times 100\% = 160(元)$$

二、在产品评估

在产品包括制作过程中的在制品,已加工完入库但不能单独对外销售的半成品。对这部分流动资产进行评估时,应结合其特点,按照重置时的合理费用进行估价。在产品的评估方法有成本法和市场法。

1. 成本法

即根据技术鉴定和质量检测的结果,按现行市场价格重置同等级在制品及半成品所需投入的合理料工费计算评估值。这种方法适用于对继续生产、销售并且有盈利的在产品等的评估。具体来说又可分为三种情况:

1) 按价格变动系数调整

对生产经营正常,会计核算水平较高的企业在产品的评估,可参照其原始成本,根据评估日市场价格的变动情况,调整成重置成本。用计算公式表示为:

$$在产品评估值 = 原合理材料成本 \times (1 + 价格变动系数) + 原合理制造费用 \times (1 + 合理制造费用变动系数) \tag{8-6}$$

其中,"原合理制造费用"包括工资费用和其他费用两部分。另外在具体评估时,还应注意将不合格在产品成本和不合理费用从总成本中剔除。

2) 按社会平均工艺定额和现行市价计算

即按重置同类资产的社会平均成本确定在产品的价值。这种方法要求掌握以下资料:

(1) 在产品的完工程度。
(2) 在产品相关工序的工艺定额。
(3) 在产品所耗物料的近期市价。
(4) 在产品正常生产情况下的合理工时费率。

计算公式为:

$$在产品评估值 = 在产品实有数量 \times (该工序单件材料工艺定额 \times 单位材料现行市价 + 该工序单件工时定额 \times 正常工资及其他费用) \tag{8-7}$$

其中,对"工艺定额"的选取,如果有行业的平均物料消耗标准的,可按行业标准计算;没有行业统一标准的,按企业现行的工艺定额计算。

3) 按在产品的完工程度计算评估值

在产品的最终形式为产成品,所以可以在计算预计完成产成品的重置成本基础上,按在产品完工程度计算确定在产品评估值。计算公式为:

$$在产品评估值 = 单件产成品的重置成本 \times 在产品约当产量 \tag{8-8}$$

或

$$在产品评估值 = 预计产成品的总重置成本 \times 在产品完工率 \tag{8-9}$$

在产品约当产量等于在产品数量乘以该在产品的完工率。在产品约当产量、在产品完工率可以根据其完成工序与全部工序比例、生产完成时间与生产周期比例确定。当然,确定时应分析完成工序,以及完成时间与其成本耗费的关系。

[**例 8-4**] 现有在产品 100 件,在产品生产用材料已经投入 80%,完工程度 50%。产成品的单件材料定额为 2000 元,工资定额为 300 元,其他费用为 500 元,求该批在产品的价值。

该批在产品的材料耗费约当量为:

$$100 \times 80\% = 80(件)$$

该批在产品的工资及其他费用约当量为:

$$100 \times 50\% = 50(件)$$

评估值为:

$$80 \times 2000 + 50 \times (300 + 500) = 200000(元)$$

2. 市场法

市场法是指按同类在产品的市场价格,扣除销售过程中预计发生的费用后计算出评估值。一般而言,在产品通用性强,能用于产品配件更换或用于维修,则其评估值就比较高。而那些不能继续生产,又无法从市场调剂出去的专用配件,只能按废料回收价格进行评估。用计算公式表示为:

某在产品评估值 = 在产品实有数量 × 可接受的不含税的单位市场价格
　　　　　　　－ 预计销售过程中发生的费用　　　　　　　(8-10)

或

某报废在产品评估值 = 可回收废料的重量 × 单位重量现行的回收价格

(8-11)

三、产成品和库存商品评估

产成品和库存商品是指已经完工入库和已完工并经过质量检验,但尚未办理入库手续的产成品,以及商业企业的库存商品等。对这部分流动资产的评估应依据其变现的可能和市场接受的价格进行评估。适用的评估方法有成本法和市场法。

1. 成本法

产成品及库存商品的成本法,是根据生产制造该产成品全过程所发生的全部成本费用来确定其评估值的一种方法。具体操作时可分为两种情况：

(1) 当评估基准日与产成品完工时间较接近,成本费用变化不大时,其评估值可以直接按产成品账面成本确定。计算公式为：

$$产成品评估值 = 产成品数量 \times 单位产成品账面成本 \qquad (8-12)$$

(2) 当评估基准日与产成品完工时间相距较远,成本费用变化较大时,不能按账面成本计算,而应按评估基准日市场状况下产成品的社会平均成本确定。计算公式为：

$$\begin{aligned}产成品评估值 = &产成品实有数量 \times (合理材料工艺定额 \\ & \times 现行材料单位市价 + 合理工时定额 \\ & \times 单位小时合理工时工资费用)\end{aligned} \qquad (8-13)$$

或

$$\begin{aligned}产成品评估值 = &产成品实际成本 \times (材料成本比例 \times 材料综合调整系数 + \\ & 工资费用成本比例 \times 工资费用综合调整系数)\end{aligned} \qquad (8-14)$$

[例 8-5] 某企业拟对某类产成品进行评估。经核查,该产成品实有数量为 1000 件,合理材料工艺定额为 500 kg/件,合理工时定额为 20 小时。评估时,材料价格上涨,由原来的 50 元/kg 涨至 60 元/kg,单位小时合理工时工资费用不变,仍为 25 元/小时,根据上述资料,可以确定该产成品的评估值为：

$$产成品评估值 = 1000 \times (500 \times 60 + 20 \times 25) = 30500000$$

2. 市场法

产成品评估的市场法,是指按不含价外税的可接受市场价格,扣除相关费用后计算产成品评估值的一种方法。其中,工业企业的产品一般以卖出价为依据,商业企业一般以买进价为依据。运用市场法评估产成品价格时,在选择市价时应根据对产成品本身的技术水平和内在质量的技术鉴定结果,确定产品是否具有使用价值,以及产品的实际等级,以便于选择合理的市价;应分析市场供求关系和被评估产成品的市场前景;所选择的价格是在公开市场所形成的近期交易价格,非正常交易价不能作为评估的依据;对产品技术先进,但外表留有不同程度残缺的产成品,可根据其损坏程度,通过调整系数予以调整。

采用市场法评估产成品时,现行市价中包括了产品成本、税金和利润,评估时如何处理实现的利润和税金,应视具体情况而定。一般来说,若以产成品出售为目的的评估,应以现行市价为基础评估产成品的价格,而无须扣除其销售费用和税金;若以投资为目的的产成品的评估,就应以扣除税金后的现行市价作为评估基础。

在实际评估工作中,对于十分畅销的产品,根据其出厂销售价格减去销售费用和全部税金确定评估值;对于正常销售的产品,根据其出厂销售价格减去销售费用、全部税金和适当数额的税后净利润确定评估值;对于勉强能销售出去的产品,根据其出厂销售价格减去销售费用、全部税金和税后净利润确定评估值。

第三节 债权类及货币类流动资产和其他资产的评估

债权类流动资产包括应收账款、预付账款、应收票据、短期投资及其他费用(如待摊费用)等;货币类流动资产包括现金和各项存款。其他资产是指除固定资产、无形资产、金融资产、流动资产之外的资产。

一、应收账款及预付账款的评估

企业的应收账款和预付账款,主要指企业在经营过程中由于赊销原因而形成的尚未收回的款项,以及企业根据合同规定预付给供货单位的货款等。应收账款和预付款项均属于企业债权类流动资产。由于这类资产存在着无法回收的风险,因此进行评估时应以其可变现收回的货币,作为其评估计价的依据。计算公式为:

$$应收账款评估值 = 应收账款账面价值 - 已确定的坏账损失 - 预计可能发生的坏账损失 \qquad (8-15)$$

应收账款评估的操作步骤如下:

步骤1 清查核实应收账款的账面值是否真实可靠。

评估时可根据债权资产内容进行分类,并根据其特点及内容,采取不同的方法进行核实。如核对总账、明细账是否相符;按户发函核对;查看原始凭证等。

步骤2 确认已确定的坏账损失。

已确定的坏账损失是指评估时债务人已经死亡或破产倒闭而确实无法收回的应收账款,对于确定的坏账损失,应严格按照有关经济合同法的相关条款进行。

步骤3 确定可能发生的坏账损失。

即对应收账款回收的可能性进行判断。首先,应根据企业与债务人的业务往来和债务人的信用情况进行定性分析,具体有四种情况:①业务往来较多,对方结算信用好,这类应收账款一般能如期全部收回;②业务往来少,对方结算信用一般,这类应收账款收回的可能性很大,但回收时间不确定;③一次性业务往来,对方信用情况不太清楚,这类应收账款可能只能收回其中的一部分;④长期拖欠或对方单位已撤销,这类应收账款可能无法收回。然后,采用坏账估计法或者账龄分析法定量预计坏账损失。

1. 坏账估计法

即按坏账的比例,判断不可回收的坏账损失的数额。坏账比例的确定,可以根据被评估企业前若干年(一般为 3～5 年)的实际坏账损失额与其应收账款发生额的比例确定。计算公式为:

$$坏账比例 = \frac{评估前若干年发生的坏账损失额}{评估前若干年应收账款额余额} \qquad (8-16)$$

2. 账龄分析法

即按应收账款拖欠时间的长短,分析判断可收回的金额和坏账。一般来说,应收款账龄越长,坏账损失的可能性越大。因此,可先将应收账款按账龄长短分为:未到期的、过期半年以内的、过期一年以上两年以内的、超过两年的等几组,再按组分别估计发生坏账损失的可能性,并进而计算坏账损失的金额。

应该注意的是,当应收账款评估以后,账面上的"坏账准备"科目应按零值计算,评估结果中不再有此项目。

二、应收票据的评估

票据是具有一定格式的书面债据,是由债务人签发的在指定日期内由持票人向出票人(即签发人)或承兑人收回票面金额的书面证明。票据有记名的,也有不记名的;有带息的,也有不带息的;有由出票人支付的本票,银行本票或期票,也有按票面载明付款日期的定期票据。票据可以依法律规定,经指定收款人在其背面签章后(即背书),将其转让他人;也可以把未到期的票据转让给银行(贴现)。

应收票据指企业持有的尚未兑现的各种票据。主要包括:①顾客交来的自己签发的本票;②顾客交来的他人签发背书的本票和汇票;③企业本身签发的,经付款人承兑的汇票。

票据按照是否带息分为带息票据和不带息票据。对于带息票据,应收票据的评估值应由本金和利息两部分组成。本金是指出票人承诺的债务金额,利息则为债务到期时所应支付的资金使用成本。对不带息票据,其评估值即是其票面额的贴现值。

(1) 带息票据按本金加利息确定。计算公式为:

$$应收票据评估值 = 本金 \times (1 + 利息率 \times 时间) \qquad (8-17)$$

(2) 不带息票据按应收票据的贴现值计算。即对企业拥有的尚未到期的票据,按评估基准日在银行可获得的贴现值计算确定评估值。计算公式为:

$$应收票据评估值 = 票据到期价值 - 贴现息 \qquad (8-18)$$

其中,

$$贴现息 = 票据到期价值 \times 贴现率 \times 贴现期 \qquad (8-19)$$

[例 8-6] 某企业向甲企业售出一批材料。价款 1000 万元,商定 6 个月收款,采取商业承兑汇票结算。该企业于 3 月 10 日开出汇票,并经甲企业承兑。汇票到期日为 9 月 10 日。现对该企业进行评估,基准日为 7 月 10 日,由此确定贴现日期为 60 天。贴现率按月息 10‰ 计算。则:

$$贴现息 = 1000 \times 10‰ \times (1/30) \times 60 = 20(万元)$$

$$应收票据评估值 = 1000 - 20 = 980(万元)$$

如果被评估的应收票据,是在规定的时间尚未能收回的票据,则应按应收账款的评估方法,在分析调查其原因的基础上,作坏账处理,并按应收回金额扣减预计的坏账损失作为评估值。

三、待摊费用、预付费用和短期投资的评估

(一) 待摊费用的评估

待摊费用是指企业中已经支付或发生,但应由本月和以后各个月份负担的费用。费用本身不是资产,而是已耗用资产的反映,它的支出可以形成一定形态的有形资产和无形资产。因此,评估确定待摊费用的价值,实际上就是确定其实体资产或某种权利的价值。

对于待摊费用的评估,原则上应按其形成的具体资产价值来确定。例如,某企业待摊费用中,虽然有待摊机器设备修理费用 1 万元,但是在机器设备评估时,已经考虑到进行大修会延长机器设备寿命或增加其功能,从而增加了机器设备的评估值,也就是说,待摊费用 1 万元在机器设备价值中已经得以体现,因而,这部分反映在待摊费用中的价值则不再需要重复计入资产价值。

(二) 预付费用的评估

预付费用之所以作为资产,是因为这类费用在评估日之前企业已经支付,但在评估日之后才能产生效益。如预付的报纸杂志费、预付的保险金、预付的租金等。因而,可将这类预付费用视为取得未来服务的权利。

预付费用的评估主要依据其未来可产生效益的时间来进行。如果预付费用的效益已在评估日之前全部体现,只因发生的数额过大而采用分期摊销的办法,这种预付费用不应在评估中作价。只有那些在评估日之后仍能发挥作用的预付费用,

才是评估的对象。

[例8-7] 现评估某企业预付费用,评估基准日为 2006 年 6 月 30 日。有关资料如下:企业截至评估基准日账面费用余额为 125 万元,其中有年初预付的一年期保险金 50 万元,尚待摊销的低值易耗品余额 30 万元,预付的房租租金 75 万元。根据租约,始租时间为 2005 年 6 月 30 日,租约终止期为 2010 年 6 月 30 日。评估人员根据上述材料进行如下评估:

(1) 预付保险金的评估,根据保险金全年支付数额计算每月应分摊数额为:

$$500000/12 = 41667(元)$$

$$预付保险金评估值 = 41667 \times 6 = 250002(元)$$

(2) 低值易耗品根据实物数量和现行市场价格评估,评估值为 420 000 元。

(3) 租入固定资产的评估,按租约规定的租期和 5 年总租金计算,每年的租金为 15 万元,租赁的房屋尚有 4 年使用权。

$$评估值 = 15 \times 4 = 60(万元)$$

(4) 评估结果为:

$$41667 + 250002 + 420000 + 600000 = 1311669(元)$$

(三) 短期投资的评估

短期投资的目的,是企业利用正常营运中暂时多余的资金,购入一些不是企业本身业务需要但能随时变现的有价证券。这样做既能保证企业现金支付需要,又可获得一定的收益。短期投资中对于公开挂牌交易的有价证券,可按评估基准日的收盘价计算确定评估值;不能公开交易的有价证券,可按其本金加持有期利息计算评估值。

四、现金和各项存款的评估

资产评估主要是对非货币性资产而言的,货币性资产不会因时间的变化而发生差异。因此,对于现金和各项存款的评估,实际上是对现金和各项存款的清查确认。首先,通过清查盘点及与银行对账,核实现金和各项存款的实有数额;然后,以核实后的实有数额作为评估值。如有外币存款,可按当时的国家外汇牌价折算成人民币值。

五、其他资产的评估

其他资产的评估主要是对以固定资产大修理支出和租入固定资产改良支出为主的长期待摊费用的评估。其他资产能否构成被评估企业的资产,并不取决于它在评估基准日之前所支付数额的多少,而取决于它在评估基准日之后能为新的产权主体带来利益的大小。

在界定其他资产能否成为资产评估的对象时,一方面要分析其预期的经济效益,只有当企业账面上的其他资产能为新的产权主体带来经济利益的时候,才构成资产评估的对象;另一方面要注意与其他相关资产之间的协调,认真检查核实,了解费用支出摊销和结余情况,了解新形成的资产和权利的尚存情况,以确保所评估的其他资产存在的合理性和有效性,比如经过大修、装修、改良的固定资产,因修理、装修和改良所增加的市场价值已经在固定资产的评估值中得到体现,则对于该部分其他资产就不应再做重复评估。

对其他资产评估的主要依据是其他资产未来可产生效益的时间、单位时间(年、月)可产生的效益额或节约的支出额,以及货币的时间价值因素。货币的时间价值因素根据受益时间长短而定。一般情况下,一年内的不予考虑,超过一年时间的要根据具体内容、市场行情的变化趋势予以处理。

小结

本章主要介绍了实物类流动资产评估和货币类流动资产评估的基本方法,前者具体分为材料、在成品、产成品及库存商品的评估;后者分为货币性资产、应收账款、预付账款、应收票据、待摊费用、短期投资及其他流动资产的评估。流动资产评估的基本方法一般是市场法和成本法。

中英文关键术语

流动资产　current assets　　　　库存商品　inventories
应收账款　receivables　　　　　短期投资　short-term investment

习　题

一、选择题
1. 流动资产按照存在形态分为(　　)。
   A. 货币类流动资产　　　　　　B. 实物类流动资产
   C. 债权类流动资产　　　　　　D. 其他流动资产
2. 材料评估方法一般可选择(　　)。
   A. 成本法　　B. 市场法　　C. 收益法　　D. 清算法

二、简答题
1. 如何进行库存材料、在产品和产成品的评估?

2. 评估应收账款价值的方法有哪些？应收账款评估与应收票据评估有何区别？

3. 待摊费用与预付费用的价值如何评估？

三、计算分析题

某企业向甲企业售出材料，价款 100 万元，商议 6 个月后收款，采取商业承兑汇票结算，该企业于 6 月 10 日开出汇票并将甲企业承兑，汇票到期日为 12 月 10 日。现对该企业进行评估，评估基准日为 9 月 10 日，贴现率为月利息 6‰，试评估该汇票的价值。

第九章 企业价值评估

学习目标 掌握企业价值评估的概念,能够阐述单项资产评估与企业价值评估的区别,掌握加和法、收益法和市场比较法在企业价值评估中的具体运用,了解企业价值评估的几种新方法。

第一节 企业价值评估概述

一、企业与企业价值

(一) 企业

企业是社会生产力发展到一定阶段的产物。它是为满足社会需求并获取盈利而从事生产、流通、服务等经济活动,独立核算、自主经营、自负盈亏,具有法人资格的经济组织。从资产评估的角度,企业可以界定为:以盈利为目的,由各种要素资产组成并具有持续经营能力的相对完整的系统整体。作为一类特殊的资产,企业具有盈利性、整体性、持续经营性等特征。

盈利性是指企业需要在既定的市场经营范围内,将若干要素资产有机组合合并形成相应的市场经营结构和功能,以实现盈利目标。整体性是指企业以其生产经营范围为依据,以生产经营活动为主线,将若干要素资产有机组合合并而形成的功能完整、配置有效的有机整体。持续经营性是指企业在可以预见的将来按照适当的经营规模和经营类型继续经营。从企业价值评估的角度来看,企业的持续经营性是企业价值评估的一般前提,盈利性是企业价值大小的决定因素,整体性是企业能够持续经营的保证。

(二) 企业价值

企业价值是企业投资人所拥有的对于企业资产索取权价值的总和。这里的投资人包括债权人和股权人,债权人是指有固定索取权的借款人和债券持有人,股权人是指有剩余索取权的股权投资者。投资人索取权的账面价值包括债权、优先股、普通股等资产的价值。

根据评估目的的差异以及评估结果的不同用途,企业价值的表现形式有企业的资产价值、企业的投资价值和企业的股东权益价值等。企业的资产价值是企业所拥有的所有资产(包括各种权益和负债)的价值总和。企业的投资价值是企业所有的投资人所拥有的对于企业资产索取权价值的总和,即前面所定义的严格意义上的企业价值,它等于企业的资产价值减去无息流动负债价值,或等于权益价值加上付息债务价值。企业的股东权益价值代表了股东对企业资产的索取权,它等于企业的资产价值减去负债价值。

二、企业价值评估与单项资产评估的区别

企业价值评估是将所评估的企业的所有单项资产作为一个有机整体进行的评估,是典型的整体资产评估。整体资产评估是以资产整体获利能力为评估对象,其评估价值不能仅视为所有单项资产评估价值的简单汇总。将企业作为整体资产评估和单项资产评估汇总确定评估值的区别主要体现在:

(1) 两种方法所得到的评估价值的含义不同。单项资产评估汇总得到的是企业全部资产价值,是该企业在一定时期重新购建全部资产的价值,是一种静态反映;而将企业整体作为评估对象确定其评估值,是指出售或购买这个企业的收益现值,即根据企业的获利能力、市场竞争条件等各因素计算确定的评估价值,是一种动态反映。

(2) 两种方法所确定的评估价值的价值量一般是不相等的。由于企业的地理位置、历史因素、产品品种结构、市场因素、管理水平等原因,同样的资产或资产组合,在不同的企业其获利能力是不相同的。比如某项机器设备,对于有的企业来说可能是多余的或用途不大,价值很低,但在某一个企业却具有较大的价值。相同的机器设备在同类型的企业中,其价值也是不同的,在经济效益高的企业,资产价值较大,这时的资产价值与企业整体是融合在一起的。各项单项资产价值可以通过汇总,确定一个企业或经营实体的资产价值总额。但是,当所有单项资产构成企业整体资产时,就会发生质的变化,企业整体资产的价值就不仅是将各单项资产价值简单相加之和了。用企业整体评估方式确定的评估价值与各单项资产评估值汇总确定的评估价值之间的差额,就是企业的商誉,它是一项不可确指的无形资产。

(3) 两种评估方法所反映的评估目的是不相同的。企业是资产的综合体,但是,由于评估的目的不同,所采用的评估方式或途径也不同。具体来说,当企业将其全部资产作为一般生产要素出售、变卖或投资时,则采用单项资产评估的方式;当企业把其所有资产与企业融于一体共同作为一个获利整体进行投资(如股份制企业改造或上市)、转让、兼并、联营或参加企业集团时,则应采用企业整体价值评估方式制定。

企业整体评估与单项资产评估汇总确定企业价值的方法尽管有着明显的差

异，但它们并不是没有联系。企业资产数量越多，质量越高，从单项资产评估汇总确定企业价值的评估值越高。而资产的数量、质量则是决定企业获利能力的重要因素。企业的资产结构、管理水平、人员素质、科技贡献也是影响企业获利的因素。当企业的资产收益率与社会或行业平均资产收益率相同时，则单项资产评估汇总确定的企业资产评估值与整体企业评估值趋于一致。如果企业资产收益率低于平均资产收益率，单项资产评估汇总确定的企业价值就会比整体企业评估价值高；反之，如果企业资产收益率高于社会或行业平均收益率，整体企业评估值则会高于单项资产评估汇总的价值，超过的部分则是企业商誉的价值。

三、企业价值评估的目的

1. 以企业产权转让及兼并收购为目的的企业价值评估

在企业产权转让及兼并收购活动中，企业的购买方需要估计目标企业的公平价值，企业的转让方或被兼并企业也需要确定自身的合理价值，双方基于企业价值的评估结果进行协商谈判达成最终的产权转让或兼并收购要约。

2. 以财务报告为目的的企业价值评估

它是指评估师基于企业会计准则或相关会计核算、披露要求，运用评估技术，对财务报告中各类资产和负债的公允价值或特定价值进行分析、估算，并发表专业意见的行为和过程。以财务报告为目的的企业价值评估可以协助企业判断与资产和负债价值相关的参数和特征，协助企业管理层对能否持续可靠地取得公允价值做出合理的评价。

3. 以证券市场上的投资组合管理为目的的企业价值评估

证券市场上的投资者可以分为消极型投资者和积极型投资者。前者一般不关注某个企业的价值，而主要通过证券投资类型的多样化来降低风险、获取收益。后者又可分为市场趋势型投资者和证券筛选型投资者（也称价值型投资者）。市场趋势型投资者通过预测整个股票或债券市场的未来变化趋势进行证券投资，他们只关注整个证券市场的价格商品，而不关注某个企业的价值高低。价值型投资者相信他们有能力在证券市场上挑选出那些价值被低估的企业证券进行投资，因而对企业真实价值的评估是他们进行投资的主要依据。

四、企业价值评估的范围与程序

（一）企业价值评估的范围

企业价值评估的范围包括两个层次：一是企业资产范围的界定；二是企业有

效资产的界定。

1. 企业价值评估的资产范围

企业的资产范围是从产权的角度界定企业价值评估的资产范围。从产权的角度，企业的全部资产都是企业评估的范围。具体包括企业产权主体自身占有及经营的部分，企业产权权利所控制的部分，如全资子公司、控股子公司，以及非控股子公司中的投资部分。具体界定企业资产范围时主要依据企业提出资产评估申请时的申请报告及上级主管部门的批复文件所规定的评估范围，或者依据企业有关产权转让或产权变动的协议合同、章程中规定的企业资产变动的范围。

2. 企业价值评估的有效资产范围

有效资产范围是评估人员具体实施评估的具体资产范围，即在评估的资产范围的基础上经过合理必要的重组后的评估范围。企业的价值高低取决于企业的获利能力，而企业的获利能力是企业中有效资产共同作用的结果。将企业中的有效资产与非有效资产进行合理必要的划分，有利于企业价值的合理评估。界定企业价值评估的有效资产范围时应注意以下几个问题：

（1）对于在评估时点暂时难以界定的产权或因产权纠纷暂时难以界定的产权或因产权纠纷暂时难以得出结论的资产，应划为"待定产权"，暂不列入企业评估的资产范围。

（2）在产权界定范围内，若企业中明显地存在着生产能力闲置或浪费，以及某些局部资产的功能与整个企业的总体功能不一致，并且可以分离，按照效用原则应提醒委托方进行企业资产重组，重新界定企业评估的具体范围，以避免造成委托人的权益损失。

（3）资产重组是形成和界定企业价值评估的具体范围的重要途径。在企业改制、上市的过程中，资产重组方案应以企业正常设计生产经营能力为限。

（二）企业价值评估程序

企业价值评估是一项复杂的系统工程，制定和执行科学的评估程序，有利于提高评估效率，有利于评估结果的真实和科学。企业价值评估一般可以按下列程序进行：

步骤1 明确评估目的和评估基准日。

接受资产评估委托时，首先必须弄清和明确评估的特定目的。评估的特定目的不同，选择的价值类型也不一样，评估结果也不相同。评估基准日是反映评估价值的时点定位，一般选择某一个结算期的终止日。

步骤2 明确评估对象。

包括两方面内容:

(1) 确定被评估资产的范围和数量,即明确哪些资产要评估,哪些资产不属于评估范围。如股份制改组过程中,是以全部资产作价入股,还是以企业净资产,还是以剥离企业办社会性资产后剩余的全部净资产或全部资产,还是以剥离非经营性资产和企业办社会性资产后剩余的全部资产等作价入股,直接影响到评估范围的确定。

(2) 明确资产的权益。

步骤3 制定比较详尽的评估工作计划。

工作计划包括如下几项:

(1) 整个评估工作(项目)的人员组成及项目的分工负责。

(2) 需要准备的相关资料,包括两部分:第一,企业提供的资料,应对企业所提供资料进行验收;第二,现场查勘资料。有时会出现企业提供资料与现场查勘资料不一致,应进行协调,有关事宜也可在将来的评估报告中载明。例如,评估土地使用权时,如果未对该企业占用土地做实际丈量,而企业又提供了有关部门的具体资料,评估时如按企业提供资料评估,应在评估报告中说明。

(3) 工作进程的安排。整个评估工作分成若干阶段进行,并分阶段汇总讨论,随时解决评估中的具体问题。

步骤4 对资料加以归纳、分析和整理,并加以补充和完善。

步骤5 根据资产的特点和评估目的选择合适的方法,评估资产价值。

步骤6 讨论和纠正评估值。

评估结果完成后,应召集各方面,包括委托者、各有关部门等进行讨论,对评估过程加以说明,对特殊内容作出解释,未尽事宜进一步协商。

步骤7 形成结论,整理和撰写企业价值评估报告。

第二节 企业价值评估的基本方法

一、成本加和法

成本加和法也称为调整账面价值法,该方法将待评估企业资产负债表中各项资产的账面价值调整为市场价值,然后通过加总投资者索取权价值估算出企业价值,或者通过加总资产价值,再扣除无息流动负债(如应付票据等)和递延税款来计算公司价值。

[例9-1] 表9-1是某企业2006年6月30日的资产负债表。该表反映出该企业有两类投资者:债权人和股东。假定该资产负债表中各项资产的账面价值

与市场价值基本相差无几,不再需要进行账面价值调整。可以通过投资人索取权价值加和法和加总资产价值法两种方法计算企业价值。具体计算列示在表 9-2 中。投资人索取权价值包括短期负债、长期负债、股东权益,将这些项目加和得到估计值 12 600 万元。应付账款和应付费用是企业经营过程中应付而未付的成本,不是投资人索取权价值的构成部分,而视为无息流动负债,直接从总资产价值中扣除即可得到企业价值。

表 9-1 某企业 2006 年 6 月 30 日资产负债表   单位:万元

流动资产	11 900	流动负债	6 600
现金	1 200	短期负债	2 200
应收账款	4 800	银行借款	1 400
存货	5 700	长期负债的流动部分	800
预付账款	200	应付账款	4 000
非流动资产	5 100	应付费用	400
无形资产	0	非流动负债	3 400
固定资产净值	5 100	长期负债	3 400
固定资产总值	9 000	股东权益	7 000
累计折旧	(3 900)	股本	6 900
		未分配利润	100
资产总计	17 000	负债和股东权益总计	17 000

表 9-2 利用资产负债表进行企业价值评估

投资人索取权加和法		净资产总计:非投资人索取权价值法	
短期负债	2 200	总资产	17 000
银行借款	1 400	**减**	
长期负债的流动部分	800	无息流动负债:	
长期负债	3 400	应付账款	4 000
股本	6 900	应付费用	400
未分配利润	100		
总计	12 600	总计	12 600

成本加和法采用企业资产的重置成本或变现价值替代账面价值,能够反映通货膨胀和过时贬值等因素对企业价值的影响。但该方法是从投入角度,即从资产购建的角度,没有考虑资产的实际效能和企业运行效率。同类企业只要原始投资

额相同,无论效益好坏,其评估值都相同。而且,效益差的企业因资产利用率低,损耗小,成新率高,其评估值可能还会高于效益好的企业的评估值,因此成本加和法难以判断调整后的账面价值是否较为准确地反映了企业市场价值。此外,调整过程没有考虑那些有价值但在资产负债表中却没有反映的资产项目,如企业的组织资本。组织资本主要指企业的商誉。组织资本的重要特征是很难与该企业相分离。成本加和法是通过对资产负债表的项目逐个考察得出企业的总价值,很容易忽略组织资本,因此不适用于具有较大组织资本价值的高科技企业和服务型企业。对于账面价值和市场价值差异不大的水、电等公共设施经营类企业,或组织资本价值很小的企业则较适用。

二、市场比较法

市场比较法是利用产权市场上与被评估企业相同或相似企业的交易价格和财务数据为基础测算出价值比率,比较、分析、修正被评估企业的相关财务数据,确定被评估企业的价值比率,通过这些价值比率得到被评估企业的评估值的方法。用公式表示为:

$$V = B \times (V'/B') \qquad (9-1)$$

式中,V 为待评估企业价值;B 为待评估企业影响企业价值的财务指标;(V'/B') 为可比企业价值与其相应财务指标的比率,该比率也称为可比价值倍数,或乘数因子。

从上述公式可以看出,运用市场比较法关键在于可比企业和乘数因子的选择。选择可比企业常用以下标准:

(1) 行业标准。处于同一行业的企业存在某种可比性。

(2) 财务标准。生产同一种产品,存在相同的盈利能力的企业通常具有相类似的财务结构。

常见的乘数因子主要有市盈率(PE)、价格/账面价值比率(PBV)、价格/销售收入比率(PS)、价值/息税折旧前收益比率和价值/重置成本比率。市盈率等于股价除以每股收益。影响市盈率的因素可以通过股利折现模型进行分析。利用市盈率为乘数得到的是企业的股权价值。价格/账面价值比率是股权的市场价格与账面价值的比率,或每股股价与每股账面价值的比率。用该比率求得的是企业的股权价值。价格/销售收入比率是指股权价格与销售收入的比率。用该比率求得的是企业的股权价值。价值/息税折旧前收益比率是企业价值与息税折旧前收益(EBIDT)的比率。用该比率求得的是企业的投资价值。价值/重置成本比率是企业价值与企业资产的重置成本的比率。用该比率求得的是企业的投资价值。该比率是价格/账面价值比率的变形,也称为托宾(Tobin)的 Q 值。Q 值大于 1,可能表明该企业拥有某种无形资产如未来的增长机会,这时的企业价值等于资产重置成本加增长机会价值;Q值小于1,表明企业价值被低估,是进行收购的时机。

在评估企业价值时,如果待评估企业与可比企业之间的资本结构有较大差异,则应选择价值/息税折旧前收益比率或价值/重置成本比率指标,因为 EBIDT 和重置成本这两个变量对资本结构的差异不敏感,不会因企业资本结构的差异影响到企业价值的评估结果。

为了降低单一样本、单一参数所带来的误差和变异性,目前国际上比较通用的办法是采用多样本、多参数的综合方法。例如,评估 G 公司的价值,我们从市场上找到3个(一般为3个以上样本)可比公司 A、B、C,然后分别计算各个公司的价格/账面价值比率、价格/销售收入比率、价格/息税折旧前收益比率,并将3个样本公司的各项可比价值倍数分别进行平均,结果见表9-3。

表9-3 可比公司价值比率汇总

	公司A	公司B	公司C	平 均
价格/账面价值	1.2	1.3	2.0	1.5
价格/销售收入	1.0	1.2	0.8	1.0
价格/息税折旧前收益	15	20	25	20

计算出来的各个样本公司的比率或倍数在数值上应相对接近,否则就表明离差较大,需要重新筛选样本。表9-3得出的数值结果具有较强的可比性。假设待评估的公司 G 的年销售收入为1亿元,账面价值为6000万元,EBIDT 为500万元,利用表9-3的3个乘数因子计算公司 G 的价值,见表9-4。

表9-4 公司 G 的评估价值 单位:万元

	公司 G 的实际数据	可比公司的平均比率	公司 G 的指示价值
销 售 额	10 000	1.0	10 000
账面价值	6 000	1.5	9 000
EBIDT	500	20	10 000
公司 G 的评估值			9 700

三、收益法

收益法也称为现金流量折现法,是通过预测企业未来收益并将其折算成现值,以确定被评估企业资产价值的方法。

(一) 收益法评估企业价值的基本模型

1. 企业永续经营假设前提下的企业价值评估收益模型

1) 年金模型

年金法适用于未来预期收益相对稳定、所在行业负债相对稳定的企业价值评估。基本公式为：

$$P = A/r \tag{9-2}$$

式中，P 代表企业评估价值；A 代表企业每年的年金收益；r 代表折现率及资本化率。

由于企业收益往往并不能表现为年金形式，因此，运用年金法评估企业价值，还需要综合分析企业预期收益，将企业未来若干年的预期收益进行年金化处理得到被评估企业的预期年金收益，则式(9-2)可以变形为：

$$P = \frac{\sum_{t=1}^{n}[R_t \times (1+r)^{-t}]}{\sum_{t=1}^{n}[(1+r)^{-t}]} \cdot \frac{1}{r} \tag{9-3}$$

式中，$\sum_{t=1}^{n}[R_t(1+r)^{-t}]$ 代表企业前 n 年预期收益折现值之和；$\sum_{t=1}^{n}[(1+r)^{-t}]$ 是年金现值系数；r 为折现率或资本化率。

2) 分段模型

该模型将企业的收益预测分为两个阶段，第一阶段收益不稳定，第二阶段收益稳定为年金 R_n。分段模型用公式表示为：

$$P = \sum_{t=1}^{n}[R_t(1+r)^{-t}] + \frac{R_n}{r} \times (1+r)^{-n} \tag{9-4}$$

假设从第 $(n+1)$ 年起的后段，企业预期年收益将按某一固定比率 g 增长，则分段模型又可表示为：

$$P = \sum_{t=1}^{n}[R_t(1+r)^{-t}] + \frac{R_n(1+g)}{r-g} \times (1+r)^{-n} \tag{9-5}$$

2. 企业有限持续经营假设前提下的企业价值评估收益模型

企业有限持续经营假设是从最有利于回收企业投资的角度，争取在不追加资本性投资的前提下，充分利用企业现有的资源，最大限度地获取投资收益，直至企业无法持续经营为止。当企业章程已经约定了经营期限,企业所有者无意逾期继续经营企业时,可适用有限持续经营假设。

企业有限持续经营假设前提下的企业价值评估收益模型类似于分段模型。首先,将企业在可预期的经营期限内的预期收益折现,再预测企业在经营期限后的残余资产价值 P_n 并折现,最后,将两者相加。用公式表示为:

$$P = \sum_{t=1}^{n}\left[R_t(1+r)^{-t}\right] + P_n \times (1+r)^{-n} \qquad (9-6)$$

(二) 收益法评估参数的确定

1. 企业收益的预测

企业价值取决于企业未来的现金流量。预测企业现金流量,首先需要对待评估企业的历史绩效进行分析。分析企业的历史绩效应集中于企业价值驱动因素或关键性因素的研究。这种关键性因素主要是投资回报率和再投资比率。企业只有在投资资本的收益率超过其资本成本时,才能够为投资人创造价值,投资回报率和再投资比率决定了现金流量的增长,进而决定企业的价值。再者,还需要分析企业资本结构状况,判定资本结构的合理性。除了对企业本身的历史状况进行分析,还应与同行业的其他企业进行比较分析,将企业的财务分析和产业结构分析相结合,评价企业的发展优势和弱点。

在历史绩效分析的基础上,预测企业未来的绩效。绩效预测的关键是明确企业价值驱动因素的预期变化。绩效预测的基本步骤是:①考虑企业所在行业的特点以及企业的竞争优势和劣势,评估企业的战略地位;②从企业本身和行业发展的经济环境、社会环境、政策环境、技术环境等多个角度和方面,分析企业绩效的发展趋势,以及可能影响企业绩效的主要事件;③预测企业损益表和资产负债表中的各项目;④综合各项目的分析,运用具体的技术方法预测未来现金流量、投资回报率以及其他关键性价值驱动因素;⑤检验总体预测尤其是对关键性价值驱动因素预测的合理性。

2. 折现率的确定

在企业价值评估中,累加法、资本资产定价模型和加权平均资本模型是测算折现率和资本化率的较常用方法。

1) 累加法

累加法是采用无风险报酬率加上风险报酬率的方法确定折现率或资本化率。无风险报酬率通常以政府债券利率和银行储蓄利率为参考依据。风险报酬率可以采用风险累加法和 β 系数法确定。

风险累加法的基本公式为：

风险报酬率 = 行业风险报酬率 + 经营风险报酬率 + 财务风险报酬率
　　　　　 + 其他风险报酬率　　　　　　　　　　　　　　　　　(9-7)

式中，行业风险主要指企业所在行业的市场特点、投资开发特点，以及国家产业政策调整等因素造成的行业发展不确定性给企业预期收益带来的影响；经营风险是企业在经营过程中，由于市场需求变化、生产要素供给条件变化及同类企业间的竞争给企业的未来预期收益带来的不确定性影响；财务风险是企业在经营过程中的资金融通、资金调度、资金周转可能出现的不确定性因素影响企业的预期收益；其他风险包括国民经济景气状况、通货膨胀等因素的变化可能对企业预期收益的影响。上述风险报酬率的量化，可以通过参照物类比和经验判断加以测算。

β 系数是某个上市公司相对于充分风险分散的市场投资组合的风险水平的参数。β 系数法主要用于估算被评估企业或被评估企业所在行业的风险报酬率。其测算步骤为：①将市场期望报酬率(R_m)扣除无风险报酬率(R_f)，求出市场期望平均风险报酬率；②将企业或企业所在行业的风险与充分风险分散的市场投资组合的风险水平进行比较和测算，求出企业所在行业的 β 系数；③用市场平均风险报酬率乘以企业或企业所在行业的 β 系数，即得到被评估企业或企业所在行业的风险报酬率(R_r)。用公式表示为：

$$R_r = (R_m - R_f) \times \beta \quad (9-8)$$

2) 资本资产定价模型

资本资产定价模型的基本公式为：

$$R = R_{f_1} + (R_m - R_{f_2}) \times \beta \times \alpha \quad (9-9)$$

式中，R 为企业价值评估中的折现率；R_{f_1} 为现行无风险报酬率；R_m 为市场期望报酬率历史平均值；R_{f_2} 为历史平均无风险报酬率；β 为被评估企业所在行业权益系统风险系数；α 为企业特定风险调整系数。

3) 加权平均资本成本模型

该模型以企业的所有者权益和企业负债所构成的全部资本，以及全部资本所需求的回报率，经加权平均计算企业价值评估所需的折现率。用公式表示为：

$$R = \frac{E}{D+E} \cdot K_E + \frac{D}{D+E} \cdot (1-T) \cdot K_D \quad (9-10)$$

式中，E 为权益的市场价值；D 为债务的市场价值；K_E 为权益资本要求的投资回报率；K_D 为债务资本要求的回报率；T 为被评估企业适用的所得税税率。

3. 收益期的确定

收益期的确定通常要考虑企业的固定资产使用年限、主要产品所处的生命周

期、经营者的素质、外部环境的影响(如竞争对手的变化、国家投资政策的变化)等,主要确定方法有以下三种:

(1) 合同年限法。企业整体发生产权变动后(如中外合资),在确定其收益期时应以中外合资双方共同签订的合同中规定的期限作为企业资产收益期。

(2) 企业整体资产经营寿命法。企业产权发生变动后没有规定经营期限的按其正常经济寿命测算。

(3) 永续法。企业资产收益,如无特殊情况企业经营比较正常且没有对足以影响企业继续经营的某项资产的使用年限进行规定,或者这种限定可以解除,并可以通过续延方式永续适用的,可采用永续法确定收益期。

第三节 企业价值评估的新方法

一、经济增加值法

经济增加值(economic value added, EVA)是 Stern Stewart 于 1991 年提出的用于评价企业财务经营业绩的指标。其基本计算公式为:

经济增加值 = 息前税后净经营利润 − 全部资本成本

    = 投资资本 × 投资资本报酬率 − 投资资本 × 加权平均资本成本

    = 投资资本 × (投资资本报酬率 − 加权平均资本成本)   (9 − 11)

EVA 法的基本原理是:企业投资者可以自由地将他们投资于企业的资本变现,并将其投资于其他资产,因此投资者从企业至少应获得其投资机会成本。即从经营利润中扣除按权益的经济价值计算的资本成本后,才是股东从经营活动中得到的增值收益。由此可见,经济增加值是基于股东角度的企业利润,它扣除了全部资本的费用,而会计利润仅仅扣除了债务利息。因此,经济增加值法能将股东财富最大化目标与企业决策紧密联系在一起,具有评价、管理、激发和沟通的作用。

但是 EVA 指标仅仅关注企业当期的经营情况,没有反映出市场对公司整个未来经营收益的预期。1997 年,Jeffrey 等人提出了修正的经济增加值(refined economic value added, REVA)指标。其公式为:

REVA = 税后净经营利润 − 公司资产的市场总价值 × 加权平均资本成本

                  (9 − 12)

REVA 指标可以更为科学地从资产市场价值角度评价企业经营业绩。在任何一个给定的时期内,如果一个公司真正为其投资者创造了利润,那么该公司的期末利润必须超过以期初资本的市场价值计算的资本成本,而不是仅仅超过以公司期初资产的经济价值为基础计算的资本成本。因为投资者投资到该公司的资本的实际价值(可变现价值)是当时的市场价值,而不是经济价值。由于非上市公司不易取得资产的市场价值,因此,评估人员可以采用 EVA 作为一个财务效益评价指标,对于上市公司则宜采用 REVA。

按照现金流折现原理,如果一年的投资回报率等于加权平均资本成本,则净现值为零,提供资源的各方都获得了应得报酬,经济增加值为零,企业价值与期初相同;如果企业的投资回报率超过加权平均资本成本,经济增加值必然大于零,企业的价值增加;如果企业的投资回报率小于加权平均资本成本,经济增加值小于零,企业的价值将减少。因此,企业价值等于期初投资资本加上经济增加值的现值。用公式表示为:

企业价值＝投资资本＋预计经济增加值的现值

＝股本＋全部付息债务＋预计经济增加值的现值

＝净营运资本＋长期资产净值－无息长期负债＋预计经济增加值的现值

(9－13)

[例 9－2] 某公司 2006 年初投资资本 3500 万元,预计今后每年可取得息前税后利润 400 万元,每年净投资为零,资本成本为 10%,则:

每年的经济增加值 ＝ 400 － 3500 × 10% ＝ 50(万元)

经济增加值的现值 ＝ 50 ÷ 10% ＝ 500(万元)

企业价值 ＝ 3500 ＋ 500 ＝ 4000(万元)

若采用现金流折现法,也可得出同样的结果:

自由现金流的现值 ＝ 400 ÷ 10% ＝ 4000(万元)

可见,经济增加值法和折现现金流模型本质无异,但前者可以计量单一年份价值的增加,而净现金流模型则无法做到。

企业总价值的计算也可采用分段模型计量。即:

企业总价值 ＝ 期初资本＋预测期经济增加值现值＋后续期经济增加值现值

(9－14)

在评估实践中,期初投资资本一般选择重置价值或者资产的可变现价值。

二、期权定价法

期权是一种选择权,是赋予其所有者在特定时间或特定时间以前,按照特定价格买进或卖出某种资产权利的一份契约。在企业价值评估中,资产负债表中资产方和负债方都可能拥有期权。资产方期权包括推出、扩大、缩小、放弃、开办和关闭项目的抉择权,在期权成本低于其提供利润时,资产期权增加了管理决策的灵活性,为投资创造了按低成本选择的能力;负债方期权包括可赎回债务和可转换债务,直接影响公司的资本成本。

期权价格是期权买卖双方达成的期权交易价格,主要由内在价值和时间溢价两部分组成。内在价值是期权合约被立即执行时的经济价值,它等于期权合约的执行价格与标的资产的市场价格之间的差异。时间溢价是期权的价格超出内在价值的部分,它是期权买方认为在一定时间后,标的资产价格的变动有可能使期权增值时购买这一期权所付出的高于内在价值的溢价。期权的内在价值比较容易计算,但时间溢价较难计算,这使得期权价值不太容易量化。1973年,布莱克(Black)和斯科尔斯(Scholes)在二项式期权定价模型(the binomial model)基础上,运用无风险完全套期保值和复制资产组合(replicating portfolio),提出了Black-Scholes期权评估模型。该公式是:

$$C = SN(d_1) - Ee^{-rt}N(d_2)$$

$$d_1 = \frac{\ln(S/E) + (r + 0.5\delta^2)t}{\delta\sqrt{t}}$$

$$d_2 = \frac{\ln(S/E) + (r - 0.5\delta^2)t}{\delta\sqrt{t}} = d_1 - \delta\sqrt{t} \qquad (9-15)$$

式中,C为买方期权价值;S为标的资产的现行价格;E为期权的执行价格;r为无风险利率;δ为标的资产年投资回报率标准差;t为距到期日的剩余年数;$N(d)$为标准正态分布随机变量小于或等于d的概率。

期权估价法融合了净现值法和决策法的优点,从净现值法中借用了估计风险值的观点,从决策法中借用了决策节点(允许在接到信息后和开始进入下步之前作出决策)的模拟灵活性。该方法较适用于创业期的高新技术企业。因为高新技术创业企业相比一般企业,具有高风险、高回报的特点,其价值主要体现在它具有一个获得未来巨大现金流的机会,即高新技术创业企业是一个机会的价值,相当于期权总价值中的"时间价值"。

[例9-3] 某公司是一家高科技通讯企业,刚刚创业,目前还没有收入和利润,但有一种很有希望的产品。公司在未来10年内拥有该产品的专利权。经模拟试验,在一系列技术竞争情况下,如果现在开始生产此产品,预期现金流的现值为2.5亿元,开发该产品成本的现值为5亿元。由于技术发展十分迅速,对各种情况的模拟表明该项目现值的变化范围很大,年标准差为60%(说明过程的不确定性较大)。为维持该项技术,公司必须每年投资1000万元进行研究,无风险利率取

1.98%。评估该公司的价值。

分析 首先,将专利拥有权视为买方期权。公司所拥有的专利技术只是一种允许公司开发和制造某种产品的权利。这种权利或机会只有在预期产品销售的现金流超过开发成本时,公司投资人才会投巨资来生产这种产品。否则,公司宁愿继续等待时机,甚至放弃开发,以避免产生任何新的投资成本。故可将专利拥有权视为买方期权。

然后运用期权定价模型输入各种变量。标的资产是专利产品,它的当前价值是 2.5 亿元。生产专利产品的初始投资成本的现值为这个买方期权的价格。也就是说,公司决定为生产销售专利产品而进行投资时,这个专利权就被执行;否则就不执行。本例中,该专利权的执行价格为 5 亿元,用来估算标的资产当前价值的现金流及其现值在计算过程中可能存在大量的不确定性,适于采用期权定价理论。在本例中不确定性来源于技术的迅速发展,其方差为 0.6。当产品专利技术的保护期结束时,专利权期限也就到了,此例中专利期限为 10 年,10 年后项目投资的净现值为零。在期权定价时使用的无风险利率必须与期权的期限相对应,此处为 10%。

解 期权定价模型的有关输入变量如下:

标的资产当前市场价值 S = 预期现金流的现值 = 2.5 亿元

执行价格 E = 开发此产品的投资成本现值 = 5 亿元

期权的期限 t = 公司拥有该专利产品的有效期 = 10 年

标的资产价值的方差 = 资产价值现金流的方差 = 0.6

无风险利率 = 1.98%

代入期权评估模型,进行计算:

$$d_1 = 0.6888 \quad N(d_1) = 0.7545$$

$$d_2 = 1.2086 \quad N(d_2) = 0.1134$$

$$V = C = SN(d_1) - Ee^{-rt}N(d_2)$$

$$= 2.5N(0.7545) - 5 \times e^{-1.98\% \times 10}N(0.1134)$$

$$= 0.9532(亿元)$$

而运用传统的现金流量折现法求得公司价值为:

$$2.5 亿元 - 5 亿元 = -2.0 亿元$$

显然,期权定价模型所得结果更加符合实际。

对于有一定的获利能力、又具有发展潜力的高新技术企业,其价值是其现有获利能力和潜在的获利机会价值之和。因此可以将折现现金流法和期权定价法结合起来,用折现现金流法对高新技术企业现有的经营业务所产生的预期现金流进行折现,评估出高新技术企业现有经营业务的价值,即现实获利能力的价值;用期权定价法对其潜在获利机会价值进行评估,评估出其潜在获利机会的价值,两者相加得到企业价值的评估值,即:

$$V = S + C \qquad (9-16)$$

式中,S 为企业的现金流折现值;C 为期权价值。因此,运用期权定价技术来调整按折现现金流法评估的企业价值,可以充分体现企业发展机遇的价值,从而使评估值更趋合理。

小结

本章系统介绍了企业价值评估的基本概念,企业价值评估的目的、范围与程序,比较分析了成本加和法、收益法和市场比较法在企业估值中的应用,并对经济增加值模型和期权定价法等企业估值新方法进行了初步探讨。

案 例

一、评估目的、范围

资产评估范围为××有限公司因发起设立股份有限公司而涉及的某地 A 有限公司(以下简称"A 公司")拟投入股份公司全部资产及相关负债的整体资产价值。评估基准日为 2005 年 6 月 30 日。

A 公司营业执照中规定的经营范围为:化肥,石油化工产品,机电、机械设备及配件,建筑材料,房地产开发,技术工程咨询服务,进出口贸易。

二、背景分析

截止 2005 年 6 月 30 日,A 公司经××会计师事务所按《中国会计准则独立审计准则》审计后的资产、负债及损益状况如表 9-5、表 9-6 所示。

表 9-5　审计后的企业资产负债表

项　目	2003 年 12 月 31 日	2004 年 12 月 31 日	2005 年 6 月 30 日
总资产/万元	190 472.68	201 986.30	203 239.72
净资产/万元	69 579.67	79 279.62	88 327.98
资产负债率/%	6.47	60.75	56.54

表9-6　审计后的企业损益表

项　目	2003年12月31日	2004年12月31日	2005年6月30日
营业收入/万元	53 643.02	55 049.65	32 244.77
净利润/万元	9 894.23	12 224.92	6 962.94
净资产收益率/%	14.22	15.42	7.88

经分析企业的历史数据，A公司自2003年度开始步入稳定的生产状态，截至评估基准日2005年6月30日，A公司主要产品已相对成熟，销售工作全面展开，公司发展已走入正轨，资产负债率较为合理，净资产收益率较高，具有相当的持续经营能力。

通过对A公司的宏观环境、市场及经营优势及风险的分析，可以看出A公司自2000年投产以来，发展一直呈良好的态势。在国家政策向关系国计民生行业倾斜的宏观环境下，企业的经营优势与风险并存。作为化肥生产企业，A公司可以取得相对稳定的收入并获取一定的利润，并具有较强的持续经营能力，因此应采用收益法评估A公司整体资产价值。

采用的收益法基本公式如下：

$$P = \sum_{t=1}^{n} \frac{R_t}{(1+r)^t}$$

式中，P为企业评估价值；R_t为企业未来第t个收益期的预期收益额；n为企业未来收益期；r为折现率。

在运用收益法对A公司进行整体评估时，出于评估目的及数据的易于获得，其未来预期收益确定为A公司的净收益，即各种收入减去包括税收在内的费用最终得到的收益；折现率考虑企业的风险因素后，根据行业报酬率来确定；评估的结果为企业的净资产价值。

因此要根据A公司在未来经营过程中预计能够为投资者创造的净收益，通过选取适当的折现率对净收益进行折现，最后确定A公司在评估基准日所表现的市场价值。

三、评估过程

1. 收益法中采用的假设。

一般假设　要求假设A公司2005年6月30日以后仍持续经营；假设A公司的经营者是负责的，且公司管理层有能力担当其职务；除非另有说明，假设A公司完全遵守所有有关的法律和法规；假设A公司提供的历年财务资料所采取的会计政策和编写此份报告时所采用的会计政策在重要方面基本一致。

特殊假设　要求假设A公司的经营环境、行业性质、经营风险等方面保持稳定、正常地发展。

2. 收益法主要因素的确定。

在收益法下，A公司的预期收益将按照折现率折现为2005年6月30日的净现值。为此,需要确定以下三个主要因素:收益期(即预计净收益得以维持的期间);每年净收益;合理的折现率。

1) 收益期。

由于没有发现 A 公司在可预见的未来终止经营的任何理由,在 A 公司整体资产的评估中应按无限年期进行测算。

2) 每年净收益。

A 公司主营业务为化肥的生产、销售,对 A 公司未来收益的预计,包括分别预计企业的各项收入与各项费用。所以需要根据化肥行业一般规律,考虑 A 公司的经营模式及化肥行业背景,以及预测所固有的不确定性。应对 2005~2010 年的收益进行逐年预测,之后对 2010 年以后收益采用 2010 年同期测算值以等额年金序列计算,并考虑税收优惠政策对净利润的影响。

在对已经获得的数据进行必要的调整修正后,就可以根据 A 公司提供的数据和资料,分析影响公司收益的需求因素、供给因素、经营管理因素、政策因素等,判断公司的未来发展趋势,对收益额进行合理的预测。

具体预测如下:

(1) 主营业务收入预测。需要考虑的是影响 A 公司未来销售收入的因素,应对 A 公司所具有的经营优势和风险因素进行分析。按 A 公司提供的资料,A 公司 2004 年及 2005 年 1 月至 6 月主营业务收入全部为××牌化肥销售收入,因此对 A 公司未来年度收入预测是建立在 A 公司以往年度的化肥销售收入及对化肥市场分析基础之上的。

通过对 A 公司相对国内及国际同行业竞争对手的比较,分析其成本价格优势、技术、产品是否具有较强的国内、国际竞争能力,以此判断 A 公司未来产品的销售情况。同时比较 A 公司近年来化肥平均出厂价格的趋势,通过综合分析做出科学的收入预测。

(2) 主营业务成本预测。根据 A 公司财务部成本情况表、化工原材料用量及价格表、A 公司全额成本计划表,并经 A 公司有关人员介绍,可以了解到 A 公司主营业务成本主要包括购买的水、电、天然气等直接材料费和直接动力费、直接工资和福利费及制造费用。

在进行预测时,主要是以 A 公司 2005 年发生的成本费用为基础,并要考虑到近年国内工资水平的变动情况、近年国内物价水平的变动情况及 A 公司以前年度该类费用的波动情况后,可预测出年递增率。

(3) 营业费用预测。费用与业务量、公司规模和市场竞争的激烈程度密切相关。考虑到随着市场竞争的进一步加剧,国内物价水平的稳定增长,为扩大市场份额,上述费用将相应增加,到一定阶段将保持稳定。因此可以预计上述费用将在将 2005 年上半年的基础上按年 0.5% 的速度递增,至 2010 年保持稳定。

(4) 主营业务税金及附加预测。根据 A 公司现在已有税金、附加的发生情况及享受政策,判断未来可能发生的金额。

(5) 管理费用预测。需要考虑公司规模增长、管理能力等因素。

(6) 财务费用预测。根据 A 公司销售情况及货款回收情况的分析,判断目前所持有的现金及现金等价物是否可以满足其生产经营的需要,是否存在进行大规模的借款的可能。并根据相关借款合同中规定的还款条款、计划,对财务费用中的利息收入及利息支出进行预测。

(7) 营业外收支预测。对 A 公司以前年度的营业外收入及支出的情况分析,是否为经常项目发生。

(8) 所得税预测。需要注意 A 公司享受的税收优惠政策。

3) 合理的折现率。

以化肥行业上市公司平均净资产收益率再追加一定的个体风险报酬为基础确定折现率。根据中国财富网网站披露的同行业上市公司 2004 年年报进行统计,剔除了存在资产重组等特殊情况的企业数据,并考察了部分已公布 2005 年中期业绩的同行业上市公司,得到统计结果如表 9-7 所示。

表 9-7 部分同行业上市公司 2001 年中期业绩表

证券简称	股票代码	净资产/万元		净利润/万元		净资产收益率/%	
		2005年6月	2004年底	2005年6月	2004年底	2005年6月	2004年底
云天化	600096	110 377.64	110 164.05	6 699.09	16 490.45	6.07	14.97
沧州大化	600230		66 459.63		4 993.05		7.51
川化股份	0155	134 846.44	131 512.74	3 333.70	9 736.42	2.47	7.40
泸天化	0912	149 207.79	145 249.59	4 560.08	12 449.23	3.06	8.57
盐湖钾肥	0792	62 768.69	6 484.2	4 143.08	6 880.00	6.60	10.84
赤天化	600227		70 060.76		651.33		9.30
合计		457 200.56	586 931.09	18 735.95	57 062.48	4.10	9.72

据此,得到化肥行业上市公司 2004 年平均净资产收益率为 9.72%。考虑 A 公司的发展所依赖的国内、国际化肥市场较不稳定,市场竞争较为激烈,且结合 A 公司自身的资产规模、原材料采购模式、生产经营情况等其他个体风险因素,在行业平均净资产收益率的基础上再追加 5% 风险报酬,最终取折现率为 15%。

3. 折现率的计算过程。

基于折现的目的,假定每年的净收益均产生在当年年底。未来收益按照不同的时间段分为以下 3 个阶段:

① 以 2005 年 6 月 30 日不变货币价值表示的 2005 年 7~12 月之净利润;

②以2005年6月30日不变货币价值表示的2006年至2010年各年的净利润;

③以2005年6月30日不变货币价值表示的2010年及以后各年的净利润。

在折现模型中,首先将阶段①的净利润折为2005年6月30日的现值;其次将阶段②的净利润首先折为2005年末的净现值,然后再折为2005年6月30日之净现值;最后将阶段③的净利润以永续年金法折为2010年末之净现值,然后再折为2005年末之净现值,最后折为2005年6月30日之净现值。

4. 评估结果。

依据前述的重大假设,经过上述收益法的工作过程,A公司的整体资产价值于评估基准日2005年6月30日的评估值为55 294.07万元,具体数据如表9-8所示。

表9-8 A公司整体资产价值评估计算表　　　单位:万元

项目＼年份	2005年7~12月	2006年	2007年	2008年	2009年	2010年及以后各年
主营业务收入	31 824.00	56 628.00	55 484.00	57 600.00	52 080.00	52 080.00
减:主营业务成本	20 652.57	38 069.59	38 101.78	37 378.96	37 725.70	37 725.70
主营业务税金及附加		107.00	206.86	199.02	188.54	188.54
主营业务利润	11 171.43	18 451.41	17 175.36	16 182.02	14 165.76	14 165.76
加:其他业务利润						
减:营业费用	737.26	1 744.29	1 753.52	1 762.91	1 772.37	1 772.37
管理费用	1 565.48	3 570.24	3 523.85	3 534.83	3 545.87	3 545.87
财务费用	2 844.72	5 987.58	5 525.69	1 834.10	1 603.07	1 603.07
营业利润	6 023.97	7 149.30	6 372.30	9 050.18	7 244.45	7 244.45
加:投资收益						
补贴收入	4 391.17	3 120.75	1 723.80	1 658.51	1 571.15	1 571.15
营业外收入						
减:营业外支出						
加:以前年度损益调整						
利润总额	10 415.14	10 270.05	8 096.10	10 708.69	8 815.60	8 815.60
减:所得税	836.43	1 802.15	1 477.44	1 870.74	1 588.20	1 588.20
净利润	9 578.71	8 467.9	6 618.66	8 837.95	7 227.40	7 227.40
折现率	15%	15%	15%	15%	15%	15%
折现值	8 910.12	6 849.60	4 655.57	5 406.17	3 844.25	25 628.36
现值和			55 294.07			

中英文关键术语

企业价值评估	enterprise valuation
整体资产	entity assets
单项资产	single asset
成本加和法	cost method
加权平均资本成本	weighted average capital cost method
折现现金流模型	discounted cash flow model
净现金流量	net cash flow
经济增加值	economic value added
期权定价法	option valuation method

习 题

一、选择题

1. 从量的角度讲,企业价值评估与构成企业的单项资产评估之和之间的差异主要表现为(　　)。
   A. 管理水平　　　　　　　　　B. 商誉
   C. 企业获利能力　　　　　　　D. 无形资产

2. 运用收益法进行企业价值评估,其前提条件是(　　)。
   A. 企业具有生产能力　　　　　B. 企业能够持续经营
   C. 企业各项资产完好　　　　　D. 企业具有商誉

3. 从本质上讲,企业价值评估的真正对象是(　　)。
   A. 企业的生产能力　　　　　　B. 企业的全部资产
   C. 企业整体资产　　　　　　　D. 企业获利能力

4. 根据投资回报的要求,用于企业价值评估的折现率中的无风险报酬率应以(　　)为宜。
   A. 行业销售利润率　　　　　　B. 行业债券利率
   C. 行业平均成本利润率　　　　D. 国库券利率

5. 运用收益法评估企业时,预期收益预测的基础是(　　)。
   A. 评估基准日企业实际收益　　B. 评估基准日企业净利润
   C. 评估基准日企业净现金流量　D. 评估基准日企业客观收益

二、简答题

1. 什么是企业价值评估?与单项资产评估相比,它的特点是什么?

2. 什么是收益法？什么是成本加和法？什么是市场比较法？

3. 衡量企业收益的指标有哪些？运用收益法评估资产时如何预测企业的收益？

4. 如何在收益法应用中确定折现率？

5. 什么是经济增加值评估法？如何进行？

6. 期权定价法有何意义？如何进行？

三、计算分析题

1. 某企业预计未来5年的预期收益额为10万元、11万元、12万元、12万元、13万元，并从第6年开始，企业的年收益额将维持在15万元水平上，假定资本化率为10%，试估测该企业持续经营条件下的企业价值。

2. 某被评估企业的基本情况如下：

(1) 该企业未来5年的预期利润总额分别为：100万元、110万元、120万元、120万元、130万元；从第6年开始，利润总额将在第5年的基础上，每年比前一年度增长2%；

(2) 该企业使用的企业所得税税率为33%；

(3) 据查，评估基准日社会平均收益率为9%，无风险报酬率为4%，被评估企业所在行业的基准收益率为9%，企业所在行业的平均风险与社会平均风险的比率(β)为1.2；

(4) 被评估企业生产经营比较稳定，将长期经营下去。

试评估该企业的净资产价值。

第十章

资产评估报告

学习目标 了解资产评估报告的作用,掌握资产评估报告的基本内容和制度,熟练掌握资产评估报告的使用范围,理解资产评估报告书的制作要点。

第一节 资产评估报告的概念和作用

一、评估报告的基本概念

按照《资产评估准则——评估报告》(2007),评估报告是指注册资产评估师根据资产评估准则的要求,在履行必要评估程序后,对评估对象在评估基准日特定目的下的价值发表的、由其所在评估机构出具的书面专业意见。它按照一定格式和内容反映了评估目的、程序、标准、依据、方法、结果及适用条件等基本情况。

资产评估报告有广义和狭义两种含义。广义的资产评估报告是指一种工作制度。它规定评估机构在完成评估工作之后必须按照一定的程序和要求,用书面形式向委托方报告评估过程和结果。狭义的资产评估报告即资产评估结果报告书,既是资产评估机构与注册资产评估师完成对资产作价,就被评估资产在特定条件下的价值所发表的专家意见,也是评估机构履行评估合同情况的总结,还是评估机构与注册资产评估师为资产评估项目承担相应法律责任的证明文件。

二、资产评估报告的作用

资产评估报告有以下几方面的作用:

第一,为委托评估的资产提供价值意见。

资产评估报告是经具有资产评估资格的机构根据委托评估资产的特点和要求组织评估师及相应的专业人员组成的评估队伍,遵循评估原则和标准,按照法定的程序、运用科学的方法对被评估资产价值进行评定和估算后,通过报告书的形式提出价值意见,该价值意见不代表任何当事人一方的利益,是一种独立专家估价的意见,具有较强的公正性与客观性,因而成为被委托评估资产作价的重要参考。

第二,是反映和体现资产评估工作情况,明确委托方、受托方及有关方面责任的依据。

资产评估报告用文字的形式,对受托资产评估业务的目的、背景、范围、依据、程序、方法等方面和评定的结果进行说明和总结,体现了评估机构的工作成果。同时,资产评估报告书也反映和体现了受托的资产评估机构与执业人员的权利与义务,并以此来明确委托方、受托方有关方面的法律责任。在资产评估现场工作完成后,评估机构和评估人员就要根据现场工作取得的有关资料和估算数据,撰写评估结果报告书,向委托方报告。负责评估项目的评估师也同时在报告书上行使签字的权利,并提出报告使用的范围和评估结果实现的前提等具体条款。当然,资产评估报告也是评估机构履行评估协议和向委托方或有关方面收取评估费用的依据。

第三,对资产评估报告进行审核,是管理部门完善资产评估管理的重要手段。

资产评估报告是反映评估机构和评估人员职业道德、执业能力水平,以及评估质量高低和机构内部管理机制完善程度的重要依据。有关管理部门通过审核资产评估报告,可以有效地对评估机构的业务开展情况进行监管。

第四,是建立评估档案、归集评估档案资料的重要信息来源。

评估机构和评估人员在完成资产评估任务之后,都必须按照档案管理的有关规定,将评估过程收集的资料、工作记录及资产评估过程的有关工作底稿进行归档,以便进行评估档案的管理和使用。资产评估报告是对整个评估过程的工作总结,其内容包括评估过程的各个具体环节和各有关资料的收集和记录。因此,不仅评估报告的底稿是评估档案归集的主要内容,而且撰写资产评估报告过程所用到的各种数据、依据、工作底稿和资产评估报告制度中形成有关的文字记录等都是资产评估档案的重要信息来源。

三、资产评估报告的种类

资产评估报告可以分为以下几个不同的种类:

分类1 按资产评估的范围划分,资产评估报告可分为整体资产评估报告和单项资产评估报告。

凡是对整体资产进行评估所出具的报告称为整体资产评估报告。凡是仅对某一部分、某一项资产进行评估所出具的资产评估报告称为单项资产评估报告。尽管资产评估报告的基本格式是一样的,但因整体资产评估和单项资产的评估在具体业务上存在一些差别,两者在内容上也必然会存在一些差别。一般情况下,整体资产评估报告的内容不仅包括资产,也包括负债和所有者权益方面。而单项资产评估报告除在建工程外,一般不考虑负债和以整体资产为依托的无形资产等。

分类2 按照国际惯例,评估报告可以分为完整型评估报告、简明型评估报告和限制型评估报告。注册资产评估师应当在评估告中明确说明评估报告的类型。

◇ 在完整型评估报告或简明型评估报告中,注册资产评估师应当重点说明以下内容:①委托方、资产占有方和其他评估报告使用者的名称或类型,并说明其相互关系;②评估目的及与评估业务相关的经济行为;③价值类型及其定义;④评估基准日;⑤评估假设与限制条件,披露影响评估分析、判断和结论的评估假设和限制条件,并说明其对评估结论的影响;⑥评估依据,执行资产评估业务过程中遵循的法律、法规和取价标准等评估依据;⑦评估结论,可以文字或列表方式进行表述;⑧评估报告日。

◇ 在完整型评估报告中,注册资产评估师应当详细地重点说明以下内容:

(1) 评估范围和评估对象的基本情况,评估目的的表述应当清晰、具体,不得引起误导。

(2) 评估程序实施过程和状况,重点说明:①评估业务承接过程和情况;②进行资产勘察、收集评估资料的过程和情况;③分析、整理评估资料的过程和情况;④选择评估方法的过程和依据、评估方法的基本原理、相关参数的选取和运用评估方法进行计算、分析、判断过程;⑤初步评估结论进行综合分析,形成最终评估结论的过程。

◇ 在简明型评估报告中,注册资产评估师应该注意:①简要说明评估范围和评估对象的基本情况,评估目的的表述应当清晰、具体,不得引起误导;②简要说明评估程序实施过程和情况。

◇ 在限制型评估报告中,注册资产评估师应该注意:①当评估报告的预定使用者不包括除评估委托方之外的人员时,才可以提供限制型评估报告;②在签署评估委托协议前,评估师应使委托方正确了解报告类型的情况,并应保证委托方能恰当理解限制型评估报告的用途限制;③限制型评估报告也必须能使预定的报告使用者得到恰当的信息并不产生误解。

第二节 资产评估报告的基本制度

一、资产评估报告基本制度的产生和发展

资产评估报告基本制度是规定资产评估机构在完成资产评估工作后,由资产评估行政主管部门对评估报告进行审核验证、结果确认和下达通知等方面的制度。

1991年,国务院以 91 号令颁布的《国有资产评估管理办法》规定,资产评估机构对委托单位(指国有资产占有单位)被评估资产的价值进行评定和估算,要向委托单位提出资产评估结果报告书。委托单位收到资产评估机构的资产评估结果报告书后,应当报其主管部门审查,主管部门同意后,报同级国有资产管理

行政主管部门确认资产评估结果。经国有资产管理行政主管部门授权或委托，国有资产占有单位的主管部门也可以确认资产评估结果。该文件还规定，国有资产管理行政主管部门应当自收到占有单位报送的资产评估结果报告书之日起45日内组织审核、验证协商、确认资产评估结果，并下达确认通知书。这就是我国最早的资产评估报告制度。1993年，原国家国有资产管理局制定和发布的国资办发[1993]55号文件，提出了《关于资产评估报告书的规范意见》；1995年，原国家国有资产管理局又制定和颁布了《关于资产评估立项、确认工作的若干规范意见》；1996年5月7日，国资办发[1996]23号文件转发了中国资产评估协会制定的《资产评估操作规范意见（试行）》，规定了资产评估报告书及送审专用材料的具体要求，以及资产评估工作底稿和项目档案管理，进一步完善了资产评估报告制度。1999年，财政部财评字[1999]91号文件颁发的《关于印发〈资产评估报告基本内容与格式的暂行规定〉的通知》，对原有的资产评估报告有关制度做了进一步修改完善，使资产评估报告制度不仅适应国有资产评估，也同样适用于非国有资产的评估。2000年，财政部财企[2000]256号文件提出了《关于调整涉及股份有限公司资产评估项目管理事权的通知》，其中对涉及股份有限公司资产评估项目的受理审核事权在财政部和省级财政部门之间进行分工。2001年12月31日，国务院办公厅以国办发[2001]102号《国务院办公厅转发财政部关于改革国有资产评估行政管理方式，加强资产评估监督管理工作意见的通知》，要求取消政府部门对国有资产评估项目的立项确认审批制度，实行核准制和备案制，完善制度建设，规范评估秩序。2007年12月，财政部颁发《资产评估准则——评估报告》，该准则的施行将为规范注册资产评估师编制和出具评估报告行为，维护社会公共利益和资产评估各方当事人合法权益发挥重要作用。

二、资产评估报告的基本要求

新准则对评估报告提出了以下要求：
(1) 评估师应当清晰、准确地陈述评估报告内容，不得使用误导性的表述。
(2) 评估师应当在评估报告中提供必要信息，使评估报告使用者能够合理理解评估结论。
(3) 评估师执行资产评估业务，可以根据评估对象的复杂程度、委托方要求，合理确定评估报告的详略程度。
(4) 评估师执行资产评估业务，评估程序受到限制且无法排除，经与委托方协商后仍需出具评估报告的，应当在评估报告中说明评估程序受限情况及其对评估结论的影响，并明确评估报告的使用限制。
(5) 评估报告应当由两名以上注册资产评估师签字盖章，并由评估机构盖章。有限责任公司制评估机构的法定代表人或者合伙制评估机构负责该评估业务的合伙人应当在评估报告上签字。

(6) 评估报告应当使用中文撰写。需要同时出具外文评估报告的,以中文评估报告为准。评估报告一般以人民币为计量币种,使用其他币种计量的,应当注明该币种与人民币的汇率。

(7) 评估报告应当明确评估报告的使用有效期。通常只有当评估基准日与经济行为实现日相距不超过一年时,才可以使用评估报告。

第三节 资产评估报告的基本内容与编制

一、资产评估报告的基本内容

依照《资产评估准则——评估报告》(2007),资产评估报告应当包括下列主要内容:标题及文号;声明;摘要;正文;附件。

1. 评估报告声明及摘要的主要内容

1) 评估报告声明

声明应当包括以下内容:

(1) 注册资产评估师恪守独立、客观和公正的原则,遵循有关法律、法规和资产评估准则的规定,并承担相应的责任。

(2) 提醒评估报告使用者关注评估报告特别事项说明和使用限制。

(3) 其他需要声明的内容。

2) 评估报告摘要

摘要应当提供评估业务的主要信息及评估结论。摘要旨在表达报告书关键内容,让各方面了解该评估报告的主要信息。该摘要与资产评估报告正文一样具有同等法律效力,由注册资产评估师、评估机构法定代表人及评估机构等签字盖章和署明提交日期。该摘要还必须与评估报告揭示的结果一致,不得有误导性内容,并应当采用提要型文字提醒使用者阅读全文。

2. 评估报告正文的基本内容

(1) 委托方、产权持有者和委托方以外的其他评估报告使用者。这是评估报告的使用者。

(2) 评估目的。评估报告载明的评估目的应当唯一,表述应当明确、清晰。

(3) 评估对象和适用范围。评估报告中应当载明评估对象和评估范围,并具体描述评估对象的基本情况,通常包括法律权属状况、经济状况和物理状况。

(4) 价值类型及其定义。评估报告应当明确价值类型及其定义,并说明选择价值类型的理由。

(5) 评估基准日。评估报告应当载明评估基准日,并与业务约定书约定的评估基准日保持一致。评估报告应当说明选取评估基准日时重点考虑的因素。评估基准日可以是现在时点,也可以是过去或者将来的时点。

(6) 评估依据。评估报告应当说明评估遵循的法律依据、准则依据、权属依据及取价依据等。

(7) 评估方法。评估报告应当说明所选用的评估方法及其理由。

(8) 评估程序实施过程和情况。评估报告应当说明评估程序实施过程中现场调查、资料收集与分析、评定估算等主要内容。

(9) 评估假设。评估报告应当披露评估假设及其对评估结论的影响。

(10) 评估结论。注册资产评估师应当在评估报告中以文字和数字形式清晰说明评估结论。通常评估结论应当是确定的数值。经与委托方沟通,评估结论可以使用区间值表达。

(11) 特别事项说明。评估报告的特别事项说明通常包括下列内容:①产权瑕疵;②未决事项、法律纠纷等不确定因素;③重大期后事项;④在不违背资产评估准则基本要求的情况下,采用的不同于资产评估准则规定的程序和方法。注册资产评估师应当说明特别事项可能对评估结论产生的影响,并重点提示评估报告使用者予以关注。

(12) 评估报告使用限制说明。评估报告的使用限制说明通常包括下列内容:①评估报告只能用于评估报告载明的评估目的和用途;②评估报告只能由评估报告载明的评估报告使用者使用;③未征得出具评估报告的评估机构同意,评估报告的内容不得被摘抄、引用或披露于公开媒体,法律、法规规定以及相关当事方另有约定的除外;④评估报告的使用有效期;⑤因评估程序受限造成的评估报告的使用限制。

(13) 评估报告日。评估报告载明的评估报告日通常为注册资产评估师形成最终专业意见的日期。

(14) 注册资产评估师签字盖章、评估机构盖章和法定代表人或者合伙人签字。

3. 评估报告附件的基本内容

(1) 评估对象所涉及的主要权属证明资料。
(2) 委托方和相关当事方的承诺函。
(3) 评估机构及签字注册资产评估师资质、资格证明文件。
(4) 评估对象涉及的资产清单或资产汇总表。

二、资产评估报告的制作

(一) 资产评估报告的制作步骤

资产评估报告的制作是评估机构完成评估工作的最后一道工序,也是资产评估工作中的一个重要环节。制作资产评估报告主要有以下几个步骤。

1. 整理工作底稿和归集有关资料

资产评估现场工作结束后,有关评估人员必须着手对现场工作底稿进行整理,按资产的性质进行分类。同时对有关询证函、被评估资产背景材料、技术鉴定情况和价格取证等有关资料进行归集和登记。对现场未予确定的事项,还须进一步落实和查核。这些现场工作底稿和有关资料都是编制资产评估报告的基础。

2. 评估明细表的数字汇总

在完成现场工作底稿和有关资料的归集任务后,评估人员应着手进行评估明细表的数字汇总。明细表的数字汇总应根据明细表的不同级次先明细表汇总,然后分类汇总,再到资产负债表式的汇总。不具备采用电脑软件汇总的评估机构,在数字汇总过程中应反复核对各有关表格的数字的关联性和各表格栏目之间数字钩稽关系,防止出错。

3. 评估初步数据的分析和讨论

在完成评估明细表的数字汇总,得出初步的评估数据后,应召集参与评估工作过程的有关人员,对评估报告的初步数据的结论进行分析和讨论,比较各有关评估数据,复核记录估算结果的工作底稿,对存在作价不合理的部分评估数据进行调整。

4. 编写评估报告书

编写评估报告书又可分为两步。

第一步 在完成资产评估初步数据的分析和讨论,对有关部分的数据进行调整后,由具体参加评估各组负责人员草拟出各自负责评估部分资产的评估说明,同时提交由全面负责、熟悉本项目评估具体情况的人员草拟出的资产评估报告书。

第二步 将评估基本情况和评估报告书初稿的初步结论与委托方交换意见,听取委托方的反馈意见后,在坚持独立、客观、公正的前提下,认真分析委托方提出的问题和建议,考虑是否应该修改评估报告书,对评估报告中存在的疏忽、遗漏和错误之处进行修正,待修改完毕即可撰写出资产评估正式报告书。

5. 资产评估报告书的签发与送交

评估机构撰写出资产评估正式报告书后,经审核无误,按以下程序进行签名盖章:先由负责该项目的注册评估师签章(两名或两名以上),再送复核人审核签章,最后送评估机构负责人审定签章并加盖机构公章。

资产评估报告书签发盖章后即可连同评估说明及评估明细表送交委托单位。对中外合资、合作项目的评估报告书及有关资料的送交,应按专门规定办理。

(二)资产评估报告编制的技术要点

资产评估报告编制的技术要点是指在资产评估报告编制过程中的主要技能要求,它具体包括了文字表达方面、格式与内容方面的技能要求,复核与反馈等方面的技能要求等。

1. 文字表达方面的技能要求

资产评估报告书既是一份对被评估资产价值有咨询性和公证性作用的文书,又是一份用来明确资产评估机构和评估人员工作责任的文字依据,所以它的文字表达技能要求既要清楚、准确,又要提供充分的依据说明,还要全面地叙述整个评估的具体过程。其文字的表达必须准确,不得使用模棱两可的措词;其陈述既要简明扼要,又要把有关问题说清楚,不得带有任何诱导、恭维和推荐性的陈述。当然,在文字表达上也不能带有大包大揽的语句,尤其是涉及承担责任条款的部分。

2. 格式和内容方面的技能要求

对资产评估报告书格式和内容方面的技能要求,必须严格遵循财政部颁发的《资产评估准则——评估报告》(2007)行事。

3. 评估报告的复核及反馈方面的技能要求

资产评估报告的复核与反馈也是资产评估报告书编制的具体技能要求。通过对工作底稿、评估说明、评估明细表和报告书正文的文字、格式及内容的复核和反馈,可以将有关错误、遗漏等问题在出具正式报告书之前得到修正。对评估人员来说,资产评估工作是一项必须由多个评估人员同时作业的中介业务,每个评估人员都有可能因能力、水平、经验、阅历及理论方法的限制而产生工作盲点和工作疏忽,所以,对资产评估报告书初稿进行复核就成为必要。就对评估资产的情况熟悉程度来说,大多数资产委托方和占有方对委托评估资产的分布、结构、成新率等具体情况总是会比评估机构和评估人员更熟悉,所以,在出具正式报告之前征求委托方意见,收集反馈意见也很有必要。

对资产评估报告进行复核,必须建立起多级复核和交叉复核的制度,明确复核人的职责,防止流于形式的复核。收集反馈意见主要是通过委托方或占有方熟悉资产具体情况的人员。对委托方或占有方意见的反馈信息,应谨慎对待,应本着独立、客观、公正的态度去接受其反馈意见。

4. 撰写报告应注意的事项

资产评估报告的制作技能除了需要掌握上述三个方面的技术要点外,还应注意以下几个事项。

(1) 实事求是,切忌出具虚假报告。报告必须建立在真实、客观的基础上,不能脱离实际情况,更不能无中生有。报告拟定人应是参与该项目并较全面了解该项目情况的主要评估人员。

(2) 坚持一致性做法,切忌出现表里不一。报告书文字、内容前后要一致,摘要、正文、评估说明、评估明细表内容与格式、数据要一致。

(3) 提交报告要及时、齐全和保密。在正式完成资产评估工作后,应按业务约定书的约定时间及时将报告送交委托方。送交报告时,报告及有关文件要送交齐全。涉及外商投资项目的对中方资产评估的评估报告,必须严格按照有关规定办理。此外,要做好客户保密工作,尤其是对评估涉及的商业秘密和技术秘密,更要加强保密工作。

(4) 评估机构应当在资产评估报告中明确评估报告使用者、报告使用方式,提示评估报告使用者合理使用评估报告。应注意防止报告的恶意使用,避免报告的误用,以合法规避执业风险。

(5) 注册资产评估师执行资产评估业务,应当关注评估对象的法律权属,并在评估报告中对评估对象法律权属及其证明资料来源予以必要说明。注册资产评估师不得对评估对象的法律权属提供保证。

(6) 注册资产评估师执行资产评估业务受到限制无法实施完整的评估程序时,应当在评估报告中明确披露受到的限制、无法履行的评估程序和采取的替代措施。

三、资产评估报告实例

ABC有限责任公司增资扩股项目
资产评估报告书
评报字(20××)第××号

摘　　要

重要提示　以下内容摘自资产评估报告书,欲了解本评估项目的全面情况,应认真阅读资产评估报告书全文。

XYZ资产评估有限公司接受ABC股份有限公司的委托,根据国家有关资产评估的规定遵循独立客观科学专业的原则按照公认的资产评估方法为ABC有限责任公司拟增资扩股事宜而对其整体资产进行了评估以对委估资产在评估基准日20××年××月××日所表现的价值作出公允反映。

此次评估采用的基本方法为成本法。

在评估过程中XYZ资产评估有限公司对委估范围内的资产进行了必要的勘察核实,对委托方和资产占有方提供的法律性文件财务记录等相关资料进行了必要的验证审核实施了必要的资产评估程序。

经评估我们确认此次纳入评估范围的资产在评估基准日20××年××月××日所表现的公允价值为××××万元人民币,负债××××万元,净资产××××万元。

评估结果汇总表如下:

金额单位:人民币万元

项目名称	账面值	清查调整值	评估值	增减值	增减率(%)

根据国家现行规定本资产评估报告书有效期为一年,自评估基准日20××年××月××日起至20××年××月××日止。

本报告书仅供委托方为评估目的使用,评估报告书的使用权归委托方所有未经委托方许可评估机构不得向他人提供或公开未经我公司同意委托方不得将报告的全部或部分内容发表于任何公开媒体上。对委托方不当引用评估结果于其他经济行为而形成的后果本公司不承担任何法律责任。

本报告使用各方应关注评估报告正文中所揭示的特别事项以及评估结果成立的前提条件和假设条件。

法定代表人:×××

报告复核人:×××

经办注册资产评估师：×××

经办注册资产评估师：×××

XYZ资产评估有限公司

20××年××月××日

ABC有限责任公司增资扩股项目资产评估报告书

评报字(20××)第××号

　　XYZ资产评估有限公司接受ABC股份有限公司的委托，根据国家有关资产评估的规定，遵循独立客观科学专业的原则，按照公认的资产评估方法，为ABC有限责任公司拟增值扩股事宜而对其整体资产进行了评估，以对委估资产在评估基准日20××年××月××日所表现的价值作出公允反映。

　　现将资产评估情况及评估结果报告如下：

第一章 基 本 情 况

一、委托方与资产占有方简介

委托方：ABC股份有限公司

住所：××市××路××号

注册资本：人民币××××××万元

法定代表人：×××

企业类型：股份有限公司上市

经营范围：××××××

公司简介：ABC股份有限公司成立于19××年××月××日，由××公司发起设立，主要发起人为××公司。20××年××月××日，ABC股份有限公司（股票代码60××××）××××万A股股票获得中国证监会批准上网发行。××月××日在上海证券交易所挂牌上市交易，共募集资金××××亿元。

资产占有方：××××有限责任公司

住所：××市××路××号

法定代表人：×××

注册资本：人民币××××万元

企业类型：有限责任

经营范围：××××××

二、评估目的

ABC公司拟增值扩股，为此，ABC股份有限公司特委托XYZ资产评估有限公司对其整体资产进行评估以对其在20××年××月××日这一评估基准日所表现的价值作出公允反映,为其拟增值扩股提供参考依据。

三、评估范围和对象

此次评估对象为ABC公司20××年××月××日的全部资产和负债。资产账面总额××××××××元,负债账面总额××××××××元,净资产×××××××元。资产包括流动资产、长期投资、固定资产、机器设备、房屋建筑物,负债为流动负债。

四、评估基准日

1. 本项目资产评估基准日为20××年××月××日。

2. 确定此日期作为本次评估基准日是为尽可能与评估目的对应经济行为的实现日接近,且该日期为月末资产,账面价值较易取得。

3. 本次评估采用的价格标准均为评估基准日有效价格标准。

第二章 评估原则和依据

一、评估原则

我们在对ABC公司的全部资产及负债进行评估的过程中,依据国家关于资产评估的法律法规及规范化要求,在评估程序、取价标准、资产状态确认时,遵循独立性、客观性、科学性、专业性的工作原则,以及贡献原则、替代原则、预期原则等经济原则,客观公正地进行评估。评估中未应用特殊原则。

二、评估依据

本次资产评估工作中所遵循的国家、地方和部门的法律法规,以及在评估中参考的文件资料主要有:

(一) 行为依据

略

(二) 法规依据

略

三、产权依据

略

四、取价依据

略

五、参考资料及其他

略

第三章 评 估 方 法

依据本次资产评估目的和待评资产类型,根据国家资产评估的有关法规,遵循评估的工作原则及经济原则,本次资产评估采用的基本方法为成本法。在评估过程中我们对资产和负债进行了必要的核查及技术鉴定,查阅了有关文件及技术资料,实施了我们认为必要的其他程序。其具体的资产评估方法如下:

一、流动资产

包括货币资金预付账款和其他应收款。

(一) 货币资金

对于现金和银行存款,以清查核实后的账面数为基础;评估人员在核实账面数、银行对账单余额和银行存款余额调节表后,以核实后的数额作为评估值。

(二) 预付账款和其他应收款

均以清查核实后的账面数为基础。对于预付账款,以经过核实后的账面值作为评估值;对于应收款项,根据核实后的账面数,再核实原始凭证,具体了解往来款项的发生时间、款项回收情况、欠款人资金、信用状况,判定每笔款项可能收回的数额,确认评估值。

二、机器设备

本次评估涉及的机器设备均为国产设备,采用成本法进行评估。其基本计算公式为:

$$评估价值 = 重置完全价值 \times 成新率$$

(一) 重置成本的确定

略

(二) 成新率的确定

略

三、房屋建筑物

本次评估涉及的房屋建筑物为一座生产用途厂房。评估人员未收集到同类交易实例,且委评房屋无独立获利能力,故采用成本法进行评估。计算公式为:

$$评估值 = 重置成本 \times 成新率$$

(一) 重置成本的确定

略

(二) 成新率的确定

略

四、长期投资

由于纳入本次评估范围的长期投资的发生时点离评估基准日较近,

均在20××年××月取得,故长期投资评估值根据核实后的账面值确定。

五、负债

负债包括短期借款、应付账款、其他应付款、应付工资、应交税金、应付利润和其他未交款。我公司对本次资产评估范围内的20××年××月××日的负债表列金额进行了审查核实。

根据委托方资产清查评估明细表中所列债权人业务内容、发生日期、金额以及评估人员与该公司财务人员的交谈取得的信息,分析债务或义务的具体情况,采取适当的评估程序,按照现行会计制度的有关规定判断各项债务支付或义务履行的可能性。

对上述负债的评估在充分考虑其债务和应履行义务的真实性的因素后以审查核实后的金额作为评估值。

第四章 评估过程

一、评估阶段

略

(一) 评估前期准备工作阶段

略

(二) 现场评估阶段

略

(三) 评估汇总阶段

略

(四) 提交报告阶段

略

二、具体步骤

针对委评资产类型的不同,具体步骤分类说明如下:

(一) 机器设备类

略

(二) 房屋建筑物类

略

(三) 长期投资类

略

(四) 流动资产类

略

(五) 负债

略

第五章 评估结论

一、评估结果

略

二、评估结果汇总表

单位：万元

项目	账面值	清查调整值	评估值	增减值	增减率(%)

各类资产评估结论之详细情况见评估明细表（报告书附件）。

第六章 事项声明

一、特别事项说明

略

二、评估基准日期后事项

略

三、评估报告法律效力

略

四、报告提出日期

略

资产评估报告书备查文件

略

重要声明

关于《资产评估报告书备查文件》使用范围的声明

本资产评估报告书备查文件仅供委托方用于评估目的对应的经济行为和送交资产评估行政主管部门审查使用。未经委托方许可，评估机构不得随意向他人提供或公开。未经评估机构允许，备查文件的全部或部分内容不得提供给其他单位或个人，也不得见诸于公开媒体。

小结

资产评估报告是评估机构按照评估工作制度有关规定，在完成评估工作后向委托方提交的说明评估过程及结果的书面报告。本章主要介绍了资产评估报告的概念、类别、作用、基本内容、编制方法及应用。

中英文关键术语

资产评估报告　appraisal report　　　　基本要素　elements
编制审核　　　write and examine　　　应用　　　application

习　题

一、选择题

1. 按照评估对象划分,资产评估报告可以划分为(　　)。
   A. 房地产评估报告　　　　　　B. 土地估价报告
   C. 不动产估价报告　　　　　　D. 资产评估报告
2. 以下选项中,(　　)不属于资产评估报告的基本要素。
   A. 评估目的　　　　　　　　　B. 特别事项说明
   C. 资产及其负债的名称　　　　D. 评估方法
3. 资产评估报告一般包括(　　)。
   A. 正文　　　　　　　　　　　B. 相关附件
   C. 评估说明　　　　　　　　　D. 评估明细表

二、简答题

1. 资产评估报告有哪些作用?
2. 资产评估报告的基本要素是什么?
3. 撰写资产评估报告的基本技能有哪些?
4. 委托方使用资产评估报告应注意哪些问题?

参 考 文 献

[1] 全国注册资产评估师考试用书编写组.资产评估.北京：经济科学出版社,2007.
[2] 黄贤金.不动产估价.北京：中国林业出版社,1998.
[3] 杨志明.机器设备评估.北京：中国人民大学出版社,2002.
[4] 朱萍.资产评估学教程.上海：上海财经大学出版社,1998.
[5] 叶剑平,曲卫东.不动产估价.北京：中国人民大学出版社,2005.
[6] 崔劲.无形资产评估的理论方法与实务.北京：中国物质出版社,1995.
[7] 汪海粟.无形资产评估.北京：中国人民大学出版社,2002.
[8] 罗生宝.资产评估组织管理与评估操作.北京：科学出版社,2000.
[9] 顾凯.各种资产评估——方法·过程·案例.广东：中山大学出版社,2001.
[10] [美]罗伯特 F 赖利,罗伯特 P 施韦斯.无形资产评估.北京：中国大百科全书出版社,2001.
[11] 刘玉平.资产评估教程.北京：中国财政经济出版社,2003.
[12] 乔志敏.资产评估学教程.北京：中国人民大学出版社,2003.
[13] 肖翔,何琳.资产评估学教程.北京：清华大学出版社,北京交通大学出版社,2006.
[14] 美国评估行业统一操作规范.北京：经济科学出版社,2000.
[15] 资产评估准则——评估报告(2007 年 12 月).
[16] 资产评估准则——评估程序(2007 年 12 月).
[17] 资产评估准则——业务约定书(2007 年 12 月).
[18] 资产评估准则——工作底稿(2007 年 12 月).
[19] 资产评估准则——机器设备(2007 年 12 月).
[20] 资产评估准则——不动产(2007 年 12 月).
[21] 资产评估价值类型指导意见(2007 年 12 月).
[22] 以财务报告为目的的评估指南(试行)(2007 年 12 月).
[23] 资产评估准则——无形资产(2001 年).
[24] 企业价值评估指导意见(试行)(2005 年).

附 录

F1 复利终值系数表（FVIF 表）

n＼i/%	1	2	3	4	5	6	7
1	1.010	1.020	1.030	1.040	1.050	1.060	1.070
2	1.020	1.040	1.061	1.082	1.103	1.124	1.145
3	1.030	1.061	1.093	1.125	1.158	1.191	1.225
4	1.041	1.082	1.126	1.170	1.216	1.262	1.311
5	1.051	1.104	1.159	1.217	1.276	1.338	1.403
6	1.062	1.126	1.194	1.265	1.340	1.419	1.501
7	1.072	1.149	1.230	1.316	1.407	1.504	1.606
8	1.083	1.172	1.267	1.369	1.477	1.594	1.718
9	1.094	1.195	1.305	1.423	1.551	1.689	1.838
10	1.105	1.219	1.344	1.480	1.629	1.791	1.967
11	1.116	1.243	1.384	1.539	1.710	1.898	2.105
12	1.127	1.268	1.426	1.601	1.796	2.012	2.252
13	1.138	1.294	1.469	1.665	1.886	2.133	2.410
14	1.149	1.319	1.513	1.732	1.980	2.261	2.579
15	1.161	1.346	1.558	1.801	2.079	2.397	2.759
16	1.173	1.373	1.605	1.873	2.183	2.540	2.952
17	1.184	1.400	1.653	1.948	2.292	2.693	3.159
18	1.196	1.428	1.702	2.206	2.407	2.854	3.380
19	1.208	1.457	1.754	2.107	2.527	3.026	3.617
20	1.220	1.486	1.806	2.191	2.653	3.207	3.870
25	1.282	1.641	2.094	2.666	3.386	4.292	5.427
30	1.348	1.811	2.427	3.243	4.322	5.743	7.612

n＼i/%	8	9	10	11	12	13	14
1	1.080	1.090	1.100	1.110	1.120	1.130	1.140
2	1.166	1.188	1.210	1.232	1.254	1.277	1.300
3	1.260	1.295	1.331	1.368	1.405	1.443	1.482
4	1.360	1.412	1.464	1.518	1.574	1.630	1.689
5	1.469	1.539	1.611	1.685	1.762	1.842	1.925
6	1.587	1.677	1.772	1.870	1.974	2.082	2.195

续 表

n \ i/%	8	9	10	11	12	13	14
7	1.714	1.828	1.949	2.076	2.211	2.353	2.502
8	1.851	1.993	2.144	2.305	2.476	2.658	2.853
9	1.999	2.172	2.358	2.558	2.773	3.004	3.252
10	2.159	2.367	2.594	2.839	3.106	3.395	3.707
11	2.332	2.580	2.853	3.152	3.479	3.836	4.226
12	2.518	2.813	3.138	3.498	3.896	4.335	4.818
13	2.720	3.066	3.452	3.883	4.363	4.898	5.492
14	2.937	3.342	3.797	4.310	4.887	5.535	6.261
15	3.172	3.642	4.177	4.785	5.474	6.254	7.138
16	3.426	3.970	4.595	5.311	6.130	7.067	8.137
17	3.700	4.328	5.054	5.895	6.866	7.986	9.276
18	3.996	4.717	5.560	6.544	7.690	9.024	10.575
19	4.316	5.142	6.116	7.263	8.613	10.197	12.056
20	4.661	5.604	6.727	8.062	9.646	11.523	13.743
25	6.848	8.623	10.835	13.585	17.000	21.231	26.462
30	10.063	13.268	17.449	22.892	29.960	39.116	50.950

n \ i/%	15	16	17	18	19	20	25	30
1	1.150	1.160	1.170	1.180	1.190	1.200	1.250	1.300
2	1.323	1.346	1.369	1.392	1.416	1.440	1.563	1.690
3	1.521	1.561	1.602	1.643	1.685	1.728	1.953	2.197
4	1.749	1.811	1.874	1.939	2.005	2.074	2.441	2.856
5	2.011	2.100	2.192	2.288	2.386	2.488	3.052	3.713
6	2.313	2.436	2.565	2.700	2.840	2.986	3.815	4.827
7	2.660	2.826	3.001	3.185	3.379	3.583	4.768	6.276
8	3.059	3.278	3.511	3.759	4.021	4.300	5.960	8.157
9	3.518	3.803	4.108	4.435	4.785	5.160	7.451	10.604
10	4.046	4.411	4.807	5.234	5.696	6.192	9.313	13.786
11	4.652	5.117	5.624	6.176	6.777	7.430	11.642	17.922
12	5.350	5.936	6.580	7.288	8.064	8.916	14.552	23.298
13	6.153	6.886	7.699	8.599	9.596	10.699	18.190	30.288
14	7.076	7.988	9.007	10.147	11.420	12.839	22.737	39.374
15	8.137	9.266	10.539	11.974	13.590	15.407	28.422	51.186
16	9.358	10.748	12.330	14.129	16.172	18.488	35.527	66.542
17	10.761	12.468	14.426	16.672	19.244	22.186	44.409	86.504
18	12.375	14.463	16.879	19.673	22.091	26.623	55.511	112.46
19	14.232	16.777	19.748	23.214	27.252	31.948	69.389	146.19
20	16.367	19.461	23.106	27.393	32.429	38.338	86.736	190.05
25	32.919	40.874	50.658	62.669	77.388	95.396	264.70	705.64
30	66.212	85.850	111.07	143.37	184.68	237.38	807.79	2 620.0

F2 复利现值系数表（PVIF 表）

$i/\%$ \ n	1	2	3	4	5	6	7	8	9
1	0.990	0.980	0.971	0.962	0.952	0.943	0.935	0.926	0.917
2	0.980	0.961	0.943	0.925	0.907	0.890	0.873	0.857	0.842
3	0.971	0.942	0.915	0.889	0.864	0.840	0.816	0.794	0.772
4	0.961	0.924	0.888	0.855	0.823	0.792	0.763	0.735	0.708
5	0.951	0.906	0.863	0.822	0.784	0.747	0.713	0.681	0.650
6	0.942	0.888	0.837	0.790	0.746	0.705	0.666	0.630	0.596
7	0.933	0.871	0.813	0.760	0.711	0.665	0.623	0.583	0.547
8	0.923	0.853	0.789	0.731	0.677	0.627	0.582	0.540	0.502
9	0.914	0.837	0.766	0.703	0.645	0.592	0.544	0.500	0.460
10	0.905	0.820	0.744	0.676	0.614	0.558	0.508	0.463	0.422
11	0.896	0.804	0.722	0.650	0.585	0.527	0.475	0.429	0.388
12	0.887	0.788	0.701	0.625	0.557	0.497	0.444	0.397	0.356
13	0.879	0.773	0.681	0.601	0.530	0.469	0.415	0.368	0.326
14	0.870	0.758	0.661	0.577	0.505	0.442	0.388	0.340	0.299
15	0.861	0.743	0.642	0.555	0.481	0.417	0.362	0.315	0.275
16	0.853	0.728	0.623	0.534	0.458	0.394	0.339	0.292	0.252
17	0.844	0.714	0.605	0.513	0.436	0.371	0.317	0.270	0.231
18	0.836	0.700	0.587	0.494	0.416	0.350	0.296	0.250	0.212
19	0.828	0.686	0.570	0.475	0.396	0.331	0.277	0.232	0.194
20	0.820	0.673	0.554	0.456	0.377	0.312	0.258	0.215	0.178
25	0.780	0.610	0.478	0.375	0.295	0.233	0.184	0.146	0.116
30	0.742	0.552	0.412	0.308	0.231	0.174	0.131	0.099	0.075

$i/\%$ \ n	10	11	12	13	14	15	16	17	18
1	0.909	0.901	0.893	0.885	0.877	0.870	0.862	0.855	0.847
2	0.826	0.812	0.797	0.783	0.769	0.756	0.743	0.731	0.718
3	0.751	0.731	0.712	0.693	0.675	0.658	0.641	0.624	0.609
4	0.683	0.659	0.636	0.613	0.592	0.572	0.552	0.534	0.516
5	0.621	0.593	0.567	0.543	0.519	0.497	0.476	0.456	0.437
6	0.564	0.535	0.507	0.480	0.456	0.432	0.410	0.390	0.370
7	0.513	0.482	0.452	0.425	0.400	0.376	0.354	0.333	0.314
8	0.467	0.434	0.404	0.376	0.351	0.327	0.305	0.285	0.266
9	0.424	0.391	0.361	0.333	0.308	0.284	0.263	0.243	0.225
10	0.386	0.352	0.322	0.295	0.270	0.247	0.227	0.208	0.191
11	0.350	0.317	0.287	0.261	0.237	0.215	0.195	0.178	0.162
12	0.319	0.286	0.257	0.231	0.208	0.187	0.168	0.152	0.137

续 表

i/% \ n	10	11	12	13	14	15	16	17	18
13	0.290	0.258	0.229	0.204	0.182	0.163	0.145	0.130	0.116
14	0.263	0.232	0.205	0.181	0.160	0.141	0.125	0.111	0.099
15	0.239	0.209	0.183	0.160	0.140	0.123	0.108	0.095	0.084
16	0.218	0.188	0.163	0.141	0.123	0.107	0.093	0.081	0.071
17	0.198	0.170	0.146	0.125	0.108	0.093	0.080	0.069	0.060
18	0.180	0.153	0.130	0.111	0.095	0.081	0.069	0.059	0.051
19	0.164	0.138	0.116	0.098	0.083	0.070	0.060	0.051	0.043
20	0.149	0.124	0.104	0.087	0.073	0.061	0.051	0.043	0.037
25	0.092	0.074	0.059	0.047	0.038	0.030	0.024	0.020	0.016
30	0.057	0.044	0.033	0.026	0.020	0.015	0.012	0.009	0.007

i/% \ n	19	20	25	30	35	40	50
1	0.840	0.833	0.800	0.769	0.741	0.714	0.667
2	0.706	0.694	0.640	0.592	0.549	0.510	0.444
3	0.593	0.579	0.512	0.455	0.406	0.364	0.296
4	0.499	0.482	0.410	0.350	0.301	0.260	0.198
5	0.419	0.402	0.320	0.269	0.223	0.186	0.132
6	0.352	0.335	0.262	0.207	0.165	0.133	0.088
7	0.296	0.279	0.210	0.159	0.122	0.095	0.059
8	0.249	0.233	0.168	0.123	0.091	0.068	0.039
9	0.209	0.194	0.134	0.094	0.067	0.048	0.026
10	0.176	0.162	0.107	0.073	0.050	0.035	0.017
11	0.148	0.135	0.086	0.056	0.037	0.025	0.012
12	0.124	0.112	0.069	0.043	0.027	0.018	0.008
13	0.104	0.093	0.055	0.033	0.020	0.013	0.005
14	0.088	0.078	0.044	0.025	0.015	0.009	0.003
15	0.074	0.065	0.035	0.020	0.011	0.006	0.002
16	0.062	0.054	0.028	0.015	0.008	0.005	0.002
17	0.052	0.045	0.023	0.012	0.006	0.003	0.001
18	0.044	0.038	0.018	0.009	0.005	0.002	0.001
19	0.037	0.031	0.014	0.007	0.003	0.002	0
20	0.031	0.026	0.012	0.005	0.002	0.001	0
25	0.013	0.010	0.004	0.001	0.001	0	0
30	0.005	0.004	0.001	0	0	0	0

F3 年金终值系数表(FVIFA 表)

$i/\%$ n	1	2	3	4	5	6	7
1	1.000	1.000	1.000	1.000	1.000	1.000	1.000
2	2.010	2.020	2.030	2.040	2.050	2.060	2.070
3	3.030	3.060	3.091	3.122	3.153	3.184	3.215
4	4.060	4.122	4.184	4.246	4.310	4.375	4.440
5	5.101	5.204	5.309	5.416	5.526	5.637	5.751
6	6.152	6.308	6.468	6.633	6.802	6.975	7.153
7	7.214	7.434	7.662	7.898	8.142	8.394	8.654
8	8.286	8.583	8.892	9.214	9.549	9.897	10.260
9	9.369	9.755	10.159	10.583	11.027	11.491	11.978
10	10.462	10.950	11.464	12.006	12.578	13.181	13.816
11	11.567	12.169	12.808	13.486	14.207	14.972	15.784
12	12.683	13.412	14.192	15.026	15.917	16.870	17.888
13	13.809	14.680	15.618	16.627	17.713	18.882	20.141
14	14.947	15.974	17.086	18.292	19.599	21.015	22.550
15	16.097	17.293	18.599	20.024	21.579	23.276	25.129
16	17.258	18.639	20.157	21.825	23.657	25.673	27.888
17	18.430	20.012	21.762	23.698	25.840	28.213	30.840
18	19.615	21.412	23.414	25.645	28.132	30.906	33.999
19	20.811	22.841	25.117	27.671	30.539	33.760	37.379
20	22.019	24.297	26.870	29.778	33.066	36.786	40.995
25	28.243	32.030	36.459	41.646	47.727	54.865	63.249
30	34.785	40.588	47.575	56.085	66.439	79.058	94.461

$i/\%$ n	8	9	10	11	12	13	14	15
1	1.000	1.000	1.000	1.000	1.000	1.000	1.000	1.000
2	2.080	2.090	2.100	2.110	2.120	2.130	2.140	2.150
3	3.246	3.278	3.310	3.342	2.374	3.407	3.440	3.473
4	4.506	4.573	4.641	4.710	4.779	4.850	4.921	4.993
5	5.867	5.985	6.105	6.228	6.353	6.480	6.610	6.742
6	7.336	7.523	7.716	7.913	8.115	8.323	8.536	8.754
7	8.923	9.200	9.487	9.783	10.089	10.405	10.730	11.067
8	10.637	11.028	11.436	11.859	12.300	12.757	13.233	13.727
9	12.488	13.021	13.579	14.164	14.776	15.416	16.085	16.786
10	14.487	15.193	15.937	16.722	17.549	18.420	19.337	20.304
11	16.645	17.560	18.531	19.561	20.655	21.814	23.045	24.349

续表

i/% \ n	8	9	10	11	12	13	14	15
12	18.977	20.141	21.384	22.713	24.133	25.650	27.271	29.002
13	21.495	22.953	24.523	26.212	28.029	29.985	32.089	34.352
14	24.215	26.019	27.975	30.095	32.393	34.883	37.581	40.505
15	27.152	29.361	31.772	34.405	37.280	40.417	43.842	47.580
16	30.324	33.003	35.950	39.190	42.753	46.672	50.980	55.717
17	33.750	36.974	40.545	44.501	48.884	53.739	59.113	65.075
18	37.450	41.301	45.599	50.396	55.750	61.725	68.394	75.836
19	41.446	46.018	51.159	56.939	63.440	70.749	78.969	88.212
20	45.762	51.160	57.275	64.203	72.052	80.947	91.025	102.44
25	73.106	84.701	98.347	114.41	133.33	155.62	181.87	212.79
30	113.28	136.31	164.49	199.02	241.33	293.20	356.79	434.75

i/% \ n	16	17	18	19	20	25	30
1	1.000	1.000	1.000	1.000	1.000	1.000	1.000
2	2.160	2.170	2.180	2.190	2.200	2.250	2.300
3	3.506	3.539	3.572	3.606	3.640	3.813	3.990
4	5.066	5.141	5.215	5.291	5.368	5.766	6.187
5	6.877	7.014	7.154	7.297	7.442	8.207	9.043
6	8.977	9.207	9.442	9.683	9.930	11.259	12.756
7	11.414	11.772	12.142	12.523	12.916	15.073	17.583
8	14.240	14.773	15.327	15.902	16.499	19.842	23.858
9	17.519	18.285	19.086	19.923	20.799	25.802	32.015
10	21.321	22.393	23.521	24.701	25.959	33.253	42.619
11	25.733	27.200	28.755	30.404	32.150	42.566	56.405
12	30.850	32.824	34.931	37.180	39.581	54.208	74.327
13	36.786	39.404	42.219	45.244	48.497	68.760	97.625
14	43.672	47.103	50.818	54.841	59.196	86.949	127.91
15	51.660	56.110	60.965	66.261	72.035	109.69	167.29
16	60.925	66.649	72.939	79.850	87.442	138.11	218.47
17	71.673	78.979	87.068	96.022	105.93	173.64	285.01
18	84.141	93.406	103.74	115.27	128.12	218.05	371.52
19	98.603	110.29	123.41	138.17	154.74	273.56	483.97
20	115.38	130.03	146.63	165.42	186.69	342.95	630.17
25	249.21	292.11	342.60	402.04	471.98	1 054.8	2 348.8
30	530.31	647.44	790.95	966.7	1 181.9	3 227.2	8 730.0

F4 年金现值系数表（PVIFA 表）

n \ i/%	1	2	3	4	5	6	7	8	9
1	0.990	0.980	0.971	0.962	0.952	0.943	0.935	0.926	0.917
2	1.970	1.942	1.913	1.886	1.859	1.833	1.808	1.783	1.759
3	2.941	2.884	2.829	2.775	2.723	2.673	2.624	2.577	2.531
4	3.902	3.808	3.717	3.630	3.546	3.465	3.387	3.312	3.240
5	4.853	4.713	4.580	4.452	4.329	4.212	4.100	3.993	3.890
6	5.795	5.601	5.417	5.242	5.076	4.917	4.767	4.623	4.486
7	6.728	6.472	6.230	6.002	5.786	5.582	5.389	5.206	5.033
8	7.652	7.325	7.020	6.733	6.463	6.210	5.971	5.747	5.536
9	8.566	8.162	7.786	7.435	7.108	6.802	6.515	6.247	5.995
10	9.471	8.983	8.530	8.111	7.722	7.360	7.024	6.710	6.418
11	10.368	9.787	9.253	8.760	8.306	7.887	7.499	7.139	6.805
12	11.255	10.575	9.954	9.385	8.863	8.384	7.943	7.536	7.161
13	12.134	11.348	10.635	9.986	9.394	8.853	8.358	7.904	7.487
14	13.004	12.106	11.296	10.563	9.899	9.295	8.745	8.244	7.786
15	13.865	12.849	11.938	11.118	10.380	9.712	9.108	8.559	8.061
16	14.718	13.578	12.561	11.652	10.838	10.106	9.447	8.851	8.313
17	15.562	14.292	13.166	12.166	11.274	10.477	9.763	9.122	8.544
18	16.398	14.992	13.754	12.659	11.690	10.828	10.059	9.372	8.756
19	17.226	15.678	14.324	13.134	12.085	11.158	10.336	9.604	8.950
20	18.046	16.351	14.877	13.590	12.462	11.470	10.594	9.818	9.129
25	22.023	19.523	17.413	15.622	14.094	12.783	11.654	10.675	9.823
30	25.808	22.396	19.600	17.292	15.372	13.765	12.409	11.258	10.274

n \ i/%	10	11	12	13	14	15	16	17	18
1	0.909	0.901	0.893	0.885	0.877	0.870	0.862	0.855	0.847
2	1.736	1.713	1.690	1.668	1.647	1.626	1.605	1.585	1.566
3	2.487	2.444	2.402	2.361	2.322	2.283	2.246	2.210	2.174
4	3.170	3.102	3.037	2.974	2.914	2.855	2.798	2.743	2.690
5	3.791	3.696	3.605	3.517	3.433	3.352	3.274	3.199	3.127
6	4.355	4.231	4.111	3.998	3.889	3.784	3.685	3.589	3.498
7	4.868	4.712	4.564	4.423	4.288	4.160	4.039	3.922	3.812
8	5.335	5.146	4.968	4.799	4.639	4.487	4.344	4.207	4.078
9	5.759	5.537	5.328	5.132	4.946	4.472	4.607	4.451	4.303
10	6.145	5.889	5.650	5.426	5.216	5.019	4.833	4.659	4.494
11	6.495	6.207	5.938	5.687	5.453	5.234	5.029	4.836	4.656
12	6.814	6.492	6.194	5.918	5.660	5.421	5.197	4.988	4.793

续 表

i/% \ n	10	11	12	13	14	15	16	17	18
13	7.103	6.750	6.424	6.122	5.842	5.583	5.342	5.118	4.910
14	7.367	6.982	6.628	6.302	6.002	5.724	5.468	5.229	5.008
15	7.606	7.191	6.811	6.462	6.142	5.847	5.575	5.324	5.092
16	7.824	7.379	6.974	6.604	6.265	5.954	5.668	5.405	5.162
17	8.022	7.549	7.102	6.729	6.373	6.047	5.749	5.475	5.222
18	8.201	7.702	7.250	6.840	6.467	6.128	5.818	5.534	5.273
19	8.365	7.839	7.366	6.938	6.550	6.198	5.877	5.584	5.316
20	8.514	7.963	7.469	7.025	6.623	6.259	5.929	5.628	5.353
25	9.077	8.422	7.843	7.330	6.873	6.464	6.097	5.766	5.467
30	9.427	8.694	8.055	7.496	7.003	6.566	6.177	5.829	5.517

i/% \ n	19	20	25	30	35	40	50
1	0.840	0.833	0.800	0.769	0.741	0.714	0.667
2	1.547	1.528	1.440	1.361	1.289	1.224	1.111
3	2.140	2.106	1.952	1.816	1.696	1.589	1.407
4	2.639	2.589	2.362	2.166	1.997	1.849	1.605
5	3.058	2.991	2.689	2.436	2.220	2.035	1.737
6	3.410	3.326	2.951	2.643	2.385	2.168	1.824
7	3.706	3.605	3.161	2.802	2.508	2.263	1.883
8	3.954	3.837	3.329	2.925	2.598	2.331	1.922
9	4.163	4.031	3.463	3.019	2.665	2.379	1.948
10	4.339	4.192	3.571	3.092	2.715	2.414	1.965
11	4.486	4.327	3.656	3.147	2.752	2.438	1.977
12	4.611	4.439	3.725	3.190	2.779	2.456	1.985
13	4.715	4.533	3.780	3.223	2.799	2.469	1.990
14	4.802	4.611	3.824	3.249	2.814	2.478	1.993
15	4.876	4.675	3.859	3.268	2.825	2.484	1.995
16	4.938	4.730	3.887	3.283	2.834	2.489	1.997
17	4.988	4.775	3.910	3.295	2.840	2.492	1.998
18	5.033	4.812	3.928	3.304	2.844	2.494	1.999
19	5.070	4.843	3.942	3.311	2.848	2.496	1.999
20	5.101	4.870	3.954	3.316	2.850	2.497	1.999
25	5.195	4.948	3.985	3.329	2.856	2.499	2.000
30	5.235	4.979	3.995	3.332	2.857	2.500	2.000